FERNANDA R. MIRANDA

Silêncios prEscritos

Estudo de romances de autoras negras brasileiras (1859-2006)

2ª edição

malê

© Editora Malê. Todos os direitos reservados.
2019
ISBN 978-85-92736-55-2
Editora Malê.
Editores: Vagner Amaro e Francisco Jorge
Editor: Vagner Amaro
Capa: Bruno Pimentel Francisco
Editoração: Ana Paula Cunha

Proibida a reprodução, no todo, ou em parte, através de quaisquer meios.
Dados internacionais de catalogação na publicação (CIP) Vagner Amaro
CRB-7/5224

M672s	Miranda, Fernanda R.
	Silêncios prescritos: estudos de romances de autoras negras brasileiras (1859-2006) / Fernanda R. Miranda. – Rio de Janeiro: Malê, 2019.
	364 p.; 21 cm.
	ISBN 978-85-92736-55-2
	1. Ensaios brasileiros 2. Literatura brasileira 3. Escritoras negras brasileiras I. Título
	CDD – B869.4

Todos os direitos reservados à Malê Editora e Produtora Cultural Ltda.
Rua Acre 83/ 202. Centro. Rio de Janeiro (RJ). Cep. 20.081-000
www.editoramale.com.br
contato@editoramale.com.br

SUMÁRIO

PREFÁCIO 5
|Ficção – fértil como terra preta.. 15
|O romance dentro da escrita de autoria negra............................... 23
|O romance de autoria de mulheres negras dentro da literatura brasileira.. 45

1| ROMANCE E AUTORIA NEGRA NO BRASIL 53
1.1| Rotas do Romance em disputa por narrativas........................... 56

2| MARIA FIRMINA DOS REIS 71
2.1| Romance de Fundação... 84
2.2 |Túlio – Uma Medida Para o Ser.. 99
2.3| Susana – Memória em Dissenso.. 108

3|RUTH GUIMARÃES 115
3.1| O Negro no 'Desvio Rotativo' da Modernidade................... 123
3.2| (Re)Fluxos no Interior da *plantation*.................................. 131

4| CAROLINA MARIA DE JESUS 159
4.1| Dicção e Ficção, Voz Desemparedada................................. 159
4.2| Pedaços da Fome: Branquitude e Colonialidade Nacional........... 170

5| ANAJÁ CAETANO 191
5.1| ContraVersão Narrativa da Escravidão 199
5.2| Abolição Centrípeta 210

6| ALINE FRANÇA 227
6.1 |O Insólito como Inscrição do Histórico 227
6.2 |Romance Afrofuturista... 237

7| MARILENE FELINTO 247
7.1| Cartografia Interior da Protagonista Negra......................... 247
7.2 | Mudez na Língua Nacional e Silenciamentos Rompidos 262

8| CONCEIÇÃO EVARISTO 271
8.1| Escrevivência como Contramemória Colonial............271
8.2| Espiral-*Plantation* e a Escrita como Raiz do Futuro 279

9| ANA MARIA GONÇALVES 295
9.1| Circulação de Mundos no Romance............295
9.2| Colonialidade Nacional Prescrita na Narrativa da Experiência Histórica Negra............313

|EPÍLOGO 319
|Rotas Encruzilhadas e Caminhos Abertos............317

|BIBLIOGRAFIA 329

REFERÊNCIAS BIBLIOGRÁFICAS 331

|APÊNDICE 355

LUTANDO CONTRA O SILENCIAMENTO

Florentina da Silva Souza[1]

O livro *Silêncios PrEscritos: estudo de romances de autoras negras brasileiras* (1859-2006), de Fernanda Rodrigues Miranda, apresenta resultados de uma importante pesquisa que se dedicou a mapear e analisar um *corpus* de romances de autoras negras publicados no período de quase 150 anos no Brasil, de 1859 até 2006.

O longo período *abrangido/destacado* pelo estudo poderia anunciar um vasto número de autoras e livros, mas, como é sublinhado pela investigadora, *o corpus* abarca apenas oito autoras e oito romances. Vale a pena citar as autoras mapeadas e suas respectivas obras: Maria Firmina dos Reis - *Úrsula* (1859); Ruth Guimarães - *Água funda* (1946); Carolina Maria de Jesus - *Pedaços de fome* (1963); Anajá Caetano - *Negra Efigênia, paixão de senhor branco (1966)*; Aline França - *Mulheres de Aleduma (1981)*; Marilene Felinto - *As mulheres de Tijucopapo* (1982); Conceição Evaristo - *Ponciá Vicêncio* (2003); e Ana Maria Gonçalves - *Um defeito de cor (2006)*.

Antes de analisar os romances escolhidos, Fernanda Rodrigues Miranda faz uma breve incursão nas discussões a respeito da literatura negra, da constituição do romance como gênero literário e convida leitoras/es a refletirem sobre as razões de ser tão escasso o número de romances na história da produção literária negra no Brasil.

A autora busca apresentar algumas possibilidades para o fato de os romances nem sempre terem sido privilegiados por escritoras/es negras/os no país. Algumas hipóteses são levantadas: A dificuldade de publicar?

---

[1] Florentina da Silva Souza. Doutora em Estudos Literários pela Universidade Federal de Minas Gerais (UFMG), professora titular de Literatura Brasileira na Universidade Federal da Bahia (UFBA).

O fato de o processo de criação demandar muito tempo? Obstáculos encontrados pelas/os autoras/es para lidar com as convenções do gênero literário? A incerteza quanto à disposição dos receptores para ler? O fato de o romance ter se instituído tradicionalmente como gênero literário dedicado a expor as tramas da vida social da chamada burguesia, não cabendo, assim, no enredo, protagonismo nem autoria negra?

A constatação é que, embora a tradição romanesca no Brasil seja vasta, são poucos os romances de autoria de mulheres negras e, consequentemente, poucos os trabalhos sobre o tema. Tal aspecto enfatiza, por um lado, a inserção do livro nos espaços de singularidade dos estudos literários no Brasil e, por outro, o grande esforço investigativo e teórico-crítico dispendido pela professora Fernanda Rodrigues Miranda para realizar a empreitada. Generosa, ela ainda mapeia e oferece às/aos leitoras/es títulos e autoras/es negras/os do gênero literário publicados no Brasil, para além do marco cronológico estabelecido na pesquisa - dados que poderão ser utilizados por ela ou por outras/os estudiosas/os em investigações posteriores.

O debruçar-se sobre oito romances, de oito autoras que viveram em épocas diferentes e que construíram enredos diversos na busca por organizar suas histórias, entender seus mundos... Tudo isso se traduz em contundente denúncia acerca dos efeitos da colonialidade sobre as mulheres negras e outras pessoas silenciadas e sem seus direitos fundamentais respeitados. Seu exercício acurado e criativo, com vistas a tecer linhas de aproximação e de fugas, ao colocar os textos em diálogos, aponta as rupturas que eles provocam na imagem de uma nação brasileira "homogênea", ainda vista e pensada como sem conflitos e, principalmente, sem racismo e sexismo.

A pesquisadora dedica um capítulo a cada autora/livro e, dessa maneira, possibilita o acompanhar a análise proposta, mesmo àquelas/es que não tenham lido os romances em questão[2]. Em seguida, entendendo a roda na perspectiva de uma tradição afrodiaspórica, convoca autoras e personagens para participarem de rodas de conversa que, como jogos

---

[2] O que não significa que a leitura dos romances possa ser dispensada

ou danças, aproximam e afastam; cumprimentam-se, refazem temporalidades e narrativas, com ginga. A Roda se reatualiza e, assim, reatualiza a leitura das autoras, Fernanda Miranda entre elas.

Nesse gingar, todas essas personagens, aproximadas, configuram um espaço de encontros, perfazendo e sugerindo circuitos de leitura e interpretações da história do Brasil, da literatura brasileira e da literatura afro-brasileira. Ou, a insurgência das mulheres escritoras romancistas e das personagens das suas obras se confundem com a insurgência da autora do livro que, ao confrontar suas histórias, expõe mecanismos forjados pelo discurso da colonialidade para permanecer excluindo, depreciando e ignorando os atos de insubmissão ao seu domínio.

O livro, já pelo jogo de significado que sugere o título Silêncios PrEscritos sublinha tanto a agência de mulheres negras como o racismo perpetrado por certo discurso acadêmico, que ignora a positividade das rupturas e de outras interpretações da história e da cultura brasileira elaboradas pelas escritoras negras. E, ao ignorar essa potência, este discurso, ainda hegemônico, forja mecanismos para tornar essas vozes negro-femininas inaudíveis, na medida que não reedita, não comenta/analisa estes textos. Um bom exemplo disso são os romances de Anajá Caetano e de Aline França, não reeditados e dificilmente encontrados em bibliotecas.

Este ritual de silenciamento e/ou apagamento das autoras e de suas obras pode ser indício de que não há interesse em fazer circular ou tornar conhecidas as interpretações apresentadas pelas mulheres negras. Inserida no processo de silenciamento, uma certa crítica acadêmica mostra-se incapaz de analisar tais textos fora de categorias instituídas como universais e, ao invés de expor a incompetência da metodologia, ou procurar descobrir outras estratégias ou categorias de leitura e análise, prefere dizer 'isto não é literatura' ou seja, prescrever a invisibilidade, o silêncio como punição ao atrevimento da insurgência.

Fernanda Rodrigues Miranda demonstra que a escrita romanesca de autoria negro-feminina vem gritando, resistindo, caminhando por estradas que levam à exploração das feições que as estruturas das relações sociais e étnico-raciais assumem no Brasil; os modos como racismo e sexismo se articulam para manter privilégios, para silenciar a história das pessoas negras no país. Para as escritoras, é impossível esquecer a escravidão e seus desdobramentos, mas, por outro lado, também se torna impossível não falar da agência, da intensidade da resistência, que conduz ao exercício, também intenso, de reconfigurar-se cotidianamente.

Silêncios PrEscritos: estudo de romances de autoras negras brasileiras (1859-2006) fala de memórias, resistências, existências recriadas. É um trabalho a ser lido a partir de várias perspectivas, por exemplo: a perspectiva da insurgência das escritoras; a agência das pessoas negras nos mais adversos contextos; modos como mulheres negras interpretam e interpretaram histórias do país; a insistência da sociedade brasileira em manter as bases escravagistas e racistas de violência e crueldade em que tem sido gestada...

Assim, o livro fornece uma contribuição significativa e muito oportuna para os estudos da literatura brasileira, em particular da literatura afro--brasileira, devido ao fato de trazer precursoras na escrita do romance de autoria de mulheres negras, em um momento como esse, século XXI, que apresenta, ainda que de modo restrito, um crescimento no número de romances de autoria negra feminina. O investimento teórico-analítico dedicado ao *corpus,* à argumentação consistente, às referências bibliográficas selecionadas e apropriadas pelo perspicaz olhar crítico e interdisciplinar; a escrita cuidadosa e generosa para com quem lê (oferece um rico conjunto de notas com informações adicionais que indicam o cuidado e a extensão da investigação realizada), tudo isso torna o livro uma leitura obrigatória, para quem deseja conhecer e/ou estudar a literatura brasileira em suas várias modalidades.

É sabido que a literatura nacional brasileira se configurou, desde sempre, como espaço de privilégio da autoria branca masculina, apagando as produções de autoras/es negras/os do seu cânone literário e, assim, naturalizando o racismo estrutural. Porém, o estudo realizado por Fernanda Miranda, entre outros, se caracteriza por escancarar o grau deste apagamento, quando cruza marcadores importantes como raça/gênero/literatura e evidencia que, atravessamos quase dois séculos de produção literária e encontramos, apenas, oito autoras negras e oito romances dessas autoras, - um cenário de exclusão, invisibilidade e silenciamento perpetrado pelas história e crítica literária.

Com o importante livro dessa pesquisadora, as portas estão abertas para que outras investigações sejam realizadas, na mesma perspectiva de romper com as tentativas de apagamento das produções literárias de autoria feminina negra no Brasil.

Às mulheres que enfrentam o racismo, machismo e sexismo e seguem tecendo suas narrativas de amor, de guerra e de paz, eu dedico.

Exu matou um pássaro ontem com a pedra que atirou hoje.

– Oriki de Exu –

|FICÇÃO – FÉRTIL COMO TERRA PRETA

"A paisagem que eu trouxe pintada na folha em branco virou revolução".
– Marilene Felinto, "As mulheres de Tijucopapo" –

O primeiro ponto a ser firmado é que esse livro parte da encruzilhada – plurilugar que de partida estanca a possibilidade indesejada da via única. Encruzilhando autorias, teorias e áreas do conhecimento a fim de abarcar um conjunto inaudito e fugidio de textos literários, abrem-se caminhos na leitura.

O objetivo que move o trabalho é o de contribuir com os estudos em torno da escrita de autoria negra no Brasil, trazendo o gênero romance para o centro da observação. Especificamente, os romances escritos por autoras negras brasileiras. Trata-se de um tema pouco abordado, sobre o qual serão necessárias ainda muitas pesquisas, tanto voltadas à análise de cada obra singular quanto à própria configuração do *corpus* e às possibilidades de leituras comparativas que ele oferece dentro da literatura em língua portuguesa e para a literatura mundial.

Concentro meu empenho em salientar as conexões visíveis, contatos e encontros insurgentes na análise, embora as obras estejam inscritas sob um arco temporal de três séculos. Em razão desse limite, nem sempre foi possível adentrar as camadas mais profundas de cada texto, ou observar as nuances enunciativas particulares de forma mais cuidadosa.

Ainda assim, partindo do fato de que o silenciamento da voz da mulher negra como autora de literatura é sistêmico no Brasil, considerei fundamental tornar visível o *corpus*, e, por meio da leitura comparada, afirmá-lo como conjunto, ainda que pequeno, como uma presença constante, embora pouco visitada, fora da chave da exceção, da *novidade* – que marcou o surgimento dos livros em seus respectivos contextos de lançamento. Esse ponto de partida, no entanto, não implica em abrir mão do reconhecimento das diferenças e distâncias entre as obras: cada uma é única em sua singularidade, como é comum à obra literária.

Rastrear o *corpus*, lançando-me à leitura dos romances mapeados escritos por autoras negras no Brasil, permitiu o contato com livros que restam completamente apagados da cena literária nacional, trazendo-os para um espaço de comunicabilidade. É o caso das obras de Ruth Guimarães, Anajá Caetano e Aline França, lidas pela primeira vez em uma tese de doutorado – da qual resulta este livro. Lê-las, em paralelo a outras que se encontram hoje um pouco mais estabelecidas na literatura brasileira, como as de Ana Maria Gonçalves e Conceição Evaristo, permitiu vislumbrar a fertilidade do diálogo entre textos que possuem circulação muito diversa no sistema literário. Por outro lado, trazer para a roda as obras de Carolina Maria de Jesus e Marilene Felinto, que não costumam constar nas análises comparatistas em torno da autoria negra, revelou a contiguidade do *corpus*.

A existência visível do corpo de romances que apresento, em si, já suscita questões a serem debatidas, primordialmente porque o romance é um gênero pouco presente nas abordagens teóricas da escrita de autoria negra, e muito mais ausente nas análises que recolhem seus objetos na "literatura brasileira". Ambas as formulações – a *literatura negra* e a *literatura brasileira* – são passíveis de problematização a partir deste corpo de romances aqui destacado.

Antes de abrir a roda, cabe dizer que um elemento fundamental a ser pensado quando observamos a analítica sobre o negro na literatura brasileira é que ela foi inicialmente desenvolvida por pesquisadores que provinham de formações ou campos de estudos que não eram propriamente da teoria literária, mas sim da história e ciências sociais. Isso significa que por muito tempo estes textos não despertaram qualquer interesse dentro do campo dos estudos da literatura e foram apartados da categoria de objetos literários. Essa questão é importante, principalmente, porque não é uma realidade que se limita ao passado: ainda hoje as textualidades negras estão longe de serem assumidas em suas potencialidades estéticas, epistemológicas e discursivas pela crítica literária brasileira. Por outro lado, abordagens que tomam o texto literário de autoria negra como categoria de análise sociológica são recorrentes.

Evidentemente, entre a literatura, a história e a sociologia há mais proximidades que distâncias, e a obra literária, sabemos, é um meio tanto para apreendermos dinâmicas históricas não documentadas em outros suportes quanto para entendermos diversos aportes das engrenagens sociais em interação na sociedade. Pela própria natureza das problemáticas que toca, essas obras podem requerer tais disciplinas em suas análises. Mas isso não significa que elas possam dispensar os instrumentais dos estudos literários, e muito menos que a teoria literária possa se isentar de pensar problemáticas centrais ao pensamento contemporâneo hoje, como aquelas veiculadas pela dicção negra na escrita.

No Brasil, o sistema de hierarquização racial estruturado desde os primórdios da nossa história tem instituído profundas fronteiras à circulação das vozes na ordem do discurso, do pensamento social. Dado que a obra literária é um produto da cultura – tanto política e esteticamente, quanto social e historicamente fundamentada – é necessário estar informado das disputas que compõem o espaço em que a escrita circula[1].

[1] A inscrição da mulher negra nas nossas letras perpassa os séculos, materializando-se, pelo menos, desde 1752 com a grafia de Rosa Maria Egipcíaca da Vera Cruz (1719 - 1778), que nos deixou, salvo engano, o mais antigo texto escrito por um ex-escravizado neste país. A longa biografia de Luiz Mott, Rosa Egipcíaca, uma santa africana no Brasil (1993) traz, em mais de 700 páginas, referências a inúmeros documentos recolhidos na Torre do Tombo (Portugal) em virtude do processo inquisitorial sofrido pela ré Rosa Maria. De acordo com essa extensa pesquisa, sabemos que ela era natural da Costa da Mina, da nação Courana e que desembarcou no Rio de Janeiro aos seis anos de idade, escravizada. Nesta cidade viveu até os quatorze anos, depois de ser violentada por seu proprietário foi vendida para outro senhor residente em Minas Gerais que a obrigava a prostituir-se. Na Vila da Inconfidência foi escrava da mãe de Frei Santa Rita Durão, para quem trabalhava como meretriz, como muitas outras negras de ganho (escravas a serviço dos donos que deveriam praticar atividades lucrativas nas vilas e cidades e dividir com eles seus lucros), até o dia em que "teve o espírito maligno, o qual a molestava muito". A partir daí, começa a ter visões místicas, o que a permite abandonar a prostituição e a se tornar beata. Um padre exorcista conhecido como "Xota-diabos" comprou sua alforria e a levou para o Rio de Janeiro. Nessa cidade, em 1754 fundou o Recolhimento de Nossa Senhora do Parto, "cuja capela, reconstruída,

Isto posto, dentro do edifício literário brasileiro, a **ideia** de uma Literatura Negra instaura uma fratura fundamental, que realinha a ordem epistêmica ao suspender o silenciamento sobre o qual essa ordem se sustenta – mantendo a voz do negro "*em fechados futuros / em furioso silêncio*"[2].

Como ideia, a literatura negra congrega uma potência irredutível de ruptura, porque mescla em um sintagma dois nominativos que a racionalidade eurocêntrica não concebe em paralelo: como já foi dito por inúmeros pensadores negros e antirracistas, diferente do que acontece com "música negra", "arte negra", "dança negra", etc., a "literatura negra" causa incômodo e reação porque deliberadamente posiciona o negro como sujeito da escrita[3].

---

existe ainda hoje, no centro comercial do Rio" (Mott, 1993, p. 8). A ambição da africana a tornou personagem altamente transgressora: ela se dá conta que se aprendesse a ler teria a chave dos mistérios divinos, poderia mergulhar na própria fonte da revelação católica e por conta própria aprender orações, ladainhas e dogmas que até então só tinha acesso *ex audito*. "Rosa cumprirá a determinação que a 'Divina Pombinha' lhe atribuiu: aprenderá a ler e a escrever" (Mott, 1993, p. 80). Se foi estratégia de Rosa ou experiência mística não sabemos, mas sabemos que a leitura e escrita é que produzirá mudança completa em sua trajetória.

[2] Cito verso do poema "Sol e Blues", de Beatriz Nascimento (2018, p. 464).

[3] Sobre tal incômodo e reação, resgato a discussão ocorrida entre Ferreira Gullar e Cuti através de jornais, no ano de 2011, em decorrência dos debates suscitados na ocasião do lançamento da antologia *Literatura e Afrodescendência no Brasil*, organizada por Eduardo de Assis Duarte. Ferreira Gullar veio a público para marcar posição contrária à ideia de uma literatura feita por pessoas negras. Em suas palavras: "Falar de literatura brasileira negra não tem cabimento. Os negros, que para cá vieram na condição de escravos, não tinham literatura, já que essa manifestação não fazia parte de sua cultura. Consequentemente, foi aqui que tomaram conhecimento dela e, com os anos, passaram a cultivá-la." (Ferreira Gullar. "Preconceito cultural" FOLHA ILUSTRADA, 02/12/2011). Em resposta ao artigo de Gullar, Cuti escreveu outro, debatendo os argumentos do poeta: **"Para Aristóteles havia os gregos e o resto (os bárbaros). O branco brasileiro precisa superar este complexo helênico de pensar que no Brasil há os brancos e o resto (mestiços e negros). Tal postura é uma das responsáveis pelo descompasso da classe dirigente em face da real população. Certamente, essa é a razão de Lima Barreto, o maior crítico do bovarismo brasileiro, ainda ser muito pouco ensinado em nossas escolas. O daltonismo de Ferreira Gullar, advindo de um tempo de utopia socialista, hoje é pura cegueira. Traços físicos que caracterizam historica-

A outra face da potência que subjaz a ideia de literatura negra está no fato de que ela expõe/nomeia uma categoria para pensar o cânone forjada na alteridade do texto nacional, trazendo para a superfície do pensamento o que restava como norma oculta, ou seja, a "literatura branca" como categoria explicativa que define a "literatura brasileira" de modo mais condizente à realidade discursiva nacional hegemônica. Dessa forma, enquanto ideia, a literatura negra não apenas cria *quilombos* na ordem discursiva, ela também produz uma crítica corrosiva às estruturas da *casa grande*, porque nos permite ler o campo literário filtrando nele suas *posicionalidades* em disputa.

Pelo exposto, a ideia de literatura negra, como ideia em movimento, contempla o aporte a partir do qual penso o cânone literário e as invisibilidades que ele sustenta enquanto sistema. Entretanto, quando essa ideia é tomada como **conceito**, constituído sob critérios pré-definidos, faz-se necessário problematizar os termos que estão em circulação no debate.

Em primeiro lugar, cabe dizer que nem sempre haverá concordância entre os significados que os autores e os pesquisadores atribuem à ideia de literatura negra. Em seu trabalho "*BrasilAfro autorrevelado – literatura brasileira contemporânea*" (2010), a poeta, prosadora e pensadora Miriam Alves é assertiva em dizer que se "a literatura afro-brasileira, no âmbito acadêmico brasileiro, ainda é território de polêmicas conceituais", ela "consiste numa prática existencial para os seus produtores, que ressignificam a palavra negro, retirando-a de sua conotação negativa, construída desde os tempos coloniais e que permanece até hoje, para fazê-la significar autorreconhecimento da própria identidade" (ALVES, 2010, p. 42). Soma-se a isso outro ponto, cada vez mais explicitado: o de que nem sempre haverá consenso dentro do próprio grupo de autores negros acerca das classificações para o seu fazer literário[4].

---

mente os negros não são só traços físicos, como quer o articulista, mas representações simbólicas, por isso perfeitamente suscetíveis de gerar literatura com especificidades.'" (CUTI. "Negros ou urubus? Ferreira Gullar defende que a intelectualidade é exclusividade branca". 19/12/2011). O debate entre os escritores salientou o incômodo que a ideia de literatura negra causa ao cânone brasileiro.

[4] Esse ponto é especialmente instigante e tem sido problematizado por diversos autores de diferentes formas, como Paulo Colina, Ricardo Aleixo, Ronald Augusto, Cidinha da Silva, entre outros.

Com efeito, em seu intento de combater a invisibilização da autoria negra, uma das principais ferramentas utilizadas pela crítica acadêmica tem sido a busca por conceitos e nomeações que possam articular um sistema de significação conectando autor, texto e contexto. Para tanto, tem se estabelecido critérios de identificação para classificar a escrita literária de autores negros. Na maior parte das vezes, estes critérios partem da observação de alguns textos poéticos fundamentais, cuja gramática (textual, simbólica, política) passa a ser tomada como paradigma.

O texto literário fundador, do qual partem os estudos sobre a escrita de autores negros no Brasil, é atribuído a Luiz Gama, que em 1859 publicou, em São Paulo, *Primeiras Trovas Burlescas de Getulino*, obra que ficou conhecida pelo poema "Quem sou eu?", popularmente chamado "Bodarrada", onde o sujeito poético simultaneamente se afirma e satiriza as representações inferiorizantes que buscavam constranger o negro.

A pergunta sobre a identidade, pronunciada no "Quem sou eu?", de Gama, é uma derivação fundamental da literatura de autoria negra no Brasil. Ela instaura a reivindicação que o sujeito negro empreende em direção a si e à própria história, apagada e silenciada pelo texto nacional canônico. A partir do ato enunciativo de Gama no século XIX, ficou estabelecido um primeiro critério para um texto ser classificado como literatura negra: a emergência de um *eu-que-se-quer-negro* (BERND, 1988), isto é, uma primeira pessoa que solicita e/ou declara seu pertencimento racial.

Desde Luís Gama, cuja referida indagação completou 160 anos de existência, uma questão tem sido lançada para a crítica literária: definido o sujeito que fala, estará definida, por extensão, a fala desse sujeito?

Dizer-se negro no texto literário permanece sendo um ato transgressor na contemporaneidade, porque a razão eurocêntrica segue sustentando invisibilidades através dos tempos, porque a negação do negro continua compondo as políticas governamentais e as micropolíticas cotidianas, e porque o racismo permanece construindo fraturas subjetivas e pautando mortes físicas e mortes mentais[5] – aquilo que Abdias do Nas-

---

[5] Morte mental em duplo sentido. 1) Como alienação, imposta pela ordem racista que constrange o negro. Aquilo que Abdias do Nascimento chamou de *mentecídio*: "Entre os mecanismos executores do linchamento social do afro-brasileiro deixando de lado

a miscigenação compulsória, que significa o embranquecimento forçado do negro [negra] como único meio da melhoria socioeconômica; indo além do preconceito de cor, da discriminação e da segregação raciais, os supremacistas brancos e brancóides manejam simultaneamente outras ferramentas de controle social do povo negro, exercendo sobre ele constante lavagem cerebral, visando entorpecer ou castrar sua capacidade de raciocínio. Esta tarefa vil quase não encontra obstáculos à sua frente, devido à situação de permanente penúria, fome, degradação física e moral, em que são mantidas as massas afro-brasileiras. Esta forma de *mentecídio* contribui muito significativamente para o resultado ótimo buscado pela estratégia do seu aniquilamento total" (NASCIMENTO, 1980, p. 25); 2) Como morte do pensamento negro, sistematicamente apagado através de uma *política do esquecimento*, conforme argumentam FIGUEIREDO e GROSFOGUEL (2007), que entendem que a ausência de debates da produção intelectual de autores e autoras negras ocorre devido a geopolítica do conhecimento que minimiza a produção da intelectualidade negra em favor de uma cultura acadêmica específica e em conformidade com um tipo de capital social e simbólico, respondendo pelo apagamento da contribuição do pensamento de autores negros e negras para as novas gerações. A esse processo, que se conecta a outros, Sueli Carneiro denominou *epistemicídio*: "A branquitude, enquanto sistema de poder fundado no contrato racial, da qual todos os brancos são beneficiários, embora nem todos sejam signatários, pode ser descrita no Brasil por formulações complexas ou pelas evidências empíricas como no fato de que há absoluta prevalência da brancura em todas as instâncias de poder da sociedade: nos meios de comunicação, nas diretorias, gerências e chefias das empresas, nos poderes Legislativo, Executivo e Judiciário, nas hierarquias eclesiásticas, no corpo docente das universidades públicas ou privadas etc. Por seu lado, Michel Foucault entende ser o racismo, contemporaneamente, uma dimensão do poder soberano sobre a vida e a morte. Operacionaliza-se, segundo Foucault, por meio do biopoder, conceito que descreve uma tecnologia de poder, uma biopolítica que permite a eliminação dos segmentos indesejáveis. Foucault sintetiza essa operação na expressão "deixar viver ou deixar morrer". Alia-se nesse processo de banimento social a exclusão das oportunidades educacionais, o principal ativo para a mobilidade social no país. Nessa dinâmica, o aparelho educacional tem se constituído, de forma quase absoluta, para os racialmente inferiorizados, como fonte de múltiplos processos de aniquilamento da capacidade cognitiva e da confiança intelectual. É fenômeno que ocorre pelo rebaixamento da autoestima que o racismo e a discriminação provocam no cotidiano escolar; pela negação aos negros da condição de sujeitos de conhecimento, por meio da desvalorização, negação ou ocultamento das contribuições do Continente Africano e da diáspora africana ao patrimônio cultural da humanidade; pela imposição do embranquecimento cultural e pela produção do fracasso e evasão escolar. A esses processos denominamos epistemicídio". O conceito de *epistemicídio* é desenvolvido pela filósofa Sueli Carneiro em sua tese de doutorado (FEUSP, 2005).

cimento chamou *mentecídio* (NASCIMENTO, 1980), e Sueli Carneiro formulou como *epistemicídio* (CARNEIRO, 2005).

Ainda assim, a forma de experimentar os labirintos da primeira pessoa e as malhas da autoinscrição na palavra se dá em diálogo com o presente e a arquitetura subjetiva de quem enuncia, podendo, portanto, se renovar em cada texto e em cada contexto de enunciação, para além da segurança das definições.

Enunciando objetivamente o ponto: ao entendermos que há temas que o autor negro (para ser assim considerado) tem por dever elaborar nos textos, não estaremos (enquanto corpo crítico) emparedando o devir dessa dicção? As formas do combate são sempre as mesmas? A questão não é nova, mas também não está descartada. Nas palavras de Maria Lúcia de Barros Mott: "A produção literária de autores e autoras negros tem permanecido sob o fogo cruzado da crítica e dos estudiosos da literatura. Os que se dizem negros ou afro-brasileiros são frequentemente acusados de só tratarem de assuntos negros. Os que omitem a questão da cor, muitas vezes não são considerados negros" (MOTT, 1989, p. 11).

Menos importante que as respostas, eventualmente, é recompor perguntas. Mas talvez seja preciso considerar que classificar esta autoria a partir da forma como nela se plasma a "questão racial", sinalizando tanto *o negro como tema* quanto *temas do autor negro*, pode constituir uma maneira limitada de pensar a dimensão da racialidade na história, na política, na sociabilidade e na cultura brasileiras. Pois a raça, tanto na série literária quanto na série social, é também uma via para pensar as cidades, os silêncios, a constituição nacional, a modernidade, a melancolia, o gênero e a sexualidade, o território, a economia, etc. O humor e o lazer, por exemplo, o afeto, as facetas do contemporâneo, o erótico, o poder, a geopolítica, as fraturas subjetivas, a tecnologia, a medicina, a paisagem, o surreal, o drama, a infância, adolescência e velhice, etc., compõe a textualidade de autores negros sem serem considerados, *a priori,* partes do edifício enunciativo em que *espera-se* encontrar a voz negra, marcada previamente por temas constitutivos.

Evidentemente, isso não significa que a *autoria* esteja em discussão, ou seja, que um autor branco possa compor o mesmo texto que um autor negro, justamente pela *posicionalidade*[6] que demarca a localização de ambos na cadeia discursiva e epistêmica. Ao contrário, significa pensar que um/a autor/a negro/a, tratando do seu mundo e dos outros, pode propor sentidos que ultrapassam aquilo que se resume (por vezes de fora para dentro) como "questões do negro".

[6] Acerca deste ponto, recolho a síntese mais ampla feita por Angela Figueiredo e Ramón Grosfoguel: "Quando aludimos à posicionalidade, não estamos nos referindo apenas a uma questão de valores sociais na produção do conhecimento, ao fato de que nossos conhecimentos são sempre parciais, perspectiva já bastante abordada dentro das ciências sociais. O ponto central aqui é o lugar da enunciação, isto é, a localização étnica, sexual, racial, de classe e de gênero do sujeito que enuncia. Na filosofia e nas ciências ocidentais o sujeito que fala está quase sempre encoberto; a localização do sujeito que enuncia está sempre desconectada da localização epistêmica. Por meio dessa desconexão entre a localização do sujeito nas relações de poder e a localização epistêmica, a filosofia ocidental e suas ciências conseguiram produzir um mito universal que encobre o lugar de quem fala e suas localizações epistêmicas nas estruturas de poder. Isto é o que o filósofo colombiano Santiago Castro-Gomez chamou de epistemologia do "ponto zero" que caracteriza as filosofias eurocêntricas. O "ponto zero" é o ponto de vista que esconde e encobre seu próprio ponto de vista particular, isto é, a construção de um ponto de vista que representa a si mesmo como não tendo nenhum ponto de vista e, portanto, almeja ser neutra e universal. As implicações da posicionalidade na produção do conhecimento têm sido discutidas por vários autores (1), que lembram constantemente que sempre falamos de uma localização particular nas relações de poder. Ninguém escapa às hierarquias de classe, raciais, sexuais e de gênero, linguísticas, geográficas, e espirituais do sistema-mundo. As feministas negras têm denominado essa perspectiva da epistemologia de "ponto de vista afro-centrado" (2). Entretanto, o filósofo da liberação latino-americano Enrique Dussel, desde os anos 1970 a define como "geopolítica do conhecimento" (3) Seguindo o pensador afro-caribenho Frantz Fanon (4) e a feminista chicana Gloria Anzaldúa (5), deveríamos falar também de "corpo-política do conhecimento". (FIGUEIREDO e GROSFOGUEL. 2007, p. 38). Referências citadas: (1). Castro Gomes, S. *La Hybris del Punto Cero: ciência, raza e ilustracion en la Nueva Granada (1750-1816)*. Bogotá, Colômbia, Editora Pontifica Universidade Javeriana, 2003; (1). Mignolo, W. *Local histories/global designs: essays on the coloniality*, 2000; (2). Collins, P. H. *Black feminist thought: knowledge, consciousness and the politic of Empowerment*. New York: Rutledge. Chapman Hill, 1990; (3). Dussel, H. *Filosofia de liberacion*. México: Edicol, 1977; (4). Fanon, F. *Peles negras, mascaras brancas*. Salvador, EDUFBA, 2008. (5). Anzaldúa, G. *Borderlands/La fronteira: the new mestiza*. San Francisco Spinsters/Aunte Lute. 1987.

Para produzir pensamento, literatura, escrita, o/a autor/a negro/a ainda precisa romper com estruturas profundas do calar. Não apenas no sentido da quebra do silenciamento historicamente implicado na configuração da considerada "legítima" literatura nacional, mas também em relação à definição prévia dos significados da sua criação, ou melhor, da sua potência de significar. Para o romancista José Endoença Martins, autor de *Enquanto isso em Dom Casmurro* (1993):

> Significação, ou Signifyin(g), sempre foi uma experiência negra desde a escravidão. Uma chamada e uma resposta. O primeiro romance chamou; o segundo respondeu. E assim se fez a Signifyin(g). Dentro e fora da literatura. Ou o escravo significava ou desaparecia, linguisticamente, culturalmente, literariamente. Para o escravo, para o negro e, depois, para o escritor negro, significar sempre implicou a aplicação de quatro estratégias de reescritura diante da hegemonia branca, na cultura, na língua e na literatura: imitação, repetição, revisão e diferença. Primeiro, em relação à estética branca, para edificar uma estética negra. Depois, no seio da estética negra, para expandi-la. (MARTINS, p. 2016, grifos meus).

Pensando nesse sentido de expansão, esticar o paradigma e juntar à enunciação poética de Luiz Gama também a produção de pensamento em prosa de Machado de Assis e a ficção percussora de Maria Firmina dos Reis, abre caminhos na encruzilhada.

Luiz Gama (1830-1882), em São Paulo, Maria Firmina dos Reis (1822-1917), no Maranhão, e Machado de Assis (1839-1908), no Rio de Janeiro, são contemporâneos entre si e contemporâneos de um tempo histórico que substanciou largamente as bases do que vivemos (e tentamos mudar) hoje, posto que o século XIX viu a emergência da *raça* como paradigma nuclear de naturalização das diferenças, isto é, como lugar de imanência do poder, para o branco, e lugar do inferior natural, para o negro – sustentado em teorias e postulados científicos[7]. Mas as leituras e interpretações feitas dos textos dos três autores correspondem também ao tempo em que foram elaboradas, afinal, a crítica literária está tão inscrita na História quanto a própria obra.

Maior exemplo se encontra em Machado de Assis, um escritor cuja complexidade tem sido historicamente lida a partir de variadas perspectivas. O autor de *Memórias póstumas Brás Cubas* já foi lido como *branco* (por não trazer o "problema do negro" para o foco textual, e por viver no mundo da elite); como *mulato* (na chave das leituras fisiológicas que buscaram na sua origem racial miscigenada a explicação para seus resultados como romancista; e também, na leitura que defende o seu embranquecimento, expresso no universo que seu mundo ficcional privilegia); e como *negro* (por construir em sua obra uma fina analítica do poder e da casa grande, posto que em seus romances a classe senhorial é o alvo da ironia e seus barões são todos arruinados[8]). O ponto, portanto, é: o corpo do autor (e o texto?) é o mesmo, as leituras feitas sobre tais é que são circunstanciais às políticas do tempo.

Maria Firmina dos Reis, em outra ótica, é uma autora que permaneceu apagada por mais de um século, mas que tem sido resgatada no tempo contemporâneo de forma proeminente. Seu romance *Úrsula*, publicado em 1859, passou da sexta edição em 2017 para um total de 18 edições em dezembro de 2018, ou seja, em um intervalo de pouco mais de um ano foram publicadas doze edições do romance[9]. A visibilidade que a

---

[7] "O termo *raça* é introduzido na literatura mais especializada em inícios do século XIX, por George Cuvier, inaugurando a ideia da existência de heranças físicas permanentes entre os vários grupos humanos" (SCHWARCZ, 1993, p. 47).

[8] Essa perspectiva foi defendida por Eduardo de Assis Duarte em *Machado de Assis afrodescendente* (2007).

[9] Parte disso se deve ao fato da obra ter sido solicitada como leitura obrigatória para alguns vestibulares. Um levantamento detalhado da produção bibliográfica sobre a autora pode ser encontrado em Rafael Balseiro Zin: "Consolidando a fortuna crítica de Maria Firmina dos Reis, uma avaliação preliminar sobre as dissertações e teses acadêmicas sobre a autora desenvolvidas em programas de pós-graduação brasileiros nos últimos 30 anos (1987-2016)". In: TOLOMEI, Cristiane Navarrete e BENFATTI, Flávia Andrea Rodrigues. *Gênero, raça e sexualidade na literatura*. EDUFMA, 2018.

autora e sua obra tem experimentado espelha esforços de pesquisa que partem do chão do presente naquilo que ele traz de revide: a busca pela voz da mulher negra, sistematicamente ausentada do cânone nacional. Nessa ótica, assumir a autora oitocentista como paradigma enunciativo amplia espaços de presença para a mulher negra na literatura, captando os desafios específicos que enfrenta esse corpo autoral no universo de circulação de discursos.

Tanto Gama, quanto Machado, quanto Firmina, instauram discursividades nas quais podemos (hoje) inscrever sentidos que possibilitem caminhos abertos para a autoria negra, caminhos que valorizem as rotas encruzilhadas mais que as retas prescritas.

No caso de Machado, a sua leitura e elaboração da casa grande, do poder, e do ceticismo quanto à abolição da escravidão são tão pertinentes ao pensamento do negro no contexto colonialista (que nos atinge ainda hoje) do que são as suas passagens (tão avidamente buscadas) da escravidão e da experiência negra de forma mais ampla. No caso de Firmina, como apresento no capítulo inicial desse livro, a crítica latente às formas de poder que dimensiona(va)m o território nacional são inscritas através da intersecção de raça e gênero, abrindo nova chave discursiva. Tomando estes três autores como paradigmas fundacionais da autoria negra, cada um deles em suas nuances textuais, batalhas epistemológicas e percursos de circulação (da margem ao centro) no cânone, ampliam-se os alcances do universo de possibilidades de pensamento sobre a autoria negra na literatura.

|O ROMANCE DENTRO DA ESCRITA DE AUTORIA NEGRA

"O romance é um retardatário precariamente situado nos espaços da cultura vernácula negra, se é que ele pode ser aí situado"
– Paul Gilroy, *"O Atlântico negro"* –

Olhando para a produção literária de autoria negra publicada no Brasil percebe-se que o romance constitui um quadro de poucas obras, se compararmos à poesia[10], e pouquíssima teoria, visto que dentro da bibliografia crítica que perpassa as textualidades negras persiste uma notável centralidade do poema em detrimento da prosa.

Em *O negro escrito – apontamentos sobre a presença do negro na Literatura Brasileira* (1987), o escritor e pesquisador Oswaldo de Camargo assinala que o "negro quase nada escreveu nas primeiras décadas da República, em ficção, tirante Lima Barreto. O negro foi e é poeta, quase só poeta. Fato que surpreende, visto que, ao menos em São Paulo, já aparecia em 1911, uma imprensa alternativa negra". Afinal, ele se pergunta, "que foi que travou a realização da prosa ficcional, com o conto, a novela? A Imprensa negra não poderia ter sido uma escola de se escrever também ficção?" (CAMARGO, 1987, p. 74). O ponto levantado por Oswaldo de Camargo é instigante. Se a *Imprensa Negra* já propiciava tanto o espaço para escrever quanto o público receptor, porque não ocorreu fenômeno similar aos *folhetins*, que preenchiam as páginas dos jornais no século XIX facilitando a circulação gradual, popular e acessível da ficção?[11]

[10] Apenas para citar um rápido exemplo que ofereça um parâmetro da condição minoritária do gênero, veja-se a obra *Literatura e Afrodescendência no Brasil* (2011) organizada por Eduardo de Assis Duarte, que é até hoje antologia que elenca o maior número de autores negros: do total de 100 autores ali reunidos, apenas 24 publicaram romances.

[11] Os folhetins eram veiculados de forma popular, impressos em papel de reduzida qualidade, com custos baixos. A maior parte dos autores é desconhecida, até porque

Contudo, mesmo enquanto conjectura, a pergunta de Camargo recai exclusivamente sobre a prosa curta. Diz ele: "Nem lembramos o romance, obra que, por seu porte e meandros, exige relativa "escravidão literária", esforço grande e contínuo". Para o escritor, a pouca produção nesse gênero "se explica pela maior dificuldade que se tem para produzir um romance, que depende de ócio e tempo para pesquisa e reflexão, fatores estes que sempre foram negados ao negro" (CAMARGO, 1987, p. 74).

Por certo, as características estilísticas da forma impõem exigências específicas sobre cada suporte. Bem como as condições materiais de produção implicam objetivamente na possibilidade da narrativa longa, que exige tempo e dedicação da escritora ou do escritor[12]. Entretanto, ladeando o dado indiscutível da realidade social que afeta objetivamente o trabalho intelectual dificultando a escrita em prosa, deve-se acrescentar outro, tão material e objetivo quanto, para pensarmos a minoridade do romance de autores negros no Brasil: o apagamento da voz negra é sistêmico, histórico e concreto. Este apagamento pode ser observado na ficção através de alguns exemplos, como a produção de Carolina Maria de Jesus, que tem mais de seis romances escritos e até hoje não publicados[13]. Ou seja: embora a autora tenha conseguido superar as dificuldades sociais/econômicas/materiais apontadas como o maior empecilho para a produção em prosa, a maior parte de sua escrita permanece soterrada. Outro exemplo é a obra de Maria Firmina dos Reis, que não consta em nenhuma bibliografia que a historiografia literária produziu em todo o século XX, embora o romance tenha sido bem recebido no contexto do seu surgimento, no século anterior.

---

muitos usavam pseudônimos. Haveria autores negros entre eles?

[12] Nesse ponto, resgato o célebre ensaio *Um teto todo seu* (1929), de Virginia Woolf, onde a autora inglesa problematiza as relações materiais de produção registrando a célebre frase: "Uma mulher deve ter dinheiro e um teto todo seu se quiser escrever ficção".

[13] Segundo Aline Alves Arruda, Carolina Maria de Jesus escreveu seis romances que ainda estão inéditos: *Dr. Sílvio; Diário de Martha ou Mulher diabólica; Dr. Fausto; Rita; O escravo* e dois romances sem título. (ARRUDA, 2015, p. 80). Em sua tese de doutorado, a pesquisadora analisa *Dr. Silvio*, dando-nos possibilidade de conhecer o texto na íntegra. Consultar: ARRUDA, 2015.

Na literatura de autoria negra o poema é majoritário, o romance é marginal. O silêncio sobre a forma também é resultado do raro investimento da crítica em buscá-la. Uma crítica, necessário dizer, que assumiu com grandiosidade a diligência hercúlea de tornar o negro presença em um universo (acadêmico) onde ele só existia como objeto depreciado ou era pura ausência, tornando visível textualidades silenciadas no sistema literário nacional.

Ainda assim, a pouca presença do romance dentro da produção teórica sobre a autoria negra no Brasil possui desdobramentos importantes, posto que as formas literárias viabilizam sentidos internos que também conduzem o conteúdo: como disse Bakhtin, "a forma artística é a forma de um conteúdo, mas inteiramente realizada no material, como que ligada a ele" (BAKHTIN, 1988, p. 57). Principalmente, se considerarmos que essa produção crítica historicamente tem se empenhado em pensar definições e conceitos, sustentando-os, em geral, em uma plêiade específica de autores (poetas) e textos (poéticos).

David Brookshaw (1983), um dos primeiros teóricos a trazer em suas considerações críticas romancistas negros e não apenas poetas, buscou elaborar uma hipótese para explicar a discrepância entre a poesia e o romance através da articulação de algumas variáveis:

> Se é difícil determinar uma evolução contínua na área da poesia negra no Brasil, é ainda mais difícil procurar, identificar e classificar a obra em prosa de escritores negros. Há razões sociais e culturais significativas porque isto deveria ser assim. Em primeiro lugar, a expressão de uma conscientização nacional ou racial tem sido invariavelmente manifestada através da poesia, cujo impacto é mais imediato que o da prosa. Na verdade, os movimentos literários baseados na poesia frequentemente prenunciaram movimentos de mudanças políticas, não apenas no Brasil, mas em todos

aqueles países em que a atividade política aberta tem sido limitada. A obra dos poetas da Inconfidência Mineira no século XVIII constituiria a primeira expressão literária de uma separação política de Portugal, visando à independência do Brasil. No século XX, a poesia nativista do Modernismo prenunciou a revolução nacionalista de 1930. Em segundo lugar, a essência da cultura religiosa e musical afro-brasileira encontra-se em suas qualidades rítmicas e de percussão, muito mais fáceis de serem captadas na poesia do que na prosa por aqueles escritores que desejavam incorporar tal material em sua obra. Igualmente, há fortes razões para que o escritor erudito prefira o instrumento poético. Do ponto de vista puramente literário, toda a galáxia de emoções pode ser abarcada por alusões encobertas por símbolos poéticos: o escritor "assimilado" frequentemente prefere aludir a, ao invés de afirmar claramente, sua identidade, disfarçando suas alusões em um labirinto de símbolos que, por um lado, o protegem, por outro são projetados como prova de sua erudição. Finalmente, a ficção em prosa nunca foi considerada como tendo o mesmo valor da poesia no contexto de uma classe média emergente, para quem a habilidade de escrever versos corretos é um sinal de cultura e, por isto, uma qualificação para cruzar a linha de comportamento. À parte dessas considerações, escrever um romance exige um esforço mantido por um período de tempo que, por sua vez, exige uma maior necessidade de profissionalização, e são pouco os que no Brasil vivem de sua literatura (...) Concluindo, vale a pena observar-se mais uma vez que a presença de escritores negros de prosa na tradição literária não coincide automaticamente com as tendências de nacionalismo-cultural africano. Tal como no caso da poesia, são os escritores brancos que tendem a cultivar o popular e não os afro-brasileiros. Na verdade, a publicidade dada a cultura popular confirma todos os estereótipos de que os intelectuais afro-brasileiros tentam libertar-se. (...) na maioria das vezes, quando um escritor afro-brasileiro pega a caneta para escrever um romance, ele poderá fazê-lo para estudar os mesmos temas que um escritor branco estudaria, caso em que estará deliberada ou instintivamente evitando publicar algo que revela a sua identidade racial (...) Ele também pode descrever a experiência de ser negro, tendo de tratar com as contradições da linha de comportamento (BROOKSHAW, 1983, pp. 201-202, 221-222).

As próprias palavras do lusitanista já sinalizam a datação e o lugar de seus argumentos. A ideia de um escritor assimilado, que busca com a literatura dominar signos que agregariam valor em sua ascensão social, evitando tratar de temas que "denunciassem" sua identidade, será depois combatida ainda na década de 1980, por pesquisadores e coletivos de autores negros em busca de uma definição conceitual[14]. Ainda assim, há um aspecto levantado por Brookshaw que se manterá uma constante nos estudos sobre a autoria negra na literatura: o fato do poema ser plataforma historicamente solicitada pelas urgências políticas, as bandeiras de luta, o protesto.

Pensando nesse aspecto específico, para além do dado material de haver mais oferta de textos em verso do que em prosa nos anais da autoria negra, uma hipótese para a crítica centralizar sua atenção no poema incide justamente na potência da poesia como textura reivindicativa, pois a reivindicação (de uma imagem positiva para o negro, do passado africano, de outra ordem social) tem sido um requisito apriorístico à formação de um conceito de literatura negra. De fato, a poesia marcada pelo

---

[14] Verificar: *Reflexões sobre a literatura afro-brasileira* (1985) de autoria do grupo Quilombhoje, *Criação crioula, nu elefante branco* (1987), resultado do I Encontro Nacional de Poetas e Ficcionistas Negros, acontecido em São Paulo no mesmo ano; são dois exemplares que documentam esse debate.

enfrentamento e pela busca da identidade negra tem sido a base na qual os críticos se apoiam para dispor teoricamente seus argumentos. O que dá a essa produção acadêmica o grande mérito de buscar traduzir, num vocabulário crítico, os elementos que compõem as próprias poéticas analisadas, já que, muitas vezes, no próprio poema já consta uma teoria (da existência, da resistência) à espera de ser captada.

Nessa chave, Maria Nazareth Soares Fonseca observa que nas antologias publicadas a partir da década de 1980 (*Axé: antologia contemporânea de literatura negra brasileira*, organizada por Paulo Colina, 1982; *A razão da chama – antologia de poetas negros brasileiros*, organizada por Oswaldo de Camargo, 1987; *Poesia negra brasileira – Antologia*, organizada por Zilá Bernd, 1992; *Quilombo de palavras, a literatura dos afrodescendentes*, organizada por Jônatas Conceição e Lindinalva Barbosa, 2002), o universo textual enuncia uma "intenção de denúncia às vezes, de resistência quase sempre e com gestos de escrita que resgatam memórias silenciadas pela tradição literária no Brasil" (FONSECA, 2014, p. 262).

Sobre *Cadernos negros*, a mais duradoura publicação coletiva de autores negros do país, editada pelo Movimento Quilombhoje desde 1978 e que em 2018 chegou ao número 40, diz Fonseca: "se observarmos a trajetória dos *Cadernos negros*, é possível observar que a intenção de denúncia do preconceito racial e da exclusão vivida pelos descendentes de escravos no Brasil está sempre presente" (FONSECA, 2014, p. 263). Tomando as antologias como expressão de uma enunciação coletiva, o protesto avultará como marca indelével da poética de autores negros. E, como a poesia sempre esteve mais presente, o texto como instrumento de reivindicação (inclusive, de reivindicação do direito à escrita) será um dos principais sentidos solicitados pela crítica literária que se debruçou sobre essa produção.

Zilá Bernd, cujos estudos[15] possuem grande relevância na implementação da discussão da literatura negra no âmbito acadêmico, defende a centralidade de sua análise na "poesia negra" afirmando que a predominância do poema sobre o conto e o romance se justifica porque:

---

[15] *Negritude e literatura na América Latina* (1987) e *Introdução à literatura negra* (1988).

[...] para a maturação de um romance negro brasileiro, algumas etapas ainda precisam ser vencidas, como o resgate de sua participação na História do Brasil, sobre a qual tantas sombras se projetaram e a definição de sua própria identidade, para que exista um discurso ficcional do negro é preciso que o negro defina a imagem que possui de si mesmo e que consolide o projeto já iniciado de construção de uma consciência de ser negro na América (BERND, 1988, p. 76).

Traços identificados em um *corpus* de poesia (consciência de ser negro; fixação de uma auto imagem positiva) se alçam a estatutos definitivos, a partir dos quais se legitimará, ou não, a incidência do romance, em correspondência com o conceito defendido.

Passando pela bibliografia inclinada sobre a escrita literária de autoria negra, desde a primeira pesquisa realizada no Brasil sobre o tema, o pioneiro *A poesia afro-brasileira* de Roger Bastide (1943), até os trabalhos dos brasilianistas Raymond Sayers (*O negro na literatura brasileira,* 1958); Gregory Rabassa (*O negro na ficção brasileira,* 1965) e David Brookshaw (*Raça e cor na literatura brasileira,* 1983), passando por Zilá Bernd (*Introdução à literatura negra,* 1988); Luiza Lobo (*Crítica sem juízo,* 1993); Domício Proença Filho (*A trajetória do negro na literatura brasileira,* 2004); Eduardo de Assis Duarte (*Literatura afro-brasileira, um conceito em construção,* 2007); Cuti (*Literatura negro-brasileira,* 2010); entre outros; tem-se buscado definir e conceituar essa enunciação, identificando-a no ritmo, nos símbolos, no repertório cultural mobilizado, no empenho de auto enunciação, no ponto de vista, etc. A partir destes estudos, entende-se, grossíssimo modo, que literatura negra/afro-brasileira é aquela na qual um autor negro escreve manejando um arcabouço de dispositivos específicos.

Este aparato crítico de obras se prostra à tarefa de pensar um conceito para o fazer literário do negro destacando-o de um universo (da literatura canônica) no qual não existia horizonte representativo fora do estereótipo. Embora essa construção de critérios diga respeito a uma tentativa de assuntar, nos próprios signos que a obra mobiliza, as medidas para valorar o texto – não recorrendo, portanto, a um repertório analítico canônico e eurocêntrico de avaliação das obras – a busca por conceituar esta literatura também é um caminho entremeado de riscos colaterais. Como afirma o filósofo sul africano Mogobe Ramose: "Quem quer que seja que possua a autoridade de definir, tem o poder de conferir relevância, identidade, classificação e significado ao objeto definido" (RAMOSE, 2011, p. 5). Assim, ainda que o esforço seja para que o negro deixe de ser tema para ser autor de seu próprio texto, como rescaldo destes critérios corre-se o risco de tomar a escrita como **objeto previamente nomeado.**

Guerreiro Ramos, no fim da década de 1950, já enunciava a complexidade intrínseca às buscas de apreensão da produção intelectual negra:

> Há o tema do negro e há a vida do negro. Como tema, o negro tem sido, entre nós, objeto de escalpelação perpetrada por literatos e pelos chamados "antropólogos" e "sociólogos". Como vida ou realidade efetiva, o negro vem assumindo o seu destino, vem se fazendo a si próprio, segundo lhe têm permitido as condições particulares da sociedade brasileira. Mas uma coisa é o negro-tema; outra, o negro-vida. O negro-tema é uma coisa examinada, olhada, vista, ora como ser mumificado, ora como ser curioso, ou de qualquer modo como um risco, um traço da realidade nacional que chama atenção. O negro-vida é, entretanto, **algo que não se deixa imobilizar; é despistador, proteico, multiforme, do qual, na verdade, não se pode dar versão definitiva, pois é hoje o que não era ontem e será amanhã o que não é hoje**. (...) É uma atitude de formalização que está na raiz da quase totalidade dos estudos sobre o negro no Brasil. (RAMOS, 1957, pp. 215, 216, grifos meus).

Enquanto tentativas de formalização, os "conceitos em construção" que circulam hoje correspondem às buscas de ler discursividades à margem do cânone a partir de seus próprios elementos internos e a partir das dinâmicas de exclusão que o sistema literário impõe aos escritores negros. Contudo, muitas vezes, as formas de definir também respondem à própria historicidade do tempo da definição[16].

Zilá Bernd elencou um conjunto de pontos a partir dos quais se configura a tessitura da "literatura negra", são eles:

> a) existência fora da legitimidade conferida pelo campo literário instituído; b) emergência do eu-enunciador que reivindica sua identidade negra, ou seja, sua pertença a um imaginário afro-brasileiro que urge se reconstruir no Brasil; c) construção de uma cosmogonia que remonta ao período anterior às travessias transatlânticas nos navios negreiros, isto é, a um restabelecimento de elos culturais com a África; d) ordenação de uma nova ordem simbólica, fazendo emergir na poesia elementos ligados ao mundo da escravidão como instrumentos de tortura, transformando-os em símbolos de resistência; e) reversão dos valores e avaliação do outro, na tentativa de tornar positivos elementos que se constituíam, em função da construção de estereótipos, em fatores de exclusão e/ou alienação do negro, como o cabelo pixaim, o formato do nariz etc. (BERND, 2010, p. 30).

Eduardo de Assis Duarte, que tem se prostrado com afinco ao desafio de visibilizar as textualidades negras em conjunto, estabeleceu que "algu-

---

[16] Para um panorama rico, extenso e detalhado dessa produção conceitual, observando tanto as prerrogativas dos pesquisadores quanto dos próprios poetas em termos históricos, recomendo a leitura da Parte I (Balanços, polêmicas e interrogações) do livro de Mário Augusto Medeiros da Silva: "A descoberta do insólito, literatura negra e periférica no Brasil – 1960-2000", pp. 32-105.

mas constantes discursivas têm sido utilizadas como critérios de avaliação dessa literatura", são elas:

Em primeiro lugar, a temática: "o negro é o tema principal da literatura negra", afirma Octavio Ianni, que vê o sujeito afrodescendente não apenas no plano do indivíduo, mas como "universo humano, social, cultural e artístico de que se nutre essa literatura." (1988: 54). Em segundo lugar, a autoria. Ou seja, uma escrita proveniente de autor afro-brasileiro, e, neste caso, há que se atentar para a abertura implícita ao sentido da expressão, a fim de abarcar as individualidades muitas vezes fraturadas oriundas do processo miscigenador. Complementando esse segundo elemento, logo se impõe um terceiro, qual seja, o ponto de vista. Com efeito, não basta ser afrodescendente ou simplesmente utilizar-se do tema. É necessária a assunção de uma perspectiva e, mesmo, de uma visão de mundo identificada à história, à cultura, logo a toda problemática inerente à vida desse importante segmento da população. Nas palavras de Zilá Bernd (1988), essa literatura apresenta um sujeito de enunciação que se afirma e se quer negro. Um quarto componente situa-se no âmbito da linguagem, fundado na constituição de uma discursividade específica, marcada pela expressão de ritmos e significados novos e, mesmo, de um vocabulário pertencente às práticas linguísticas oriundas de África e inseridas no processo transculturador em curso no Brasil. E um quinto componente aponta para a formação de um público leitor afrodescendente como fator de intencionalidade próprio a essa literatura e, portanto, ausente do projeto que nortearia a literatura brasileira em geral. Impõe-se destacar, todavia, que nenhum desses elementos isolados propicia o pertencimento à Literatura Afro-brasileira, mas sim a sua interação. Isoladamente, tanto o tema, como a linguagem e, mesmo, a autoria, o ponto de vista, e até o direcionamento recepcional são insuficientes (DUARTE, 2007, grifos do original).

Pelo amplo espectro que tangencia, os pontos elencados pelos críticos têm promovido a discursividade constitutiva de inúmeras obras, e correspondem ao que um vasto número de trabalhos tem firmado enquanto campo de estudo. No entanto, a própria ampliação do *corpus* literário, bem como do corpo crítico, inevitável se considerarmos o espaço de crescimento deste campo de estudos no Brasil, possui potencial para gerar *linhas de fuga* na interpretação. Afinal, tanto a produção literária quanto a teórica estão em contínuo movimento.

O debate sobre os possíveis e devires da literatura tem sido também intensamente elaborado no interior do próprio grupo de criadores. Em seu trabalho reflexivo sobre o tema, Cuti, que propõe o conceito de "Literatura negro-brasileira", entendida como uma vertente da literatura brasileira, afirma:

> O surgimento da personagem, do autor e do leitor negros trouxe para a literatura brasileira questões atinentes à sua própria formação, como a incorporação dos elementos culturais de origem africana no que diz respeito a temas e formas, traços de uma subjetividade coletiva fundamentados no sujeito étnico do discurso, mudanças de paradigma crítico-literário, noções classificatórias e conceituações das obras de poesia e ficção (CUTI, 2010, p. 11).

Em outro momento Cuti fará colocações instigantes sobre essas noções classificatórias e conceituações:

> Literatura, como dizia Iser, é um jogo, e nele a interpretação é um suplemento que se atinge apenas depois do jogo, não antes. Na realidade não é a definição

da literatura negra que a realizará. Os escritores não precisam de definição para produzir. Esse é um problema da crítica e da didática literárias que, no meu entender, precisam auscultar mais os textos, as fontes primárias, e não seus posicionamentos prévios com relação à questão racial no Brasil. A literatura negra vem sendo prejudicada pelo viés estritamente sociológico que a vê apenas como representação mimética (CUTI, 2014, p. 46).

Autorias díspares, dispersas, exigem que o analista se oriente, como recomendou Cuti, nos textos – em suas malhas nem sempre transparentes ou previamente enquadradas em classificações explicativas. Por outro lado, autorias "despistadoras", como disse Guerreiro Ramos, convidam ao movimento. Podemos perceber hoje, principalmente na produção poética, que há na literatura de autoria negra contemporânea uma miscelânea de lugares enunciativos que constituem uma gama textual com substancialidade e riqueza para o pensar plural, tanto em termos estéticos, quanto conteudísticos[17]. Poetas (negras) que se enunciam lésbicas ou que se pautam em identidades de gênero dissidentes[18]; poetas (negras) que constroem o discurso sob a experiência do território periférico e às dinâmicas sociais urbanas[19]; poetas (negras) cujo sujeito poético se enuncia no discurso amoroso e erótico[20]; em suma, poetas (negras) que constroem seus textos a partir de subjetividades constituídas em múltiplos atravessamentos, e que podem falar de todos estes lugares em uma mesma obra. Formalizando, em razão disso, tessituras que *escapam*.

Embora muito presente, nem sempre a busca da identidade será uma pauta nos diversos textos, dado que, em muitos, já se parte de um *lócus* enunciativo constituído, implícito ou afirmado. Em muitos, já se parte da (cons)ciência sobre a própria beleza, ou discute-se a própria existência

---

[17] Como os lugares não são estanques, as autoras tomadas como exemplo em cada uma das três notas abaixo também transitam entre uma e outra.
[18] Tatiana Nascimento dos Santos, Victoria Sales, Mayana Vieira, entre outras.
[19] Jenyffer Nascimento, Dinha, Mel Duarte, Luz Ribeiro, entre outras.
[20] Gilka Machado, Miriam Alves, Lívia Natália, Tula Pilar, Elisa Lucinda, entre outras.

de padrões. Nesse sentido, o corpo é uma matriz de sentidos constante nos textos, mas os signos de grafia do corpo podem mudar.

Nem sempre, embora presente em vários, haverá a escolha de vocabulário pertencente às línguas africanas, muitas vezes, são as gírias (gírias não, dialetos) das variadas localidades do território nacional que irão compor a gramática poética sob a qual se enuncia; em outras, a norma culta da língua é tomada como veículo de expressão. Em outras, encontraremos palavras de idiomas diversos, enunciando a ruptura de fronteiras nacionais para o dizer.

Ainda, nem sempre o ponto de vista recairá sobre um solo fixo, pois a própria dinâmica da intersecção entre os lugares que compõe o sujeito poético negro pode projetar solos encruzilhados.

Por fim, nem sempre, embora patente em vários autores, o leitor negro será um fator de intencionalidade interno à própria obra, pois este leitor virtual pode ser vário, a depender de múltiplos elementos que cada autor/autora individual projetará. Por um lado, o leitor pode compartilhar o sentido do texto por meio do seu próprio lugar no mundo, arregimentado no ato de leitura. Por outro, o leitor pode estar (até o momento da leitura) totalmente ausente do universo de experiências que o texto enuncia, e, exatamente por isso, ser por ele (trans)formado.

A questão, portanto, é esta: superamos a fase de provar a existência desta literatura, pois quem duvida, sofre de cegueira. Embora os critérios elaborados por Bernd, Duarte e Cuti para classificar a autoria negra e a sua escrita encontrem ressonâncias em várias obras, nem sempre encontrarão correspondência em uma produção literária viva, dinâmica, crescente (envolvendo não apenas novas autorias, mas também novas leituras do passado). Por uma simples razão: a literatura estará sempre um passo à frente da crítica.

Os conceitos para articular a *ideia* de *literatura negra* estão em amplo funcionamento, provando sua substância e nos dando margem para, enquanto corpo crítico que já parte da herança deixada pelos primeiros estudiosos (que precisaram empenhar todos os esforços para mostrar a legitimidade de tal produção), tentar ficar a par das tessituras de variadas linhas, de textos que capturam, atingem, significam, comunicam – independentemente do aparato conceitual prévio mobilizado pela crítica.

Os textos aqui observados são classificados como romances de autoras negras brasileiras, portanto, a organização do *corpus* se estabelece a partir do foco na autoria.

Isso não quer dizer que as autoras, em suas vidas concretas, tenham ocupado lugares fixos e semelhantes de enunciação política, inclusive porque muitas vezes não se tem acesso a esta informação fora do texto, mas também porque a forma como o sujeito articula a sua identidade não é estanque no tempo nem está imune às pautas e construções políticas coletivas. O que significa que a escrita da própria bio|grafia também é processual e pode sofrer transformações. Esse aspecto pode ser observado de perto no caso de Marilene Felinto, por exemplo.

Em seu mais recente texto publicado, Marilene Felinto reflete sobre a possibilidade do diálogo a partir do seu lócus de mulher negra. *Mulheres negras. Carta aberta à um dia amiga Márcia* (2016) é um ensaio sintético, no qual a autora adentra temas políticos contemporâneos a partir de sua justificativa para o não diálogo com uma interlocutora que representa parte das memórias afetivas do seu passado. O episódio se desenvolve quando Márcia, amiga da época da adolescência da escritora, busca contato com Marilene pela rede social décadas depois de estarem afastadas. Contato negado. Não exatamente por problemas do passado, mas pela localização de ambas perante as questões do presente. A justificativa para o seu posicionamento categórico é, em si mesmo, um ato de quebra do silêncio dentro da trajetória da autora:

> E nem sequer toquei, ali na resposta, nesse agravante de eu ser uma mulher negra. Sei que a questão da raça não perpassou nossa amizade adolescente diretamente – porque não éramos racistas, talvez, na nossa "inocência" juvenil. Mas, hoje, em resumo, é isto: não poderíamos nos reencontrar – simplesmente porque não se pode desconsiderar que "raça" é um conceito político, e você sugeriu não falar de política. (...) Mas

se nós nos sentássemos à mesa de um café na cidade, hoje em dia, eu não hesitaria em te confrontar com a minha lembrança amarga. Lembro com clareza, Márcia, do tratamento que sua mãe e seu pai me dispensavam: eles me olhavam com certa desconfiança, entre silêncios, como se eu fosse uma miudeza estranha, como se eu viesse de alguma ancestralidade selvagem, somenos (o que era? A cor da minha pele? A origem geográfica nordestina? O quê?). Seus pais me olhavam, assim, do alto da alvura da pele deles, os mesmos olhos claros-transparentes que os seus: do fundo da minha subconsciência eu sabia que me aceitavam ali, na sua casa, com reservas. (...) Como é que poderíamos nos reencontrar hoje, você e eu, sem tratar de política? Dizem que o racismo opera em níveis subconscientes também, sabia? Que se danassem seus pais, Márcia, era o que eu dizia a mim mesma: afinal, o desdém, o menosprezo silencioso da gente branca para com a gente preta como eu já me era conhecido desde os meus tempos da infância, no embate com tantas outras márcias de olhos azuis-verdes (FELINTO, 2016, pp. 12-13).

Não obstante a solidez de seu argumento, a autora já manifestou em outros momentos opiniões diversas da exposta na carta aberta. Em entrevista à revista CAROS AMIGOS em fevereiro de 2001, Felinto respondeu à pergunta sobre a sua identidade nesses termos: "Nem me acho muito nordestina mais, me acho misturada, não me acho nada. Nem nordestina, nem negra, nem branca, não sou nada, nada exatamente. Não levanto nenhuma bandeira, não milito no movimento negro, não militaria, não choramingo pelo Nordeste, muito pelo contrário" (FELINTO, 2001).

A carta, publicada quinze anos depois da entrevista, é aberta porque não é exclusiva para Márcia, a interlocutora negada. Antes, adentra a estrutura complexa do percurso não linear de um sujeito no mundo. Lemos por fim: "Não é por acaso que te escrevo esta carta neste fatídico

20 de novembro de 2016, dia da Consciência negra. Imagine, sentada à mesa de um café dessa cidade de São Paulo, e ouvir de mim: *minha luta é pelas mulheres negras rompendo invisibilidades*" (p. 19, grifos meus).

A expressão do posicionamento pessoal do sujeito empírico foi manifesto inúmeras vezes no caso de Felinto, posto que ela foi durante anos a única mulher negra articulista do jornal FOLHA DE SÃO PAULO e nesse veículo expressou suas opiniões abertamente, de forma bélica. Suas contradições, negações e divergências diante da problemática racial certamente direcionaram a sua presença nos estudos em torno da autoria negra na literatura, isso talvez possa explicar o fato de que o seu romance seja pouco requisitado nos trabalhos críticos que debatem a literatura negra no Brasil[21], embora a ficção adentre com imensa profundidade a experiência histórica e social de uma mulher negra lutando a favor de si mesma.

Como mostra Felinto, no âmbito do sujeito empírico, mudanças podem ocorrer na composição do discurso sobre a identidade, sobretudo porque o sujeito está vivo e em movimento, assim como o mundo ao redor. Porém, a enunciação dos processos de construção da identidade compõe o sujeito de linguagem que fala no romance, essa subjetividade, espraiada na voz narrativa, (se) articula (n)a autoria. Nesse sentido, mais do que o "autor biográfico", interessa aqui perscrutar "a voz que escreve" – entendido que toda voz é parte de um sujeito com corpo, cor e nuances que se arquitetam no texto.

Dentro do *corpus* de romances de autoras negras mapeado, o livro de Felinto é aquele mais presente em leituras que denominam seus objetos como literatura brasileira, sua fortuna crítica agrega trabalhos internacionais[22], e as análises que privilegiam a leitura comparada costumam colocá-la em diálogo com autores canônicos, como Clarice Lispector e

---

[21] Na fortuna crítica da autora, foram encontrados os seguintes estudos que a articulam com a categoria raça: BARBOSA, M. J. S. (2004); DALCASTAGNÈ, R. (2008a); DALCASTAGNÈ, R. (2008b); JOB, S. M. (2011); REBELO, (2010); SCHNEIDER, L. (2012); SILVA, A. M. F. (2007); SILVA, A. M. F. (2009); WANDERLEY, M.C. (2009).
[22] Para uma amostra desta fortuna crítica internacional, podem ser citados os seguintes estudos: BAUGHER, J. (2001); BAILEY, C. F. P. (2002), (2004); HARRISON, M. I. (2005); NUNES, Z. (2008); JORDÃO, P. (2009); PIERRE-LOUIS, B. G. (2012).

Graciliano Ramos. Todavia, trata-se de uma exceção. Em linhas gerais, as demais romancistas que acompanho aqui tem sido (im)postas fora da literatura brasileira. Fato que, evidentemente, diz mais respeito à dinâmica narcisista sobre a qual a literatura brasileira se assenta do que aos romances em si, pois estes dialogam profundamente com o Brasil, revelando faces da nação que a literatura brasileira silencia sistematicamente

|O ROMANCE DE AUTORIA DE MULHERES NEGRAS DENTRO DA LITERATURA BRASILEIRA

"O nosso romance, gerou-o a imaginação, e não no soube colorir, nem aformosentar".

– Maria Firmina dos Reis, *"Úrsula"* –

Tomar a autoria de mulheres negras, interseccionada ao gênero romance, como centro de organização do *corpus* textual implica em assumir que este corpo autoral fala por si, mas, pelas suas próprias nuances discursivas, perceptíveis na leitura comparada, essa fala produz um *campo diccional* que interpela a própria nação e a posiciona no *lugar da escuta* de atos-de-fala que dialogam com a História, posicionando a História no centro duma arena discursiva onde se ginga com ela, atravessando-a e recompondo-a: vias produtivas que rompem o silêncio nacional constitutivo.

Por estar à margem do cânone, por não espelhar o sujeito enunciador privilegiado na literatura brasileira (homem branco), a escrita de autoria negra tem sido pensada prioritariamente como conjunto à parte da literatura brasileira. Contudo, entendendo o romance como uma tecnologia que elabora sistemas imaginários a partir do mundo-do-sujeito e do sujeito-no-mundo, manter a classificação "literatura brasileira" em domínio exclusivo da elite *que pode falar,* significa tão somente insistir em uma visão eurocêntrica que sustenta o "perigo de uma história única" (ADICHIE, 2009), baseada na manutenção dos mesmos lugares de poder que conserva a narrativa da nação sob o domínio fechado e permanente dos mesmos sujeitos étnicos do discurso[23] (CUTI, 2010), direcionando,

---

[23] O conceito de sujeito étnico do discurso, pensado por Cuti (2010), é explicitado por ele através de dois exemplos. O primeiro, de Nelson Rodrigues, publicado em jornal em 1957: "Não *caçamos* pretos, no meio da rua, a pauladas, como nos Estados Unidos. Mas *fazemos* o que talvez seja pior. A vida do preto brasileiro é toda tecida de humilhações. *Nós o tratamos* com uma cordialidade que é o disfarce pusilânime de

fundamentalmente, a localização das obras na estrutura do cânone e da circulação literária.

Em outras palavras. A questão não é inquirir a literatura brasileira perguntando se a mulher negra pode falar, o ponto é: *ela fala*. Sua fala está publicada desde o século XIX pelo menos. A partir desse pressuposto discurso que vem de longe, é que partimos.

O corpo de romances de autoras negras no Brasil constitui a/constitui-se na literatura brasileira moderna e contemporânea. Embora prescinda dela, porque a transcende e questiona seus pressupostos formativos, inscrevendo em seu território uma gama de problemáticas, em razão da potência que possui em acender fagulhas nos falsos consensos que historicamente foram sendo inscritos no arquivo discursivo nacional – por exemplo, diante das linhas de força do imaginário brasileiro que evoca a harmonia entre as raças, ou, diante do falso antagonismo entre escravidão e modernidade.

Romances brasileiros, que, pelas suas qualidades literárias e pelas potencialidades epistêmicas alinhavadas, deveriam estar presentes na configuração de qualquer História da Literatura Brasileira. Afinal, nenhum compêndio com essa inclinação panorâmica que fosse escrito hoje poderia se eximir de incluir uma gama extensa de autorias nacionais, cujos apagamentos das historiografias literárias realizadas *até agora* (como as de José Veríssimo, Lúcia Miguel Pereira, Afrânio Coutinho, Massaud Moisés, Antônio Candido, Ronald de Carvalho, Alfredo Bosi, por exemplo) só se sustenta em razão do caráter eurocêntrico do cânone literário brasileiro.

Sendo literatura brasileira, isso não significa que estes textos estejam empenhados com o "advento do espírito nacional", como detectou Antônio Cândido na formação do romance. O que eles fazem, pelo contrário,

um desprezo que fermenta em nós dia e noite. Acho o branco brasileiro um dos mais racistas do mundo". (Grifos do autor). O segundo é um poema de Luiz Gama, retirado de "Trovas Burlescas de Getulino": "Desculpa, meu amigo/Eu nada te posso dar/Na terra que rege o branco/Nos privam té de pensar! (GAMA, 2000, p. 33).

é inscrever-se, em português, e desde a experiência da diáspora negra no Brasil, nas rotas do (texto) Atlântico.

Trata-se de um corpo que (se) escreve em português, elaborando na ficção dizeres não pronunciados no texto nacional canônico, mas, por ter autoria de mulheres negras, é posto à margem da literatura brasileira – o que implica diretamente em sua circulação nas historiografias literárias, nas reedições, nos materiais didáticos, nas traduções, adaptações para outros suportes, nas resenhas, etc.

Um bom exemplo desse problema pode ser recolhido do episódio recente da candidatura de Conceição Evaristo à Academia Brasileira de Letras, fortemente amparada por uma grande e articulada campanha da comunidade leitora, que produziu até mesmo um abaixo-assinado para que ela ocupasse uma cadeira na instituição, da qual nenhuma autora negra jamais fez parte. Em junho de 2018 a escritora oficializou sua candidatura à ABL, para concorrer à cadeira nº 7, originalmente ocupada por Castro Alves. Obteve apenas um voto, o eleito para a cadeira foi o cineasta Cacá Diegues. Pensar que a mobilização de um número imenso de leitores nada interferiu no resultado é uma prova incontestável de que tal instituição não representa, de fato, a literatura brasileira, nos levando a pensar até que ponto aqueles que (para além da ABL) impõe o silêncio como lugar para enunciação negra não estão à beira de seus últimos tempos de legitimidade. Como revide à recusa e a surdez da academia, em 2019 a autora foi homenageada no enredo de uma escola de samba[24], o que dimensiona o seu reconhecimento como escritora brasileira e, flagrantemente, popular.

A margem também constitui e estabelece os limites do centro, e, por conseguinte, pode movê-los.

No sentido próprio da linguagem, penso, por exemplo, nas palavras de Cuti: "Não estamos isolados no mundo que também construímos. A língua portuguesa não é dos portugueses. Nós a fazemos e refazemos diariamente" (CUTI, 2014, p. 56). Relembro, ainda, que Lélia Gonzalez conceituou como *pretuguês* a agência transformadora da mulher negra sobre a língua colonial, subvertendo e ressignificando o idioma da dominação ao "africanizar" a língua e transmiti-la, inclusive, para os filhos dos

[24] Grêmio Recreativo Escola de Samba Acadêmicos da Abolição, do Rio de Janeiro.

senhores, que aprendiam a falar com a "mãe-preta". Nesse duplo gesto interpretativo, Gonzalez reposiciona tanto o mito da "mãe-preta", que "tem sido explorado pela ideologia oficial como exemplo de integração e harmonia racial" (GONZALEZ, 2018, p. 39), quanto a linguagem, como processo ativo de inscrição na ordem social. A autora nos ensina a praticar no pensamento o princípio da encruzilhada, isto é, olhar um mesmo ponto sob mais de um ângulo para ver agências capazes de reconfigurar a estrutura que nos minoriza, para que ela não tenha mais tal poder.

Tomando o gesto interpretativo de Lélia Gonzalez como metáfora da ressignificação de silêncios que são transformados em fala criativa, estes romances, ao articularem vozes narrativas de mulheres negras na ficção, inscrevem no português conteúdos que elaboram no discurso experiências históricas silenciadas pela razão colonial. Nesse gesto, o próprio entendimento da literatura brasileira enquanto sistema de signos reproduzidos (tradição) é revisto.

Visto em conjunto, é possível perceber uma perspectiva espraiada, que se alça a *pensamento partilhado pelo corpo* (de romances): enquanto *corpus*, estes textos encerram uma retomada de posse da História, donde emerge uma leitura (crítica) da nação, que salienta a sua matriz colonial constitutiva. Em síntese, foi possível rastrear nas narrativas analisadas um pensamento partilhado que aproxima os romances em sua potência comunicativa, agregando experiência histórica e reescrita do passado na produção de "sensibilidades descolonizadas" (HALL, 2006, p. 318).

Publicadas em séculos diferentes, as obras aqui reunidas articulam uma inteligibilidade pluriversal[25] (porque não apaga a presença da alte-

---

[25] Pluriversalidade é um conceito do filósofo sul-africano Mogobe Ramose, explicitado em seu artigo *Sobre a legitimidade e o estudo da filosofia africana*: "Considerando que 'universal' pode ser lido como uma composição do latim unius (um) e versus (alternativa de...), fica claro que o universal, como um e o mesmo, contradiz a ideia de contraste ou alternativa inerente à palavra versus. A contradição ressalta o um, para a exclusão total do outro lado. Este parece ser o sentido dominante do universal, mesmo em nosso tempo. Mas a contradição é repulsiva para a lógica. Uma das maneiras de resolver esta contradição é introduzir o conceito de pluriversalidade. Deve-se notar que o conceito de universalidade era corrente quando a ciência entendia o cosmos como

ridade), transtemporal (porque o passado que formula também produz significados para o presente) e crítica (porque articula em seu bojo o ponto de vista do silenciado).

As obras se comunicam e reverberam sentidos consonantes, cada uma delas é única e irredutível, mas a leitura comparada destaca o ponto da encruzilhada onde há encontro das vozes enunciativas, semelhanças, reverberações, contato. O conjunto é marcado pela sua ênfase em interpelar a História, tomando-a como um paradigma aberto, que abarca novas possibilidades. Porém, não são romances históricos propriamente ditos, porque o passado e o presente são envoltos nas narrativas em uma espiral de continuidades, que representam nosso paradigma mais durável em termos de nação – a colonialidade, sustentada por dinâmicas de raça, gênero e classe, hierarquizando lugares de poder e agência desde o ontem, e ainda no agora.

Nessas ficções, o passado é interpelado pela ficção de uma maneira producente no e para o presente, reabrindo possibilidades de futuro ao trazer para o centro do pensamento sobre o Brasil a voz e a visão crítica da mulher negra – sujeito histórico atravessado por múltiplos silenciamentos – e (re)tomadas de voz – na sociedade e representada na literatura brasileira canônica basicamente por meio de estereotipias[26].

um todo dotado de um centro. Entretanto, a ciência subsequente destacou que o universo não possui um centro. Isto implicou na mudança do paradigma, culminando na concepção do cosmos como um pluriverso. Parece que a resistência do "universo" mostra uma falha que aponta para o reconhecimento da necessidade de um deslocamento do paradigma. (...) Optamos por adotar esta mudança de paradigma e falar de pluriverso, ao invés de universo" (RAMOSE, 2011, p. 10).

[26] No caso da personagem mulher negra, a estereotipia incide principalmente na construção de uma "iconografia de corpos" sexualmente violáveis e destituídos de cérebro e ventre, uma iconografia facilmente perceptível no arquivo discursivo em torno do feminino negro na literatura brasileira. bell hooks mostra as implicações da construção histórica de uma iconografia de nossos corpos, mantida ativa ainda no presente: "Mais que qualquer grupo de mulheres, as negras têm sido consideradas 'só corpo, sem mente'. (...) Para justificar a exploração masculina branca e o estupro das negras durante a escravidão, a cultura branca teve que produzir uma iconografia de corpos de negras que insistia em representá-las como altamente dotadas de sexo, a perfeita encarnação de um erotismo primitivo e desenfreado" (HOOKS, 1995, p. 469). As clássicas personagens de Jorge Amado; a Rita Baiana; a Nega Fulô; a Vidi-

Para melhor adentrar o *corpus*, composto de obras dispersas e diferentes, considerei a abordagem cronológica mais pertinente por prover um espaço individual para cada autora. Contudo, a própria abordagem não é homogênea, mas antes responde às particularidades de cada romance em termos da sua circulação no universo literário. Desse modo, as autoras menos conhecidas e com pouca fortuna crítica ocupam espaço bem maior na análise que as autoras mais conhecidas, como Carolina Maria de Jesus, Conceição Evaristo e Ana Maria Gonçalves, cujas obras já dispõem de certa fortuna crítica.

As obras analisadas aqui representam o resultado de meu mapeamento. De um total de treze romancistas mapeadas, oito estão presentes na análise. O recorte se delimita entre 1859 e 2006, datas de publicação de dois romances paradigmáticos: *Úrsula*, porque é a obra que abre o *corpus*; *Um defeito de cor*, porque é a obra que o assenta. Este último ponto pode ser observado se repararmos que desde *Úrsula* até a publicação da obra de Ana Maria Gonçalves, apenas 11 romances de autoras negras foram lançados no país. Mas, depois do lançamento de *Um defeito de cor* até o outono de 2019 (isto é, no período de treze anos) foram publicados 17 romances de autoras negras no Brasil, apontando, podemos conjecturar, para um cenário futuro de maior abertura da forma. A própria dimensão narrativa do romance de Gonçalves explica a força que a obra representa dentro da historiografia literária nacional e de autoria negra, sendo, de toda a produção de romancistas negras brasileiras, aquela de maior extensão e com maior número de reedições[27].

Desse modo, embora o objetivo do trabalho seja abeirar-se do romance enquanto corpo de obras, não almejo a totalidade. Primeiro porque o recorte do *corpus* analisado não corresponde ao número completo das obras que localizei durante a pesquisa. Segundo, porque já parto do princípio (esperança) de que existem mais autoras e obras do que o con-

---

nha de **Memórias de um sargento de milícias**; Maria Olho de Prata, personagem do romance João Abade, de João Felício dos Santos; Jini, de Guimarães Rosa, entre outras, estão nesta categoria.

[27] As constantes reedições da obra, que em 2016 ganhou a 13ª, também resulta do fato de ser publicada por uma grande editora (Record).

junto que está visível (no apêndice), pois muitas pesquisas ainda serão requeridas para que possamos tatear com maior precisão a autoria (feminina) negra no romance.

1| ROMANCE E AUTORIA NEGRA NO BRASIL

"Há uma vida corporal que não pode estar ausente da teorização".

– Judith Butler –

"O romance é uma forma necessária para o povo negro", disse Toni Morrison:

> Minha percepção do romance é que ele sempre funcionou para a classe ou grupo que o escrevia. A história do romance como forma começou quando houve uma nova classe, uma classe média, para lê-lo; era uma forma de arte de que necessitavam. (...) Durante muito tempo, a forma de arte purificadora para o povo negro foi a música. Essa música não é mais exclusivamente nossa; não possuímos direitos exclusivos sobre ela. Outros povos a cantam e tocam, por toda parte ela é o modo da música contemporânea. Portanto, outra forma precisa tomar o seu lugar, e a mim me parece que o romance é necessário... agora de um modo que não era necessário antes (MORRISON, In: GILROY, 2001, p. 407).

O entendimento de que formas estéticas portam funções históricas e articulam devires estratégicos paira sob o gênero desde muito tempo, atrelado à história da ascensão da classe e do estabelecimento do mundo burguês. Partindo disso, Morrison reclama o romance como tecnologia particularmente necessária àqueles cujos discursos e arquivos da memória sofreram e sofrem apagamentos sistemáticos, e que ainda agora seguem lutando para existir contra os racismos presentes e as políticas de morte, ativas e funcionando na busca de eliminação não apenas do corpo do sujeito negro, mas também do seu pensamento, do seu imaginário.

No Brasil, pensar o gênero romance articulado à autoria negra é necessário e urgente. Necessário, porque aqui o sujeito negro ainda disputa para ter o direito de contar as próprias histórias e não estar aprisionado à condição de ser objeto da história; disputa para articular, no discurso, a continuidade histórica de experiências fragmentadas e problematizar a manutenção de um *sistema imaginário durável* eurocêntrico; disputa pelo espaço de narrar as histórias comuns e partilhadas, as histórias íntimas, particulares e anônimas, bem como as nacionais, as globais, as canônicas.

Olhar para o romance é urgente, porque se trata de uma forma visivelmente minoritária quando interseccionada à autoria negra. Buscando capturá-lo, mapeei o maior número de obras possível, dando andamento aos esforços já iniciados por outros pesquisadores[28]. No entanto, devido à própria condição de soterramento em que se encontra essa produção, já parto do pressuposto que deixo lacunas, obras no caminho, as quais não me foi possível enxergar, caso existam, e devem existir.

Conforme este mapeamento preliminar, começando pelo primeiro romance publicado no Brasil, *O filho do pescador* (1843), de Antônio Gonçalves Teixeira de Sousa, e indo até as obras mais recentes, lançadas em 2019, foram encontradas um total de **90** obras, escritas por um total de **39** autores, dos quais **14** são mulheres.

Esse pequeno montante se contrapõe às estatísticas nacionais do livro e da leitura, asseverando sua condição restrita, pois, no Brasil, o romance é o gênero literário mais privilegiado pelo universo editorial[29]. Em razão

---

[28] Luiz Henrique Silva de Oliveira e Fabiane Cristine Rodrigues publicaram em 2016 o dossiê *Panorama editorial da literatura afro-brasileira através dos gêneros romance e conto*, onde mapeiam 61 "romances afro-brasileiros", publicados entre 1859 e 2016, de autoria de 29 escritores, e 88 livros autorais de "contos afro-brasileiros", publicados entre 1839 e 2016, de autoria de 42 escritores. Verificar em: OLIVEIRA e RODRIGUES, 2016. Especificamente em relação ao romance de autoras negras, destaco a tese de doutorado de Fernanda Felisberto da Silva, onde é apresentado um inventário das obras literárias produzidas por romancistas negras afro-americanas e afro-brasileiras (UERJ, 2011).

[29] Os principais prêmios literários nacionais, por exemplo, estão focados no romance, cuja primazia é "antecipadamente um sintoma do prestígio desse gênero entre editoras e público leitor" (ZILBERMAN, 2017, p. 425). A relevância dos prêmios literários, de

da pouca visibilidade dada ao romance de autoria negra, pensar o gênero como plataforma de inscrição implica, em primeiro lugar, problematizar o seu apagamento histórico dentro do sistema literário nacional.

De fato, se o romance está em sua origem europeia atrelado à enunciação do mundo burguês, no Brasil ele surge no século XIX como um gênero requestado pela elite nacional, e permanece sendo uma forma *um tanto quanto* nobiliárquica, elitista. Alguns trabalhos críticos têm chamado atenção para essa perspectiva. Em *A permanência do círculo – hierarquia no romance brasileiro* (1987), Roberto Reis, ancorado no pressuposto de que existe homologia entre a série social e a série literária, mostra que desde os românticos até a década de 1980 o romance dialoga com a manutenção da estrutura de longa duração que atesta a permanência da hierarquia como força dominante nas relações entre personagens, restaurando a cena senhorial no poder. Em trabalho mais recente, Regina Dalcastagnè (2012) apresentou os resultados de um estudo quantitativo que mapeou o cenário da produção romanesca brasileira, tornando evidente a ausência de autores/as, narradores/as e personagens negras nas nossas narrativas. De acordo com o levantamento, o perfil do autor brasileiro é masculino, branco, com diploma superior, heterossexual e urbano (principalmente localizado no eixo Rio/São Paulo). O mesmo perfil caracteriza narradores e personagens (DALCASTAGNÈ, 2012, pp. 147-196). Ao traçar a ausência, demonstrada em números percentuais, do corpo negro na narrativa, Dalcastagnè conclui que a representação de pessoas negras no romance brasileiro se restringe a irrisórios 7,9% das personagens, somam apenas 5,8% dos protagonistas e 2,7% dos narradores, revelando um panorama sintomático da disparidade de lugares de fala de personagens, narradores e autores que enunciam o romance brasileiro. A partir dessa pesquisa, conclui-se que a representatividade negra no romance brasileiro é absolutamente restrita e imersa ainda em grandes estereotipias.

---

acordo com Regina Zilberman, "não é medida apenas pelo ângulo da criação e circulação de obras e seus autores. Prêmios literários também sinalizam tendências, e talvez constituam um termômetro bastante adequado para se medir o estado atual de uma literatura" (ZILBERMAN, 2017, p. 425).

A representação nacional arregimentada pela voz que enuncia o romance brasileiro já comparece na clássica obra *Formação da literatura brasileira* (1959), de Antônio Candido. Nos capítulos "O triunfo do romance", "O aparecimento da ficção" e "A corte e a província", o crítico elabora uma teoria condensada do romance brasileiro em seu período formativo. Segundo Candido, o fundamento do romance não está nem na "transfiguração da realidade" operada pela poesia, nem tampouco na "realidade constatada" da ciência, mas sim na "realidade elaborada por um processo mental que guarda intacta a sua verossimilhança externa, fecundando-a interiormente por um fermento de fantasia, que a situa além do quotidiano – em concorrência com a vida" (CANDIDO, 2006, p. 109). Para o crítico, o romance é vitorioso quando esses elementos aparecem em equilíbrio, e ele se mantém fiel "à vocação de elaborar conscientemente uma realidade humana, que extrai da observação direta, para com ela construir um *sistema imaginário e mais durável*" (CANDIDO, 2006, p. 109, grifos meus).

Justamente porque o romance é uma forma que pode elaborar conscientemente a realidade e construir um sistema imaginário durável, é fundamental compreender as dinâmicas que falam no romance brasileiro. Em termos desse sistema imaginário, o romance de autoras negras disputa narrativas desde o momento de formação das ficções de fundação. Disputa a narrativa de imaginação da nação. Disputa a narrativa da memória que seleciona o passado a ser lembrado, impondo-se ao arquivo pretérito que apaga o negro ou o mantém escravo. Disputa a História oficial enquanto projeção das elites dominantes, inscrevendo as temporalidades da experiência negra na narração da nação. Qual terra preta, fértil e generosa, o romance é uma forma uterina – capaz de conceber/pro-criar o/um mundo.

1.1 | Rotas do Romance em disputa por narrativas

"Há meio século, a maior parte da humanidade vivia sob o jugo colonial, uma forma particularmente primitiva da supremacia racial. A sua libertação constitui um momento chave na história da nossa modernidade. O fato de esse

acontecimento não ter deixado sua marca no espírito filosófico do nosso tempo não é em si um enigma. Nem todos os crimes produzem necessariamente coisas sagradas".

– Achille Mbembe, "Sair da grande noite" –

Um **cor**po é um campo de luta[30], da mesma forma que um *corpus* é, fundamentalmente, político. Sendo este *corpus* acentuadamente invisibilizado no corpo de obras que forma a Literatura Brasileira, ele emerge como um corpo em riste: disputa narrativas, representações e significados perenes.

Para Bakhtin, a característica essencial da linguagem romanesca é que ela é um modo e uma intensidade de relação entre visões de mundo. Disso resulta que na linguagem do romance, "o outro, da mesma forma que eu, é também sujeito, está vivo e respira; falar do outro é, necessariamente, dar voz ao outro; e, mais que isso, a forma está inextricavelmente ligada ao outro, e só pode ser completamente definida por ele, numa via de mão dupla" (TEZZA, 2005, p. 216).

> O excedente da minha visão contém em germe a forma acabada do outro, cujo desabrochar requer que eu lhe complete o horizonte sem lhe tirar a originalidade. Devo identificar-me com o outro e ver o mundo através de seu sistema de valores, tal como ele o vê; devo colocar-me em seu lugar, e depois, de volta ao meu lugar, contemplar seu horizonte com tudo que se descobre do lugar que ocupo, fora dele; devo emoldurá-lo, criar-lhe um ambiente que o acabe, mediante o excedente da minha visão, de meu saber, do meu desejo e de meu sentimento (BAKHTIN, 1992, p. 45).

Bakhtin entendeu o romance como um gênero particular, cuja especificidade se encontra no fato de que, "tomado como um conjunto, ca-

---

[30] Inevitavelmente, relembro Fanon: "Minha última prece: Oh, meu corpo, faça sempre de mim um homem que questione!" (FANON, 2008, p. 191).

racteriza-se como um fenômeno pluriestilístico, plurilíngue e plurivocal" (1988, p. 73).

Introduzido no romance, o plurilinguismo é submetido a uma elaboração literária. Todas as palavras e formas que povoam a linguagem são vozes sociais e históricas, que lhe dão determinadas significações concretas e que se organizam no romance em um sistema estilístico harmonioso, expressando a posição socioideológica do autor no seio dos diferentes discursos da sua época (BAKHTIN, 1988, p. 106).

Dessa maneira, o que caracteriza o romance para Bakhtin é que nele diferentes vozes sociais se defrontam, dando a ver diferentes pontos de vista sobre um dado objeto. Ainda de acordo com suas formulações teóricas, entende-se que as instâncias de significação (o autor, a obra e o leitor) não são isoláveis: o autor é parte integrante do objeto estético, o espectador também o é. Para Bakhtin, o autor-criador é a *consciência de uma consciência*, não é simplesmente um nome próprio grafado na capa, nem tampouco é apenas uma instância gramatical do texto (o narrador).

De acordo com Raymond Williams, "[em] sua maioria, os romances são, num certo sentido, comunidades cognoscíveis" (WILLIAMS, 1989, p. 228), pois o gênero, enquanto forma cultural, se empenha basicamente na revelação do caráter/qualidade dos sujeitos e de suas relações. Debruçada sobre o conceito do crítico inglês, Sandra Guardini Vasconcelos nos explica que:

> Ao mesmo tempo que diz respeito aos vínculos entre indivíduos e sociedade, o conceito também levanta questões imediatas e evidentes sobre a relação entre o escritor e seus materiais, entre sujeito e objeto, portanto, uma vez que a preocupação de Williams é compreender como a consciência do autor escolhe o que representar em um texto. O que é cognoscível, assim, não se refere apenas ao "que há para ser conhecido",

mas depende, em última instância, da posição do observador na comunidade e em relação a ela; ou, em outras palavras, o que há para ser conhecido depende da seleção social e do ponto de vista. (VASCONCELOS, 2011, p. 305-6).

Em outras palavras, *a matéria cognoscível depende do ponto de vista de quem conta a história*. Dessa forma, pela própria potência de construir mundos a partir do mundo do sujeito que elabora, entende-se que o romance é uma forma fértil para a enunciação de sujeitos que foram (ou estão) apartados dos processos de formulação da *imaginação constituinte* (VEYNE, 1984) vigente em cada tempo.

Por outro lado, Walter Benjamin entendeu que a arte de narrar é cada vez mais rara porque ela parte, fundamentalmente, da transmissão de uma experiência no sentido pleno, cujas condições de realização já não são encontradas na sociedade capitalista moderna. Por exemplo, a existência de uma *comunidade de vida e de discurso*, que pressupõe e garante a partilha da experiência entre o narrador e o ouvinte, proporcionando a inserção de ambos "dentro de um fluxo narrativo comum e vivo, já que a história continua, que está aberta a novas propostas" (GAGNEBIN, 1994, p. 11). Para Benjamin, o romance e a informação jornalística se tornam formas narrativas predominantes no instante em que a experiência coletiva se perde e não há mais uma tradição comum. Contudo, mais tarde, Benjamin escreverá um texto chamado "ler romances", em que diz:

> Nem todos os livros se leem da mesma maneira. Romances, por exemplo, existem para serem devorados. Lê-los é uma volúpia da incorporação. Não é empatia. O leitor não se coloca na posição do herói, mas se incorpora ao que sucede a este. Mas a clara descrição disto é a guarnição apetitosa, na qual vem à mesa um prato nutritivo. Ora, sem dúvida existe um alimento cru da experiência – exatamente como existe um alimento cru do estômago –, ou seja: experiências no próprio corpo. Mas a arte do romance como a arte da culinária

só começa além do produto cru. E quantas substâncias nutritivas existem que, no estado cru, são indigestas! Sobre quantas vivências é aconselhável ler para tê-las, heim? Golpeiam de modo a fazer sucumbir aquele que as encontrasse in natura. Em suma, se há uma musa do romance – a décima –, ela traz os emblemas que pertencem à fada da cozinha. Eleva o mundo de seu estado cru para produzir algo comestível, para fazê-lo adquirir seu paladar. Ao comer, se for preciso, leia-se jornal. Mas jamais um romance. São obrigações que se excluem. (BENJAMIN, 1995, p. 275).

Sob a luz destes aspectos, apenas brevemente mencionados, o corpo de romances de autoras negras constitui um fabuloso paralelo. O *corpus*, lido em conjunto, acena exatamente para os contornos de uma comunidade entre vida e discurso, acentuando experiências partilhadas entre a voz que escreve e o eco significando na escuta, no leitor. A experiência histórica negra elaborada nos romances abre a possibilidade, via ficção, de uma comunidade de sentidos partilhados. A inscrição dessa comunidade, através da narrativa, dá acesso a um conteúdo de experiência que confronta diretamente a representação do negro conforme o texto nacional canônico, fraturando certos signos da nação enquanto "comunidade imaginada". Dessa forma, não apenas os romances permitem imaginar instantes da vida em movimento, mas também respondem às urgências da História como fluxo narrativo vivo e aberto, reconfigurando seus apagamentos e esquecimentos.

Segundo Franco Moretti, o gênero romance é "um grande acontecimento cultural, que redefiniu o sentido da realidade, o fluxo do tempo e da existência individual, a linguagem, as emoções e os comportamentos" (MORETTI, 2009). Uma plata*forma* capaz de pôr em discussão o mundo em que vivemos, o mundo que conhecemos e os que permanecem invisíveis, além dos imaginários.

Com efeito, o romance é um gênero historicamente ligado à enunciação da comunidade nacional imaginada, pois, em termos amplos, romance e nação se conectam. Assim o entendeu Benedict Anderson, para quem o romance e o jornal proporcionaram os meios técnicos ideais para "representar o tipo de comunidade imaginada a que corresponde uma nação. (...) É por meio do material impresso que a nação se converte numa comunidade sólida, recorrendo constantemente a uma história previamente selecionada" (ANDERSON, 2008, p. 13).

Não por acaso, o romance foi um dos principais recursos empreendidos na construção da identidade nacional brasileira depois da independência de Portugal. Principalmente no século XIX, quando o país buscou se desvencilhar da condição dependente de colônia.

Se "o romance é o mundo moderno", como entendeu Claudio Magris (MAGRIS, 2009, p. 1016), no Brasil esse mundo refletiu a imagem colonial que o constituía. O início da produção de romances escritos no Brasil é posterior à ruptura oficial do território com a condição de colônia[31] e está intimamente ligado à construção tanto da identidade nacional, quanto da elite letrada que a formulava.

De acordo com Benedict Anderson, na ausência de uma origem claramente demarcada, "a biografia de uma nação" seria moldada "tempo acima", em direção a um passado a ser construído como narrativa requisitada e a serviço do discurso de um tempo presente (ANDERSON, 2008, p. 256). De fato, quando o Brasil deixou de ser colônia de Portugal e precisou inventar-se como nação, um dos marcos mais importantes na direção da aquisição desse *status* nacional foi a criação de institutos responsáveis pela seleção e manutenção da memória.

---

[31] Um sistema de escrita só se desenvolveu no Brasil quando a colônia se tornou centro – e com o centro, veio a imprensa. De fato, a impressão e a publicação de textos só se iniciou por aqui em 1808, depois de Portugal ser invadido pelas tropas napoleônicas, desencadeando a fuga da família real para o Brasil e a consequente instalação da capital do Império português no Rio de Janeiro. Assim, diferente do que acontecia em outros territórios coloniais no mesmo período, toda e qualquer atividade de imprensa, como publicação de jornais, panfletos e livros, ficou proibida no Brasil até esse momento. A chegada da corte portuguesa implicou na instalação das primeiras instituições científicas, como a Imprensa Régia, o Museu Real, o Horto, a Biblioteca – importantes centros de produção e reprodução de sua cultura e memória (SCHWARCZ, 2005, p. 24).

Um exemplo é a fundação do Instituto Histórico e Geográfico Brasileiro em 1838, poucos anos após o surgimento de seu congênere francês. Homens brancos letrados reunidos na órbita do IHGB se voltaram à tarefa de pensar o país de acordo com os postulados de uma história empenhada na revelação duma gênese para a nação[32]. Nesse espírito, em 1844, atento à construção do imaginário nacional, o IHGB lançou um concurso cujo tema era "Como se deve escrever a História do Brasil". Karl Friedrich Philipp Von Martius, um naturalista bávaro, foi premiado com um artigo que defendia que a história do Brasil deveria ser formulada a partir da condição de país tropical com população formada pelo contato entre o nativo, o europeu e o africano. Mas seu artigo, publicado em 1845, afirmava que os nativos viviam em "dissolução moral e civil", de maneira que "neles não reconhecemos senão ruínas de povos" (In: PARRON, 2008). Sobre tais ideias, reuniram-se conceitos civilizatórios que conduziram o projeto moderno de dar um sentido homogêneo à história da nação, construída em um processo narrativo.

Essa primeira proposição de narrativa para a História brasileira baseada no contato de três raças – sendo que uma delas é considerada em ruínas, a outra, estava sendo escravizada, e a terceira escreve a narrativa – inscreve um padrão axiológico de discurso nacional identitário que para existir precisa silenciar. A explicação para isso reside no fato de que, no movimento de buscar uma definição para o Brasil, foi definido simultaneamente o *outro* da nação.

Tal aspecto fundamental concentra a particularidade do nosso processo: investiu-se numa ideia de nação independente da Europa, que se constituía como uma unidade *continuadora* da ação colonizadora iniciada pelos portugueses, mantendo, dentro do território, a inferiorização daqueles considerados alijados da condição de pessoa e de valores civilizatórios: as populações índias e negras.

O conceito de Nação operado é eminentemente restrito aos brancos, sem ter, portanto, aquela abrangência a que o conceito se propunha no espaço euro-

---

[32] Sobre o IHGB, v. GUIMARÃES (1981).

peu. Construída no campo limitado da academia de letrados, a Nação brasileira traz consigo forte marca excludente, carregada de imagens depreciativas do "outro", cujo poder de reprodução e ação extrapola o momento histórico preciso de sua construção (GUIMARÃES, 1981, p. 7).

Enquanto a escravidão estava praticamente ausente nas narrativas, na primeira parte do século XIX podia-se encontrar romances sendo vendidos por escravos, que os levavam sob a cabeça, em balaios[33]. A imagem do negro escravizado carregando um cesto cheio de "livros edificantes e novelas" (CUNHA, 1988) à caça das leitoras e leitores, ilumina o descompasso intrínseco à nossa situação colonial. Pois, em termos de representação, o próprio conteúdo que os romances veiculavam, engajados em construir e fixar imagens da "realidade" local, constituíam um paradoxo, diante da existência da escravidão.

Modernidade e escravidão são duas faces do mesmo evento. Já na década de 1970, Beatriz Nascimento afirmava que "o sistema escravista, que emergiu no início da expansão da economia europeia, é pelas suas contradições, um dos pontos cruciais da história universal. Ao mesmo tempo em que se opõe a um sistema econômico de tipo moderno é sua própria razão de existência" (NASCIMENTO, 2018, p. 57). O sistema escravista, continua, oferece implicações singulares ao implantar-se no Novo Mundo: "utiliza-se arbitrariamente do trabalho e da persona de

---

[33] Assim nos conta o cronista João do Rio, olhando para o seu passado em um texto de 1908, ele dizia que "Hoje o escritor trabalha para o editor e não manda vender como José de Alencar e o Manuel de Macedo por um preto de balaio no braço, as suas obras de porta em porta, como melancias ou tangerinas." João do Rio, *O Momento Literário*. Rio de Janeiro, Paris, H. Garnier, Livreiro-Editor, 1908, p. 326. João do Rio também trata do tema em "Os mercadores de livros e a leitura das ruas", publicado em 1906 no *Gazeta de Notícias*, mencionando a prosperidade do negócio dos "camelôs de livros": "Há alguns anos, esses vendedores não passavam de meia dúzia de africanos, espaçados preguiçosamente como o João Brandão na praça do Mercado. Hoje, há de todas as cores, de todos os feitios, desde os velhos maníacos aos rapazolas indolentes e aos propagandistas da fé." in JOÃO, do Rio. *A alma encantadora das ruas*. São Paulo, Companhia das Letras, 1997, pp. 136-145.

milhões de homens de dois continentes, exatamente num momento em que aparecem os ideais embrionários de igualdade, liberdade e universalidade entre os habitantes da Europa ocidental" (p. 58). Ainda sobre isso, as palavras de Walter Mignolo: "Ocultadas por trás da retórica da modernidade, práticas econômicas dispensavam vidas humanas, e o conhecimento justificava o racismo e a inferioridade de vidas humanas, que eram naturalmente consideradas dispensáveis" (MIGNOLO, 2017, p. 4).

Localizar o início do "sistema-mundo capitalista/ patriarcal/ cristão /moderno/ colonial europeu" em 1492 tem repercussões significativas para os teóricos da decolonialidade. A mais evidente é o entendimento que a modernidade não foi um projeto gestado no interior da Europa a partir da Reforma, da Ilustração e da Revolução Industrial, às quais o colonialismo se adicionou. Contrariamente a essa interpretação que enxerga a Europa como um contêiner – no qual todas as características e os traços positivos descritos como modernos se encontrariam no interior da própria Europa –, argumenta-se que o colonialismo foi a condição *sine qua non* de formação não apenas da Europa, mas da própria modernidade. Em outras palavras, sem colonialismo não haveria modernidade, conforme fora articulado na obra de Enrique Dussel (1994). A partir dessa formulação tornou-se evidente a centralidade do conceito de colonialidade do poder, entendido como a ideia de que a raça e o racismo se constituem como princípios organizadores da acumulação de capital em escala mundial e das relações de poder do sistema-mundo (Wallerstein, 1990: 289). Dentro desse novo sistema-mundo, a diferença entre conquistadores e conquistados foi codificada a partir da ideia de raça (Wallerstein 1983; 1992: 206- 208; Quijano, 2005: 106). Esse padrão de poder não se restringiu ao controle do trabalho, mas envolveu também o controle do Estado e de suas instituições, bem como a produção do conhecimento (BERNADINO--COSTA e GROSFOGUEL, 2016, p. 17).

A capacidade de (re)elaborar processos subjetivos, sociais, políticos, filosóficos e culturais é uma marca que particularmente interessa no gênero romance. Paul Gilroy mostra como certos romances de autoria negra produzem realinhamentos necessários para pensarmos o mundo hoje. Em *O Atlântico negro* (2001), o autor recorre à análise de romances (de romancistas afro-americanos/as, principalmente Toni Morrison) para problematizar a experiência histórica do negro na modernidade, concluindo que "tentativas imaginativas de revisitar a experiência escrava" empreendidas em determinados romances, ocasionam, por certo, o rompimento da

> associação equivocada entre escravidão e antiguidade e sistemas pré-capitalistas de produção e de dominação, a ruptura indica a oportunidade de reconceitualização para que a escravidão racial capitalista torne-se interna à modernidade e intrinsecamente moderna (...) a intensidade concentrada da experiência escrava é algo que marcou os negros como o primeiro povo realmente moderno, lidando no século XIX com dilemas e dificuldades que apenas se tornariam a substância da vida cotidiana na Europa um século mais tarde (GILROY, 2001, p. 410).

Em conversa com Gilroy, Toni Morrison deslinda este argumento com particular vigor:

> A vida moderna começa com a escravidão... Do ponto de vista das mulheres, em termos de enfrentar os problemas que o mundo enfrenta agora, as mulheres negras tiveram que lidar com problemas pós-modernos no século XIX e antes. Essas coisas tiveram de

ser abordadas pelo povo negro muito tempo antes: certos tipos de dissolução, a perda e a necessidade de construir certos tipos de estabilidade. Certos tipos de loucura, enlouquecer deliberadamente, como diz um dos personagens do livro, "para não perder a cabeça". Essas estratégias de sobrevivência constituíram a pessoa verdadeiramente moderna. São uma resposta a fenômenos ocidentais predatórios. Você pode chamar isto de ideologia e de economia, mas trata-se de uma patologia. A escravidão dividiu o mundo ao meio, ela o dividiu em todos os sentidos. Ela dividiu a Europa. Ela fez deles alguma outra coisa, ela fez deles senhores de escravos, ela os enlouqueceu. Não se pode fazer isso durante centenas de anos sem que isto cobre algum tributo. Eles tiveram de desumanizar, não só os escravos, mas a si mesmos. Eles tiveram que reconstruir tudo a fim de fazer este sistema parecer verdadeiro. (In: GILROY, 2001, p. 412).

No Brasil, apesar disso ser um índice fulcral da realidade, ainda é preciso fortalecer a afirmação de que a colônia nos legara, também, o nexo escravista. Não obstante toda a relevância que possui na constituição nacional, esse nexo ficou obliterado na leitura dos nossos processos constitutivos, postergada sob o regimento de uma espécie de "contrato social" entre os brancos, que organizava o 'peso da classe'. Assim, o favor, como mediação social destinada aos brancos pobres da sociedade escravocrata, representava uma acomodação possível para o relacionamento hierárquico entre proprietários e subalternos, regido pela sustentação de critérios raciais de tratamento. Em *As ideias fora do lugar*, Roberto Schwarz entendeu que:

> O favor é a nossa mediação quase universal – e sendo mais simpático do que o nexo escravista, a outra relação que a colônia no legara, é compreensível que os escritores tenham baseado nele a sua interpretação do Brasil,

involuntariamente disfarçando a violência, que sempre reinou na esfera da produção (...). No momento da prestação e da contraprestação – particularmente no instante-chave do reconhecimento recíproco – a nenhuma das partes interessava denunciar a outra, tendo embora a todo instante os elementos necessários para fazê-lo. Esta cumplicidade sempre renovada tem continuidades sociais mais profundas, que lhe dão peso de classe: no contexto brasileiro, o favor assegurava as duas partes, em especial à mais fraca, de que nenhuma é escrava (SCHWARZ, 2000, pp. 16-20).

Se o sistema escravista forma, informa e conforma a nação, evidentemente, ele pauta a branquitude nacional e as negociações junto aos espaços de poder, em razão disso, nem o proprietário rico nem o pobre livre estavam à parte do sistema que os privilegiava por serem brancos – ao contrário, ambas as classes destes homens são conformadas pela existência do escravo, seja como usufruto, seja como base de diferenciação. Ao privilegiar o favor enquanto base de acordos e negociações entre brancos poderosos e brancos subalternos, não podemos esquecer o mais óbvio: de que tanto o poder quanto a subalternidade eram contingências da escravidão.

Olhando assim, a escolha dos escritores brasileiros de basear no favor a chave de interpretação do Brasil, conforme Roberto Schwarz defende, corresponde à escolha da elite de apagar e silenciar a existência do escravo no cerne da sua própria fundação, no centro da nação. Como corolários dessa escolha, avultam noções com as quais ainda nos debatemos: a ideologia de que somos um povo racialmente misturado, porém sem racismo. Os interstícios da hierarquia senhor/escravo conformando a ordem social em múltiplas frentes. A ideologia da ausência do conflito mediando as relações.

Roberto Reis complementa esse último ponto ao sinalizar que nos romances oitocentistas "a violência jamais comparece, evocando-nos, num outro âmbito, mas ainda dentro das representações sociais, os mitos da 'história incruenta', da 'cordialidade' e da 'índole pacífica do povo brasileiro"[34], de evidentes conotações ideológicas" (REIS, 1987, p. 20). Todavia, no *corpus* de romances de autoras negras brasileiras que estudo aqui, a escravidão (narrada como experiência vivida pelas personagens, como memória, ou como resquício do passado que persiste em outros tempos) surge enunciada como a principal cognição que "a colônia nos legara" – isto é, como aquilo que mantém o paradigma da colonialidade em funcionamento através dos tempos e das relações.

Essa elaboração se torna perceptível por meio da forma como os romances trabalham o tempo, articulando as temporalidades em uma espiral-*plantation*: uma forma perceptível de problematizar a passagem do tempo filtrando aquilo que fica no espaço[35], que permanece como vestígios de ruínas que resistem, e que emerge à superfície do presente por meio da memória, à contrapelo do esquecimento. E, junto ao tempo, pela maneira como trabalham a experiência – filtrada por meio do *lócus* de quem enuncia.

Das oito obras que compõem o *corpus* central, três delas, uma escrita no século XIX, outra no XX e outra no XXI, remetem seus enredos ao tempo da escravidão, são elas: *Úrsula* (1859); *Negra Efigênia, paixão de senhor branco* (1966) e *Um defeito de cor* (2006). Três obras articulam uma temporalidade continuada entre a escravidão e o pós-abolição, abrangendo até a primeira parte do século XX, são elas: *Água funda* (1946); *Pedaços da fome* (1963) e *Ponciá Vicêncio* (2003). Por fim, duas obras publicadas praticamente ao mesmo tempo, *A mulher de Aleduma* (1981) e *As mulheres de Tijucopapo* (1982), inscrevem o tempo contemporâneo como delonga de um passado recalcado, que retorna.

---

[34] A tese da cordialidade brasileira é trazida para a formação social nacional principalmente por meio das análises do sociólogo Gilberto Freyre, em *Casa-grande e Senzala*.
35 A espiral-*plantation* funciona no *corpus* como o *cronotopo* bakhtiniano: "No cronotopo artístico-literário ocorre a fusão dos indícios espaciais e temporais num todo compreensivo e concreto. Aqui o tempo condensa-se, comprime-se, torna-se artisticamente visível; o próprio espaço intensifica-se, penetra no movimento do tempo, do enredo e da história. *Os índices do tempo transparecem no espaço, e o espaço reveste-se de sentido e é medido com o tempo*. Esse cruzamento de séries e a fusão de sinais caracterizam o cronotopo artístico". (BAKHTIN, 1988, p. 211, grifos meus).

Começando pelo oitocentista *Úrsula* e passando por todas as obras do *corpus*, a violência está enfaticamente enunciada, tornando insustentável a perspectiva que opta por ocultar o conflito. Nestas obras, irrompe aos olhos a ênfase no paradigma colonial enunciado em variadas formas, revelando a face violenta, opressora e (para o negro) nem um pouco cordial da nação.

Intento tornar visível, por meio da leitura comparada, que o corpo de romances de autoras negras constitui instrumento cognitivo capaz de produzir uma elaboração sobre a modernidade brasileira inscrevendo-a de forma crítica, por meio da sua face colonial – demarcada através da configuração dos lugares de poder na intersecção de gênero e raça. Deste corpo, emerge uma cognição libertadora, porque traz à superfície ficcional a sustentabilidade de signos soterrados na significação da nação e da História, tornando visível a resistência diversificada de mulheres negras diante da permanência da colonialidade.

O conceito de *colonialidade* está inserido na arquitetura crítica decolonial, mas não é citado aqui apenas sinalizando o arcabouço teórico que me auxilia na interpretação das obras. Muito antes do nome, o conceito, como pensamento e resistência, já se engendra na ficção de Maria Firmina dos Reis, no século XIX, na ficção de Ruth Guimarães, da década de 1940; no romance de Carolina Maria de Jesus – ele é produzido na própria fibra particular das ficções.

O *corpus* de romances aqui visibilizado disputa espaço na narrativa da nação a partir do lugar fértil da **ponte**: seus sentidos cruzam caminhos com outras obras escritas no *black Atlantic*, ampliando uma rede de discursividade transnacional formada por diversos autores negros em várias línguas, numa enunciação transatlântica, como pensou Beatriz Nascimento ([1989], 2018). E, também, a partir do lugar fértil da **fronteira**: porque reúne contramemórias que contestam o arquivo colonial.

Por fim, deste *corpus* de romances emerge um conhecimento *localizado* na experiência histórica negra; um entendimento sobre o tempo; um olhar que intersecciona raça e gênero na dinâmica de forças que conforma o social; uma teoria, que por si mesma organiza, desde o século XIX, uma visão capaz de pôr em relevo a lógica colonial da modernidade na qual se inscreve a nação. Escritura que reescreve o centro, tornando o centro matéria cindida, bifurcada.

2| MARIA FIRMINA DOS REIS

"Nós nem cremos que escravos outrora
Tenha havido em tão nobre país!"
– Medeiros de Albuquerque, "Hino da Proclamação
da República", 1890 –

Maria Firmina dos Reis não deixou registros (acessíveis) de sua imagem. Até o momento, nenhum rastro de seu corpo foi encontrado para fora de um corpo enxuto de palavras. Para vê-la, há que mirar um arquivo de imagens fluidas da memória – mais precisamente um arquivo coletado por Nascimento Morais Filho em depoimentos de pessoas que a conheceram em tempos longínquos:

> Nenhum retrato deixou Maria Firmina dos Reis. Mas estão acordes os traços desse retrato falado dos que a conheceram ao andar pela casa dos 85 anos: rosto arredondado, cabelo crespo, grisalho, fino, curto, amarrado na altura da nuca; olhos castanho-escuros; nariz curto e grosso; lábios finos; mãos e pés pequenos, meã (1,58m, pouco mais, pouco menos), morena. (MORAIS FILHO, 1975).

Uma mulher atenta – conforme atesta sua obra – que passou a vida numa cidade cercada de mar. Seu romance *Úrsula* foi dos primeiros a textualizar em português a experiência negra da diáspora, profundamente marcada pela travessia marítima – *kalunga*[36] de amplos sentidos. Por

---
[36] No Dicionário Quimbundo-Português publicado no início do século XX pelo intelectual angolano António de Assis Júnior, lê-se: KALÚNGA, adj. (IX) Eminente. Insigne. Grande. Incomensurável. Infinito||sub. Massa líquida que circunda os continentes. Oceano. O mar: *mênha ina* | A imensidade; o vácuo; o abismo | Infortúnio; desgraça; peste. | Calamidade | Morticínio | A morte: *henda i akua, ndele ni nzumbi.* |

meio da ficção, navegou por águas até então desconhecidas: uma grande navegação, que retornou à África guiada pela voz-memória de Susana, e, do tumbeiro, mirou o território Brasil e revelou sua outra face: violenta, bárbara, escravocrata.

Navegar é um verbo polissêmico, com sentidos completamente opostos para quem colonizou e para quem foi forçado a fazer a travessia pelo mar através do Atlântico: quando o sujeito do navegar é a pessoa negra, a ação do verbo muda[37]. "Navegar é preciso", é um dos versos mais canônicos já escritos em português. Mas, do ponto de vista daqueles que um dia atravessaram o Atlântico no navio negreiro, ou que herdaram a memória da travessia, há outro verbo tão central quanto o navegar: recordar – donde emerge também outro verso: "Recordar é preciso".

> O mar vagueia onduloso sob os meus pensamentos
> A memória bravia lança o leme:
> Recordar é preciso.
> O movimento vaivém nas águas-lembranças
> dos meus marejados olhos transborda-me a vida, salgando-me o rosto e o gosto.
> Sou eternamente náufraga,
> mas os fundos oceanos não me amedrontam e nem me imobilizam.
> Uma paixão profunda é a boia que me emerge.
> Sei que o mistério subsiste além das águas.
> (EVARISTO, 2017, p. 11).

Tratamento equivalente a Excelência, a Eminência. | Senhor. Fidalgo que tem honras de grandeza. || mit. Deus: *muenhu uami – u a u bangele – 'a-ngombe* | Deus da morte | A própria morte. O além. A eternidade. |Uma das três deusas que fiavam e cortavam o fio da vida| 'a Samba, Deus da família, da vida. | O maior dos Deuses.

[37] Conceição Evaristo, em seu artigo "África: âncora dos navios de nossa memória", assertivamente posiciona a ordem dos termos: "'Terra à vista' foi um sintagma glorioso somente para os que chegavam. Avistar a terra era o antegozo da posse. Terra à vista não instituiu uma descoberta e, sim, um apagamento do outro". (EVARISTO, 2012, p. 160).

Maria Firmina dos Reis navegou pela ordem discursiva e nos legou um arquivo composto pela memória da travessia atlântica. Um arquivo que elabora, pela primeira vez na ficção, a experiência histórica do sujeito negro na diáspora forçada. Um arquivo que questiona o ordenamento colonial do mundo.

A primeira romancista brasileira viveu quase um século, mas sua biografia só agora começa a ser melhor delineada. Fruto dos estudos recentes a ela dedicados. Maria Firmina era filha de Leonor Felippa, da qual só sabemos que era uma "molata forra", que "foi escrava do Comendador Caetano Teixeira"[38]. A autora nasceu em 11 de março de 1822, em São Luís, e viveu até os 95 anos. Morreu em 11 de novembro de 1917, na cidade de Guimarães, Maranhão, onde morou praticamente a vida inteira. Além de não possuirmos registro de nenhuma fotografia, tais dados acerca de sua biografia remetem a descobertas recentes[39]. Firmina nunca se casou nem teve filhos biológicos, mas adotou onze. Viveu em um núcleo familiar composto de mulheres. Aos cinco anos de idade mudou-se para a vila de São José de Guimarães, localizada no continente e separada da capital pela baía de São Marcos (LOBO, 2006, p. 193; DUARTE, 2009, p. 263). A acolhida que teve na casa de uma tia, melhor situada economicamente, foi fundamental para a sua primeira formação (MOTT, 1988).

---

[38] Segundo afirma Adler, Caetano José Teixeira era português e um dos maiores negociantes do Maranhão na passagem do século XVIII ao XIX, dono de empresas que negociavam por todo o Império colonial luso, sobretudo nas praças de São Luís, Belém, Lisboa, Porto e em Guiné, assim como nos outros domínios da África (ADLER, 2017).

[39] Até o ano de 2017, as pesquisas eram unânimes em afirmar que a autora havia nascido em 11 de outubro de 1825. Dilercy Aragão Adler, divulgou (durante as atividades do VIII Seminário Internacional e XVII Seminário Nacional Mulher e Literatura) sua pesquisa recente realizada no Arquivo Público do Estado do Maranhão, revelando que, na verdade, Firmina nasceu em 11 de março de 1822. A informação tem muita relevância, pois auxilia a diminuir as lacunas de conhecimento sobre a trajetória de Maria Firmina dos Reis: agora sabemos que ela veio ao mundo um pouco antes da independência do Brasil, decretada seis meses depois. A nova data aumenta a longevidade de sua vida, que se alonga aos 95 anos, tendo a autora falecido em 11 de novembro de 1917, na cidade de Guimarães, Maranhão, onde morou praticamente a vida inteira. V. ADLER, D. (2017).

Por lá, cresceu em "uma casa de mulheres" (TELLES, 1997, p. 410), em meio a uma família extensiva.

Foi professora durante a maior parte da vida e durante quase todo o tempo em que viveu, escreveu. Pensadora ativa no seu contexto, escritora de múltiplos gêneros, artista de vários talentos. É autora do primeiro romance escrito por uma mulher no Brasil, que também é o primeiro romance abolicionista em língua portuguesa. Este pioneirismo, contudo, por algum tempo foi alvo de disputa entre os críticos e historiadores, deixando em evidência a dificuldade da crítica em aceitar, ou assumir, que tal lugar pudesse pertencer a uma mulher negra. No capítulo dedicado à autora na *Antologia Literatura e Afrodescendência no Brasil: precursores*, Luiza Lobo resume bem a questão:

> Ainda persiste, por vezes, a dúvida sobre o pioneirismo de Maria Firmina com romance Úrsula. No passado, alguns críticos entenderam que a primeira escritora de romance brasileira era Teresa Margarida da Silva e Orta ou Horta, irmã do filósofo Matias Aires. Compreende-se o desejo de recuar a gênese do romance brasileiro de autoria feminina até o final do século XVIII. No entanto, Teresa Margarida se mudou com a família portuguesa para Portugal quando contava 5 anos de idade, sem mais retornar ao Brasil. Além disso, o tema ilustrado de seu romance epistolar As Aventuras de diófanes (1777), que se inspira em A viagem de Telêmaco, de Fénelon, tem suas raízes no contexto cultural europeu. Desse modo, a autora faz parte da literatura portuguesa, fato que já foi suficientemente comprovado. Também o nome de Ana Eurídice Eufrosina de Barandas foi aventado como a primeira romancista feminina. No entanto, O Ramalhete; ou flores escolhidas no jardim da imaginação é uma miscelânea de contos crônicas e pensamentos, mas não um romance. Outro obstáculo, também superado, que dificultou o estabelecimento de Maria

Firmina dos Reis como a primeira mulher romancista brasileira foi a hipótese que sugeriu o nome da rio-grandense-do-norte Nísia Floresta. Esta autora, é, no entanto, tradutora e ensaísta. Escreveu obras didáticas curtas e crônicas sobre o Rio de Janeiro, além de dois livros de viagem, um deles de forma epistolar. Suas outras obras jamais foram localizadas, havendo apenas referências a títulos em Sacramento Blake e outros (LOBO, 2014, pp. 112-113).

Maria Firmina dos Reis foi uma das primeiras intelectuais negras brasileiras. Trabalhou com a escrita, o ensino, a construção de pensamento crítico. Tornou-se professora primária aos vinte e dois anos, aprovada em primeiro lugar no concurso público estadual para Mestra Régia em 1847, tornando-se a primeira professora efetiva a integrar oficialmente os quadros do magistério maranhense, função que ocuparia até o início de 1881[40]. Aposentada, funda a primeira escola mista (isto é, que incluía meninas) gratuita do país (MORAIS FILHO, 1975), que funcionou até 1890.

Às funções de funcionária pública da educação, intercalava-se o exercício intermitente da escrita[41]. Maria Firmina dos Reis encontrou con-

---

[40] A condição de Mestra Régia foi um elemento central em sua posição social e intelectual no contexto do segundo reinado. Como sabemos, a situação de analfabetismo das mulheres era ampla. No Brasil, e mais especificamente no Maranhão, em meados do século XIX os números oficiais sobre o ensino elementar demonstram uma grande diferença na educação ofertada para meninas e meninos: enquanto o número de escolas para meninas eram de 12 com a frequência de 262 alunas, foram abertas 36 escolas para meninos com frequência de 1.484 alunos: uma diferença de 1.222 alunos, em 1850 (ABRANTES, 2014, p. 81). Nas palavras de Carla Sampaio dos Santos, "foi num contexto de poucas classes e, posteriormente, unidades escolares femininas, que Maria Firmina dos Reis atuou como professora, destacando-se, portanto, o caráter de excepcionalidade de sua ação social como docente" (SANTOS, 2016, p. 42).

[41] Há uma relação histórica e intrincada entre funcionalismo público e ofício literário no Brasil que demarca a trajetória de diversos autores brasileiros desde o século XIX, passando pelo XX e continuando. Segundo Carla Sampaio Santos, no caso de Maria Firmina, registros comprovam seus recorrentes períodos de licença remunerada do cargo de professora, uma delas com prazo de um ano, possivelmente dedicados ao

dições possíveis de articulação de múltiplas atuações: a escrita literária, a busca por conhecimento, o ensino. Em 1860 publicou alguns poemas como colaboradora do jornal *A imprensa*, assinando com as iniciais M. F.R. Em 1861, começa a publicar *Gupeva, romance brasileiro*, no jornal *Jardim das Maranhenses*. Em 1863 e 1865, republica *Gupeva*, respectivamente, nos jornais *Porto livre* e *Eco da Juventude*. Em 1871, *Cantos à beira mar*, pela Tipografia do Paiz; em 1976 sai a segunda edição dessa obra em *fac-símile*. A autora participou da antologia poética *Parnaso Maranhense* (1861), e, além da escrita literária, também produziu muito na imprensa, tendo colaborado com diversos jornais[42].

Úrsula é seu texto de estreia, publicado à altura dos seus 34 anos, pela Tipografia do Progresso – São Luís. De acordo com Luciana Martins Diogo (2016), a estreia do livro foi noticiada em alguns jornais do Maranhão já no início de 1860 e seguiu sendo alvo de resenhas e comentários pela imprensa[43]. Tais comentários comprovam que o romance não pas-

trabalho literário (SANTOS, 2016, pp. 68-74).

[42] *Publicador Maranhense* (1861); *A Verdadeira Marmota, Semanário Maranhense* (1867); *O Domingo* (1882); *O País* (1885); *Revista Maranhense* (1887); *Diário do Maranhão* (1889); *Pacotilha* (1900); *Federalista* (1903).

[43] A primeira menção à obra saiu no dia 18 de fevereiro no periódico **A imprensa:** "Esta obra, digna de ser lida não só pela singeleza e elegância com que é escrita, como por ser a estreia de uma talentosa maranhense merece toda a proteção pública para animar a sua modesta autora a fim de continuar a dar-nos provas do seu belo talento". Já em *A Verdadeira Marmota*, de 13 de maio de 1861, lê-se um pequeno comentário sobre o romance: "As suas descrições são tão naturais e poéticas, que arrebata; o enredo tão intrincado que chama a atenção e os sentidos do leitor; o diálogo é animado e fácil; os caracteres estão bem desenhados – como o de Túlio, do Comendador, de Tancredo e de Úrsula". Em agosto do mesmo ano o *Jornal do Comércio* anuncia "um romance nitidamente impresso que se acha na tipografia do Progresso", seguido de um pequeno comentário elogioso da obra: "Convidamos aos nossos leitores a apreciarem essa obra original maranhense, que, conquanto não seja perfeita, revela muito talento da autora, e mostra que se não lhe faltar animação poderá produzir trabalhos de maior mérito. O estilo fácil e agradável, a sustentação do enredo e o desfecho natural e impressionador põem patentes neste belo ensaio dotes que devem ser cuidadosamente cultivados. É pena que o acanhamento mui desculpável da novela escrita não desse todo o desenvolvimento a algumas cenas tocantes, como as da escravidão, que tanto pecam pelo modo abreviado com que são escritas". Nos dias subsequentes, *A imprensa* e *O publicador maranhense* anunciavam a publicação e incentivavam a boa recepção do "não só interessante, mas excelente romance, de 200 páginas, que deveria ser lido por corações sensíveis e bem formados que soubesse proteger as letras pátrias". Ao fim

sou despercebido, pelo contrário, foi divulgado e celebrado por jornais que circulavam no Maranhão. Entretanto, ainda que a autora tenha superado as barreiras materiais do seu tempo para escrever e publicar, sua obra depois ficou totalmente esquecida, e apenas em 1975 surgiu a 2ª edição (*fac-similar*) do romance[44].

Obras dedicadas à literatura maranhense foram as primeiras a tencionar o silêncio em relação à escrita firminiana. Horácio de Almeida, autor da edição *fac-símile* que dá origem às edições posteriores do romance é o responsável pelo seu ressurgimento. Mas a recuperação da obra da escritora deve seu mérito à pesquisa fundamental de Nascimento Moraes Filho, que a teria descoberto por acaso.

> Descobrimo-la, casualmente, em 1973, ao procurar nos bolorentos jornais do século XIX, na "Biblioteca Pública Benedito Leite", textos natalinos de autores maranhenses para nossa obra, "Esperando a Missa do Galo". Embora participasse intensamente da vida intelectual maranhense publicando livros ou colaborando quer em jornais e revistas literárias quer em antologias – "Parnaso Maranhense" – cujos nomes foram relacionados, em nota, sem exceção, por Sílvio Romero, em sua História da Literatura Brasileira, registrada no cartório intelectual de Sacramento Blake – o "Dicionário Bibliográfico Brasileiro" – com surpreendentes informações, quase todas ratificadas em nossa pesquisa, Maria Firmina dos Reis, lida e aplaudida no seu tempo, foi como que por amnésia coleti-

do ano de 1860, um poema intitulado "Poesia" é publicado no jornal *A imprensa* com a autoria assinada por M.F.R. – esse será o primeiro passo na afirmação do nome próprio nos textos publicados. (DIOGO, 2016, p. 38).

[44] Em 1988, a editora Presença em parceria com Instituto Nacional do Livro (Brasília), lança a terceira edição. Anos depois, em 2004, a editora Mulheres/SC, com a editora da PUC/Minas, lançam a quarta edição; e finalmente, em 2017 a PUC/Minas novamente reedita a obra. Utilizo a 5ª edição neste trabalho.

va totalmente esquecida: o nome e a obra! (MORAES FILHO, 1975, s/n).

Seus estudos resultaram na publicação de *Maria Firmina dos Reis – fragmentos de uma vida*, que veio a público em 1975. Nascimento Morais Filho atribui à autora a primazia feminina na cultura maranhense – no romance, na poesia, no jornalismo, na música popular e erudita, e nos contos, publicados em jornais da época (MENDES, 2016, p. 25-26). Essa "primazia feminina", não obstante, não foi o suficiente para garantir a circulação da obra da autora, ou a sua presença na história literária. A obra de Maria Firmina dos Reis esteve por muito tempo silenciada, apagada, esquecida, apenas recentemente sua escrita e trajetória tem sido revisitadas[45].

---

[45] Algemira de Macêdo Mendes, em seu livro *A escrita de Maria Firmina dos Reis na literatura afrodescendente brasileira: revisitando o cânone* (2016) mapeia a invisibilização e desconhecimento de Maria Firmina dos Reis por parte da crítica literária e historiográfica. Em sua síntese, ela ressalta que José Veríssimo, Lúcia Miguel Pereira, Afrânio Coutinho, Massaud Moisés, Ronald de Carvalho, Alfredo Bosi, Luciana Stegagno Picchio, Antônio Candido, por exemplo, não citam a autora em nenhum momento de suas histórias da literatura brasileira (MENDES, 2016, pp. 33-39). Sílvio Romero (*História da Literatura Brasileira*) e Wilson Martins (*História da inteligência brasileira*), citam a autora. No primeiro caso, Firmina é referenciada com três poemas seus em uma nota de rodapé que remetia ao conjunto de 52 poetas da antologia *Parnaso Maranhense*. Na mesma obra, Romero menciona as escritoras Delfina Benigna da Cunha, Nísia Floresta Brasileira e Narcisa Amália. No segundo caso, Wilson Martins cita "apenas para registro": "Na Bahia, prossegue a voga do pastoralismo romântico, com o "romance" de Constantino Gomes de Sousa (1827-1875). Apenas para registro, mencionaremos, no mesmo ano, *A filósofa do amor*, de Eurídice Eufrosina de Barandas, precursora, com Delfina Benigna da Cunha, das letras femininas no Rio Grande do Sul. Devem ser deste mesmo ano ou de pouco mais os *Cantos à Beira-mar*, de Maria Firmina dos Reis (1825-1881), impressos em São Luís do Maranhão" (MARTINS, 1992, pp. 319-320). No *Dicionário crítico de escritoras brasileiras*, de Nelly Novaes Coelho – obra de referência no qual é visível o grande esforço da autora por mapear toda a produção feminina brasileira desde 1711 até 2001 – o lugar dedicado a Maria Firmina é bastante singelo. Em um verbete reduzido, Coelho a descreve em poucas linhas: "Poeta, romancista, professora, compositora e folclorista, Maria Firmina dos Reis nasceu em São Luís do Maranhão, em 11.10.1825, e faleceu em Guimarães, em 11.11.1917. Foi

Úrsula, o primeiro romance brasileiro de autoria feminina, que, neste ano de 2019 completa 160 anos, foi publicado sem o nome da autora na capa[46]. O único índice de identificação autoral impresso na primeira edição remetia à localidade periférica da qual a voz emergia: "uma maranhense". Periférica, porque as tensões e dinâmicas entre *margem* e *centro*, intrínsecas ao sistema literário nacional, incidiam, nessa época em que a prática de distribuição de livros era bastante precária, inclusive nas diferenças de recepção/circulação entre obras publicadas na corte e obras não publicadas na corte, embora São Luís fosse um núcleo de circulação cultural importante nessa época.

Ocultar o próprio nome das capas dos próprios livros era um recurso comum às mulheres que publicaram no século XIX. Contudo, negociando brechas com os caminhos interditados à voz de seu tempo, Maria Firmina dos Reis elaborou um prólogo generoso, que nos auxilia no conhecimento de seu projeto literário, de suas inflexões políticas e de seu lugar enunciativo, abrindo espaço para refletirmos sobre como as condições da atividade literária no Brasil à altura podem estar implicadas na fatura do texto. O prólogo tem por objetivo *justificar*[47] a existência do romance

---

mulher de destaque na sociedade maranhense do seu tempo. Publicou poesias, contos, artigos e romances em folhetim na imprensa. Está incluída no Parnaso maranhense (1861). Exerceu o magistério em Guimarães, onde foi diretora-proprietária de um colégio misto. Deixou fama de folclorista, de compositora e de primeira romancista genuinamente brasileira" (COELHO, 2002, p. 426-427).

[46] A partir de 1861 seus textos passaram a ser assinados.

[47] Importante destacar que tal justificativa não é peculiar a Firmina: existiu em diversas obras de autoria feminina anteriores ao século XX. Em artigo intitulado *Artimanhas nas entrelinhas: leitura do paratexto de escritoras do século XIX*, Zahidé Muzart (1994, p. 265) avalia que a pretensa postura de humildade e inexperiência no trato com a linguagem revelada por mulheres escritoras nos prefácios de seus livros constitui uma estratégia pela qual a mulher sutilmente consegue transpor os limites a ela impostos e penetrar na vida pública. Elaine Showalter, por sua vez, declara que é comum observar-se que a mulher escritora oitocentista vê-se dividida entre a necessidade de emancipação precursora e sua "timidez culturalmente condicionada em relação à impropriedade da invenção feminina" (SHOWALTER, 1994, p. 41). E Lúcia Sander considera o quanto o desempenho da mulher escritora sofreu e ainda sofre os reflexos dos condicionamentos históricos que lhe exigiram "um pedido de desculpas ou um

e já começa situando a configuração gendrada da ordem discursiva no contexto social do século XIX:

> Mesquinho e humilde livro é este que vos apresento, leitor. **Sei** que passará entre o indiferentismo glacial de uns e o riso mofador de outros, e ainda assim o dou a lume. Não é vaidade de adquirir nome que me cega, nem o amor próprio de autor. **Sei** que pouco vale este romance, porque escrito por uma mulher, e mulher brasileira, de educação acanhada e sem o trato e conversação dos homens ilustrados, que aconselham, que discutem e que corrigem, com uma instrução misérrima, apenas conhecendo a língua de seus pais, e pouco lida, o seu cabedal intelectual é quase nulo (FIRMINA, 2017, p. 25. Grifos meus).

Entre o riso e/ou a indiferença dos homens da elite letrada, a autora está (cons)ciente de seu próprio presente. É o que indica o uso assertivo do verbo *saber* na primeira pessoa, destacado no excerto acima. No primeiro uso do verbo, a audácia lúcida: sabia das dificuldades de recepção, deu lume ao texto assim mesmo. No segundo verbo, a visão ampla: sabia que a valoração da obra literária acontecia em correspondência imediata com elementos extratextuais, como o gênero e a etnia do autor: sendo mulher e negra, no século XIX escravocrata, enunciou e pronto. Chama atenção ainda o "brasileira" empenhado como qualitativo étnico (arrisco dizer), pois sendo ela filha de uma mulher negra, "a língua de seus pais" é a língua que forma o Brasil.

Mulheres (negras) escrevendo era algo tão fora da ordem, que para explicar sua existência como autora Maria Firmina dos Reis antecipa a resposta à insondável pergunta: "Então por que o publicas? Perguntará o leitor. Como uma tentativa (...)" (p. 25), ela responde, como quem abre caminho na mata fechada. O argumento definitivo empregado pela autora para reivindicar espaço e visibilidade à sua obra vem ao final do pró-

passe de autorização para seus esforços literários, sob pena de ser considerada louca ou monstruosa" (SANDER, 1989, p. 40).

logo, quando o desejo expresso de circulação do próprio texto articula um segundo desejo: o de incentivar outras mulheres a praticar a escrita e a publicar suas tentativas.

> Não a desprezeis, antes amparai-a nos seus incertos e titubantes passos para assim dar alento à autora de seus dias, **que talvez com essa proteção cultive mais o seu engenho**, e venha a produzir cousa melhor, ou quando menos **sirva esse bom acolhimento de incentivo para outras**, que com imaginação mais brilhante, com educação mais acurada, com instrução mais vasta e liberal, tenham mais timidez do que nós. (FIRMINA, 2017, p. 25-26, grifos meus).

Destaca-se no prólogo de Firmina dois movimentos complementares e igualmente transgressores dentro do seu contexto histórico de enunciação: um assentado no presente da autora; outro lançando uma carta ao futuro. Em poucas linhas, a romancista solicita ao leitor que ampare e não despreze a obra, justificando seu pedido, primeiro, para que o acolhimento do público lhe garantisse *condições de continuidade* do ofício de escrita; depois, porque a circulação da obra fortaleceria a insurgência de outras escritoras, podendo ser tomado como um *paradigma narrativo durável* capaz de ocupar um espaço ausente – da inscrição enunciativa da mulher no mundo público de circulação de discursos. Quando Maria Firmina dos Reis salienta o desejo de que sua obra não seja desprezada para que sua existência material possa incentivar outras mulheres a produzirem a sua própria escrita, ela também está nos dizendo do peso – e/ou da liberdade – que é não ter um passado literário no qual se apoiar: não havendo um antes (?), restava apostar no devir.

Sob esse aspecto, menciono a discussão proposta por Sandra Gilbert & Susan Gubar na obra *The Madwoman in the Attic: the woman writer in the nineteenth century literary imagination* (1979), em que problematizam o modelo crítico de Harold Bloom – segundo o qual todo escritor teria que superar sua "ansiedade de influência". Para as autoras, a inexistência de uma tradição literária feminina, isto é, de mulheres que pudessem ser tomadas como modelo de realização e identidade, causariam, no lugar de uma "ansiedade de influência", uma "ansiedade de autoria"[48], tornando a mulher insegura quanto à sua situação/atuação como autora, quanto à sua *autoridade* para afirmar e expressar determinadas realidades (PINTO, 1990, p. 23). No caso brasileiro, a presença de autoras publicadas é registrada já nos primeiros estudos históricos da literatura, que surgem tão logo o país se torna independente[49]. Esta atenção inicial dos historiadores, contudo, não teve efeito prolongado. Regina Zilberman cita três casos paradigmáticos: as autoras e professoras gaúchas Ana Eurídice Eufrosina de Barandas, Luciana de Abreu e Maria Benedita Borbann, autora de *Lésbia* – que, segundo ela, se tivessem sido levadas em conta, alterariam o cânone que nossa história da literatura consagrou.

Todavia, já no próprio gesto de resgate o espaço para a diferença é limitado, pois mantém a prerrogativa da racialidade informando quem pode falar. O que significa, em outras palavras, que a atuação de mulheres brancas na escrita não necessariamente resultaria na criação de um paradigma discursivo que contemplasse as mulheres negras enquanto autoras, enquanto produtoras de pensamento e sujeitos da experiência: o gênero por si só não garante um pressuposto compartilhado[50].

---

[48] "The 'anxiety of influence' that a male poet experiences is felt by a female poet as an even more primary 'anxiety of authorship' - a radical fear that she cannot create, that because she can never become a "precursor" the act of writing will isolate or destroy her" (GILBERT & GUBAR, 1979, p. 48-49).

[49] Regina Zilberman (2001) destaca que *O Parnaso brasileiro*, primeira compilação de autores nacionais, lançada em 1829 por Januário Cunha Barbosa, citava algumas autoras, como Beatriz Francisca de Assis Brandão e Delfina Benigna da Cunha. Dez anos depois desta publicação, Joaquim Norberto de Sousa Silva, na obra *Bosquejo da história da poesia brasileira* (1839), faz referência às mesmas poetas, acrescentando Maria Josefa Pereira Pinto Barreto. O mesmo autor, duas décadas depois, publica *Brasileiras célebres*, contemplando poetas, contistas e romancistas. Para Zilberman, "poder-se-ia afirmar, com base nesses poucos exemplos, que a poesia oriunda de escritoras brasileiras não estava sendo ignorada pelos historiadores da literatura, abrindo-se curioso precedente ideológico" (ZILBERMAN, 2001, p. 165).

[50] Conforme o pensamento feminista negro mostra, o gênero é sempre demarcado por outros atravessamentos. Basta lembrarmos o exemplo de Sojourner Truth, que precisou reivindicar seu estatuto de mulher, posicionando objetivamente a já clássica

Embora tenha ficado de fora, inclusive, das ausências identificadas em exercícios de resgate, isto é, à margem da marginalidade onde se situava a autoria feminina branca, Maria Firmina dos Reis foi uma precursora negra que inscreveu a presença ativa, viva e potente da pessoa negra no romance, sem, para isso, apagar a alteridade. Essa presença fundou um espaço textual, uma possibilidade de falar, que não estava disponível na tradição literária.

Sua escrita instaura um signo novo e disruptivo no mundo de significações da razão colonial, pois inscreve o negro enquanto *sujeito* de uma experiência histórica anterior à escravização, com vínculos afetivos, pertencimentos territoriais e ética de existência coletiva. E principalmente, falando por si mesmo. Na obra, do homem negro brota a medida do humano, e da mulher negra emerge um arquivo de memória cuja narração fratura o ordenamento colonial que organizava a sociedade.

Úrsula é um romance de fundação. A partir dele, emerge na ordem discursiva um lugar para a existência subjetiva do negro – que o estado e o texto nacional vertiam em escravo, dado que a existência do escravo era produzida, reiterada e sustentada por uma racionalidade que o concebia.

pergunta "Ain't I a woman?", durante a Women's Rights Convention, em Ohio, Estados Unidos, em 1851 – na mesma década em que Firmina publicou *Úrsula*. "Aquele homem ali diz que é preciso ajudar as mulheres a subir numa carruagem, é preciso carregar elas quando atravessam um lamaçal e elas devem ocupar sempre os melhores lugares. Nunca ninguém me ajuda a subir numa carruagem, a passar por cima da lama ou me cede o melhor lugar! E não sou uma mulher? Olhem para mim! Olhem para meu braço! Eu capinei, eu plantei, juntei palha nos celeiros e homem nenhum conseguiu me superar! E não sou uma mulher? Eu consegui trabalhar e comer tanto quanto um homem – quando tinha o que comer – e também aguentei as chicotadas! E não sou uma mulher? Pari cinco filhos e a maioria deles foi vendida como escravos. Quando manifestei minha dor de mãe, ninguém, a não ser Jesus, me ouviu! E não sou uma mulher?" (Sojourner Truth. Fragmentos do discurso *Ain't I a Woman?*, 1851). Lembrando ainda as palavras norteadoras de Kimberlé Crenshaw: "Onde os sistemas de raça, gênero e dominação de classe convergem, como ocorre nas experiências de mulheres não-brancas, as estratégias de intervenção baseadas unicamente nas experiências das mulheres que não compartilham a mesma classe ou raça de fundo serão de ajuda limitada para as mulheres que por causa de raça e classe enfrentam obstáculos diferentes" (CRENSHAW, 1991).

No instante em que *Úrsula* foi lançado no mundo público, ficou inscrito um conteúdo que não existia na ordem discursiva nacional até então. O romance transgrediu o campo mapeado pela ficção brasileira, ultrapassando o limite das águas navegáveis pela imaginação e pelo pensamento no século XIX.

Maria Firmina dos Reis é precursora da autoria feminina negra no romance. É também fundadora da literatura brasileira. A partir de sua obra, dos signos que ela instaura na ordem discursiva, podemos percorrer *outra história literária*, composta por autorias e posições enunciativas (HALL, 1989) plurais. "Pois os grandes escritores", como disse Walter Benjamin "sem exceção, fazem suas combinações em um mundo que vem depois deles" (BENJAMIN, 1995, p. 15). Assim, partindo de seu gesto criador, reconhecemos um paradigma enunciativo que funda uma série literária – que fala por meio de outras obras que estavam/estão apagadas, as quais esse estudo busca rastrear.

2.1 | Romance de Fundação

"Navegar é preciso, embarcar nas águas da memória, içar velas mar adentro, retomar o caminho, buscar a história emaranhada em direção à volta."

– Conceição Evaristo –

Úrsula (1859) veio a público 51 anos depois que textos escritos começaram a ser publicados no país, localizando-se nos momentos iniciais da história da circulação de textos ficcionais escritos por aqui, quando as narrativas de fundação da nação estavam sendo elaboradas pelas elites letradas, imbuídas em criar uma identidade para o território e para o povo brasileiro. Embora tenha sido lançado no fim do ano de 1859, em 1857 uma resenha publicada no jornal *A Imprensa* (MA) anunciava que o romance já estava pronto e a caminho do prelo (SOUZA, 2017, p. 232). Isso indica que ele pode ter sido escrito antes ou concomitantemente a *O Guarani*[51] (1857), de José de Alencar. Ambas as obras partilham do mesmo contexto histórico e político, mas entre os significados para o passado e o porvir que comunicam, existem largas diferenças.

---

[51] Agradeço a pesquisadora Luciana Diogo por ter me chamado a atenção para essa re-

Maria Firmina dos Reis inicia seu romance com uma apresentação do espaço metaforizado numa imagem que, de pronto, pouco conversa com a ideia duma terra tropical como configuração do território nacional: "São vastos e belos os nossos campos; porque inundados pelas torrentes do inverno semelham o oceano em bonançosa calma – branco lençol de espuma" (REIS, 2017, p. 27). Um oceano gelado, que "não ergue marulhadas ondas, nem brame irado, ameaçando insano quebrar os limites que lhe marcou a onipotente mão do rei da criação". Frio território, que não reclama dos limites impostos por uma mão onipotente: metáfora arrojada para um romance que discute a escravidão no espaço nacional.

"O homem, que sem custo o guia, desprende com mavioso acento um canto de harmoniosa saudade, despertado pela grandeza dessas águas, que sulca" (p. 27). Seria banzo? essa saudade diante do mar? Afinal, dentro do sistema de significados do romance, *homem* é uma categoria que engloba brancos e negros. A resposta vem na sequência: "É às águas, e a esses vastíssimos campos que o homem oferece seus cânticos de amor? Não, por certo. (...). Esses carmes de amor e de saudade o homem os oferece a Deus". Deus é o alvo desse amor porque onde sua voz impera "despe-se-nos o coração do orgulho da sociedade, que o embota, que o apodrece" (28, 29).

Quando *Úrsula* foi lançado, o Brasil, único estado-nacional plenamente escravista do ocidente, estava em fase inicial de formação de um espaço público moderno, em conformidade com os padrões vigentes nos sistemas liberais do período (MOREL, 2005, p. 297-300). No entanto, esse espaço público moderno era limitado pela existência de uma "ordem privada escravista", sustentada e apresentada como intangível pela classe senhorial (ALENCASTRO, 1997, p.17). "Ideias fora do lugar", como eternizou Roberto Schwarz, porém não paradoxais, afinal, o território Brasil entra no atlas do mundo conhecido pelos europeus em decorrência e através da expansão marítima, marco da era moderna oci-

---

senha, que pode ser acessada no link: http://memoria.bn.br/docreader/DocReader.aspx?bib=035156&PagFis=143&Pesq=.

dental. Nesse contexto, a *plantation* torna-se um meio, um resultado e uma performance da modernidade capitalista (GILROY, 2001).

À altura do meio século XIX, no Brasil, os círculos intelectuais e políticos debatiam calorosamente formulações para a nação desejada, e a questão da escravidão era o centro nervoso que tornava a realidade bem mais problemática do que a representação literária parecia (querer) alcançar. Segundo Roberto Reis, "o mais comum na Literatura Brasileira da segunda metade do século XIX" – ou seja, a partir do momento em que as leis graduais de libertação começam a surgir – "é que o tópico do negro escravo seja omitido" (REIS, 1987, p. 20). Mas, continua ele, "embora a escravidão não seja frequente objeto de interesse no romance brasileiro" no século XIX, "ela espouca aqui e ali em determinados textos. Como tônica, o enfoque escamoteador, que ou 'branqueia' o personagem escravo (como Isaura) ou desloca a questão do sistema de produção, onde ela é central, para o tráfico negreiro" (p. 21).

Ideias sobre a escravidão surgiam em autores contemporâneos do romance *A cabana do pai Tomás*, *best-seller* de Harriet Beecher Stowe traduzido para o português e publicado duas vezes nos anos 1850[52]. Entretanto, os interesses da elite letrada em torno da abolição nem sempre

---

52 Segundo Danilo José Zioni Ferretti, "a recepção desse romance foi marcada por reações extremas e de amplitude internacional. Entre o público dos estados escravistas do Sul dos EUA, ele gerou uma reação predominantemente negativa, suscitando nada menos que um ciclo de 29 romances críticos, os chamados romances "Anti Tom". Mas *A Cabana do Pai Tomás* foi, acima de tudo, um incomparável catalisador do entusiasmo antiescravista, dentro e fora dos EUA. O livro se tornou um dos maiores sucessos editoriais de todo o séc. XIX, somente em 1853, atingiu mais de um milhão e meio de exemplares vendidos na Inglaterra, cifras então somente ultrapassadas pela venda de Bíblias. Trata-se do fenômeno chamado pelos contemporâneos de "Tom Mania": a difusão transnacional massiva, ao longo dos anos 1850, de várias edições do romance (38 na Inglaterra, 15 em espanhol, 11 em francês, 5 em português, 4 na Rússia, dentre outros), mas também de traduções e adaptações a diversos idiomas, linguagens e suportes materiais, tais como o folhetim, o teatro, a pintura, a canção, os *minstrel shows*, bibelôs, jogos infantis, etc. O Brasil não deixaria de sentir os ecos desse movimento de inserção do romance de Stowe em seu espaço público, processo marcado por complexidades e especificidades que somente começam a ser estudadas de modo sistemático. (FERRETI, 2017, p. 191).

convergiam com uma perspectiva humanitária a respeito dos negros. Nada de novo sob o sol, tendo em vista que a categoria "humanidade", assim como a categoria "universal", não estava disponível para todos: se negros e ameríndios compartilhassem o mesmo *status* de humano que os brancos, teria sido difícil sustentar a escravidão e o genocídio étnico, afinal, como afirma Homi Bhabha (2014), a ideia de raça forneceu à modernidade uma justificativa para a hierarquia cultural, desencadeando as narrativas do progresso.

Sob a classificação "abolicionista" estavam, por exemplo, romances como *As vítimas-algozes: quadros da escravidão* (1869), de Joaquim Manuel de Macedo, um autêntico tratado antiescravo que se coloca como antiescravista, no qual o autor defende a necessidade de acabar com a escravidão pois ela representava alto risco à segurança moral da família branca patriarcal brasileira[53].

Princípios abolicionistas também geraram a já mencionada *A escrava Isaura* (1875), de Bernardo Guimarães, romance que apresenta o maior paradoxo da campanha de abolição da escravidão, pois defende a impossibilidade de construir uma heroína romântica negra e apresentá-la à sociedade do século XIX. A protagonista é corporalmente construída de modo "que ninguém diria que tinha nas veias uma só gota de sangue africano", pois o texto parte da premissa de que seria incompatível com o imaginário dessa época propor equivalência entre beleza, pureza (ide-

---

[53] O prefácio do romance dizia ser "preciso pintar o quadro do mal que o escravo faz de assentado propósito ou às vezes involuntária e irrefletidamente ao senhor, (...) o escravo de nossas casas e de nossas fazendas, o homem que nasceu homem, e que a escravidão tornou peste ou fera". Joaquim Manuel de Macedo também tratou da escravidão em seu livro didático, Lições de História do Brasil e ainda em sua tese no curso de Medicina intitulada Considerações sobre a nostalgia, cujo foco é a incidência de suicídios de escravos no Brasil, tratada pelo autor como questão econômica e não de saúde pública, já que a grande ocorrência de suicídios traria sérias consequências para os senhores escravistas, que perdiam assim suas "mercadorias": quando o escravo se matava, ele roubava uma vida pertencente ao senhor. Macedo analisou o escravo do ponto de vista do homem aristocrático, tentando resguardar os interesses da sua classe, afirmando que era o escravo que lhes causava mal, e não o contrário.

ais de feminilidade branca) e pele escura. Em razão disso, a protagonista, ainda que escrava, possuía "a tez como o marfim do teclado, alva que não deslumbra, embaçada por uma nuance delicada, que não sabereis dizer se é leve palidez ou cor-de-rosa desmaiada" (GUIMARÃES, 1971, p. 11). Há correspondências diretas entre Eliza, protagonista de Harriet Beecher Stowee, e a Isaura, de Bernardo Guimarães[54].

Em *Mulheres, raça e classe*, Angela Davis, discutindo o legado da escravidão enquanto parâmetro para uma nova condição da mulher, analisa o romance *A cabana do pai Tomás* a partir da ideologia de feminilidade crescente no século XIX, "que enfatizava o papel das mulheres commães protetoras, parceiras e donas de casa amáveis para seus maridos" (DAVIS, 2016, p. 18). Evidentemente, um padrão de feminilidade racialmente posicionado, para o qual "as mulheres negras eram praticamente anomalias" (DAVIS, 2016, p. 18). Eliza, a principal personagem feminina de *"A cabana do pai Tomás"* é, nos termos de Davis:

---

[54] Em *Mulheres, raça e classe*, Angela Davis, discutindo o legado da escravidão enquanto parâmetro para uma nova condição da mulher, analisa o romance A cabana do pai Tomás a partir da ideologia de feminilidade crescente no século XIX, "que enfatizava o papel das mulheres como mães protetoras, parceiras e donas de casa amáveis para seus maridos"(DAVIS, 2016, p. 18). Evidentemente, um padrão de feminilidade racialmente posicionado, para o qual "as mulheres negras eram praticamente anomalias" (DAVIS, 2016, p. 18). Eliza, a principal personagem feminina de "A cabana do pai Tomás" é, nos termos de Davis: Uma caricatura da mulher negra, uma transposição ingênua para a comunidade escrava da figura materna tal qual concebida pela sociedade branca e exaltada pela propaganda cultural do período. Eliza é a encarnação da maternidade branca, mas com um rosto negro – ou melhor, com um rosto quase branco, uma vez que ela possui um quarto de sangue negro em suas veias. Talvez a esperança de Stowe fosse que as mulheres brancas, ao ler seu livro, se identificassem com Eliza. Elas poderiam apreciar a superioridade de sua moral cristã, seus inabaláveis instintos maternos, sua delicadeza e sua fragilidade – já que essas eram as qualidades que as mulheres brancas eram ensinadas a cultivar em si mesmas. (...) A autora falha por completo em captar a realidade e a sinceridade da resistência das mulheres negras à escravidão. (DAVIS, 2016, p. 39).

> Uma caricatura da mulher negra, uma transposição ingênua para a comunidade escrava da figura materna tal qual concebida pela sociedade branca e exaltada pela propaganda cultural do período. Eliza é a encarnação da maternidade branca, mas com um rosto negro – ou melhor, com um rosto quase branco, uma vez que ela possui um quarto de sangue negro em suas veias. Talvez a esperança de Stowe fosse que as mulheres brancas, ao ler seu livro, se identificassem com Eliza. Elas poderiam apreciar a superioridade de sua moral cristã, seus inabaláveis instintos maternos, sua delicadeza e sua fragilidade – já que essas eram as qualidades que as mulheres brancas eram ensinadas a cultivar em si mesmas. (...) A autora falha por completo em captar a realidade e a sinceridade da resistência das mulheres negras à escravidão. (DAVIS, 2016, p. 39).

A circulação destes romances, e de outros textos considerados abolicionistas, informa a centralidade da questão da escravidão principalmente porque o escravo era um problema para as elites. Assim, muito mais do que juntar-se à luta no campo das representações para que o cativeiro fosse extinto, estava em jogo também o futuro da casa grande.

De fato, quando o Estado brasileiro decretou que a escravidão estava acabada, a imensa maioria da população negra já era livre. Segundo Mattos (2006), quando a Lei Áurea foi assinada, a população cativa representava 5% do total da população negra do país (MATTOS, 2006, p. 111). Inúmeros processos judiciais de ação por liberdade, atos de rebeldia cotidianos, fugas coletivas generalizadas, formação de quilombos em múltiplas partes do território, foram episódios recorrentes em todo o período em que perdurou a escravidão. Homens e mulheres escravizadas foram agentes na luta por sua libertação em múltiplos atos e acontecimentos que antecederam e balizaram o ato legal da Abolição[55]. E criaram, no território colonial, possibilidades de existência em sociedade contra a ordem vigente[56].

---

[55] Consultar: AZEVEDO, C. (1987); CHALHOUB, S. (1990). MATTOS, H. (1998).
[56] Leia-se em Lélia Gonzalez: "Não é ressaltado pela história oficial o fato de que o

A escravidão no Brasil nunca foi aceita sem luta pelos escravizados, e os pequenos passos que o Império dava eram no sentido de "amenizar" os ânimos, e não de construir a liberdade: "Movidos pelo temor de que a rebeldia negra se ampliasse, políticos, jornalistas e até autoridades passaram a considerar que a escravidão, como instituição legal e legítima, deveria ser combatida para garantir a segurança dos brancos" (ALBUQUERQUE, 2018, p. 328). Lemos no verbete "Movimentos sociais abolicionistas", do *Dicionário da Escravidão e Liberdade* que "planos e argumentos para a extinção do escravismo sempre entravam na pauta política quando a rebeldia escrava ganhava maiores dimensões e intensificava-se o medo de convulsões sociais" (ALBUQUERQUE, 2018, p. 328).

Mas o Brasil adiou até quando pode o término do cativeiro, tendo sido, como sabemos, o último país do mundo a fazê-lo, esticando até o limite possível sua condição de nação escravocrata. Ainda que, comparado à extensão da população negra livre, o número de escravos cuja condição foi diretamente alterada pela Lei Áurea fosse pequeno, a escravidão era um sistema que gerenciava a vida de todos – dos escravizados, dos negros livres, dos brancos pobres e da elite senhorial – pois pautava a configuração social e política mais antiga do país, que vigorou de 1539 até 1888.

Eliminar o escravo – não necessariamente a estrutura mental/social que concebia o escravo – eclodiu no término da Monarquia, então, na

---

primeiro Estado livre de todo o continente americano existiu no Brasil colonial, como denúncia viva do sistema implantado pelos europeus ao continente. Estamos falando da República Negra de Palmares que, durante um século (1595 – 1695), floresceu na antiga Capitania de Pernambuco. O que essa história não enfatiza é que o maior esforço bélico despendido pelas autoridades coloniais foi contra Palmares e não contra o invasor holandês (1630 – 1654), como se costuma divulgar (...). O que ela não enfatiza é que Palmares foi a primeira tentativa brasileira no sentido de criação de uma sociedade democrática e igualitária que, em termos socioeconômicos, realizou um grande avanço. Sob a liderança da figura genial de Zumbi, ali existiu uma efetiva harmonia racial já que sua população, constituída por negros, índios, brancos e mestiços, vivia do trabalho livre cujos benefícios revertiam para todos, sem exceção. Na verdade, Palmares foi o berço da nacionalidade brasileira". (GONZALEZ, 2018, pp. 36-7).

sequência, na República, o investimento se concentrou na tentativa de eliminar o negro do corpo da nação. No dia seguinte após a abolição, na edição de 14 de maio de 1888, um jornal noticiou com todas as letras: "Sanccionado o projeto que extingue a escravidão no Brazil, encerrou-se o período negro da nossa História" (O PAIZ, 14/05/1888). Dias depois da abolição, lembra Lilia Schwartz, vários jornais brasileiros publicaram um artigo de Nina Rodrigues onde o influente médico baiano declarava que "os homens não nascem iguais. Supõe-se uma igualdade jurídica entre as raças, sem a qual não existiria o Direito"[57]. Dessa maneira, desconhecendo, após o fim da escravidão, a igualdade e o "próprio livre arbítrio, em nome de um determinismo científico e racial" (Schwartz, 2005, p. 88).

Isso significa que mais do que abolir a escravidão, era necessário imaginar/criar um lugar para o negro existir como sujeito livre na nação. Era preciso produzir futuros que não repetissem o passado. E nessa chave, o romance de Firmina se destaca, pois ele abre vias que implicam, inclusive, na discussão do poder senhorial, que também deveria mudar com a abolição.

Publicado em um momento de enrijecimento das pressões nacionais e internacionais pró-emancipação[58], no contexto dos textos que circulavam no século XIX imperial e escravocrata, o romance de Maria Firmina dos Reis era heterogêneo, dessemelhante – pois ali o sujeito negro falava em primeira pessoa e estancava na superfície do texto experiências ainda não pronunciadas, que davam a ver toda a desumanidade e violência da escravidão por meio da fala em primeira pessoa do sujeito que a vivia no território nacional.

---

[57] Alguns anos depois, em 1894, Nina Rodrigues publicou *As raças humanas e a responsabilidade penal no Brasil*, onde defendia não só a proeminência do médico na atuação penal, como a existência de dois códigos distintos no país – um para negros, outro para brancos –, correspondentes aos diferentes graus de evolução apresentados pelos respectivos grupos.

[58] Em 1850 é promulgada a Lei Eusébio de Queiroz, que tornou crime o tráfico negreiro no país.

O conteúdo inaudito de *Úrsula*, em comparação às produções da época, corresponde ao seu lócus enunciativo, implicando diretamente na perspectiva impressa na ficção. Dessa forma, lido em comparação com os romances contemporâneos que performavam abolicionismos concêntricos – pois partiam do centro e ao centro retornavam – fica visível onde incide a potência da obra de Firmina: seu texto não apenas se posiciona contra a escravidão, vai além, introduz uma perspectiva onde "o negro é o parâmetro de elevação moral" (DUARTE, 2004, p. 273), e o colonizador é o bárbaro.

Úrsula é um romance de fundação escrito por uma mulher negra. Uma ficção que funda um lugar para o sujeito negro existir no texto nacional, potencializando-se (ao nosso olhar de hoje) no lugar de disputa diante das narrativas de construção da identidade do Brasil e do brasileiro, postas na mesa da literatura naquele momento histórico.

O romance é estruturado em dois eixos narrativos. O eixo central é articulado dentro do perfil caracteristicamente romântico – descrições emocionadas da natureza, silhuetas góticas, sistema de amor irrealizável, moralidade e ética cristã – e se desenvolve por meio do casal Úrsula e Tancredo e dos obstáculos que perpassam o roteiro trágico de impedimento do amor[59]. Mas, é no segundo eixo narrativo que está o que o texto contém de potência, singularidade e dissolução. Trata-se da narrativa de Túlio e Susana, duas personagens negras cujas vozes anunciam realidades não pronunciadas em texto nacional até então, formalizando discursivamente uma experiência histórica que amplia o imaginário ativo no tempo, e depois.

De acordo com Roberto Reis esse duplo eixo narrativo é característico do romance na época: "haveria, na ficção do século XIX em geral uma antecena e um fundo de cena, constituindo como que dois níveis espaciais dentro da narrativa" (REIS, 1987, p. 21). O primeiro plano, vi-

---

[59] A tradição romântica é inclusive citada literalmente, pela menção a *Paulo e Virgínia*: "Era uma dessas tardes, que parecem resumir em si quanto de belo, de luxuriante, e de poético ostenta o firmamento no Equador; era uma dessas tardes que só Bernardin de Saint-Pierre soube pintar no delicioso *Paulo e Virgínia*, que deleita a alma, e a transporta a essas regiões aéreas, que só a imaginação compreende..." (REIS, 2017, p. 127).

sível, encobre o segundo, onde latejam aspectos do social. "A maioria dos romances brasileiros do período elege uma intriga amorosa como mola propulsora do enredo, em compasso com a estética romântica" (REIS, 1987, p. 21). Tal intriga acaba exercendo uma função de mascaramento dos aspectos sociais trabalhados nos bastidores das ficções[60]. No caso do romance de Maria Firmina dos Reis ergue-se a mesma estrutura dupla, embora a intriga amorosa esteja no centro, ela não é maior que a intriga social elaborada na margem da obra.

Com efeito, tanto a perspectiva que funda um espaço discursivo de subjetivação do negro, quanto a potência de dissolução que este espaço representa diante da construção do nacional, constam, no romance, como **ação que emerge da margem.**

Susana e Túlio são personagens periféricas – o enredo principal do romance não é sobre elas: dos vinte capítulos do livro, apenas três lhes são diretamente dedicados. Ambos são coadjuvantes da vida dos brancos – Túlio era escravo na propriedade de Luísa B. e Úrsula, depois de alforriado por Tancredo, passa a servi-lo. Susana permanece escrava das duas mulheres brancas até a morte. Os dois escravizados morrem em decorrência do conflito entre os brancos, motivado pelo ódio do Comendador. Porém, o fato de serem personagens periféricas não significa que sejam menores. Ao contrário, é justamente do lugar de margem que suas vozes inscrevem os paradigmas nucleares do romance, constituindo a força abolicionista da obra.

Considerando a observação de Gayatri Spivak, de que "é o centro que oferece a explicação oficial, ou, o centro é definido e (re)produzido pela explicação que ele pode expressar"[61], só poderia emergir da margem a

---

[60] São exemplos dos pares que protagonizam esses textos: Arnaldo e Flor, de *O sertanejo*; Manuel Canho e Catita, de *O gaúcho*; Paulo e Lúcia, de *O garimpeiro*; Eugenio e Margarida, de *O seminarista*; Leonardo e Luisinha, de *Memórias de um sargento de milícias*; Raimundo e Ana Rosa, de *O mulato*.

[61] Tradução minha do seguinte excerto do ensaio "Explanation and culture: marginalia", de Gayatri Spivak: "(...) Is the center that offers the official explanation; or, the center is defined and reproduced by the explanation that it can express" (SPIVAK, 1979, p. 35).

criação de algo novo. Em síntese, Túlio e Susana não são os protagonistas do *centro* do texto e sim, da *margem* – da potência desse lugar suas vozes instituem sentidos que reconfiguram o centro, conduzem o/a leitor/a numa experiência que amplia seu repertório cognitivo, pois fundam um universo representativo que parte da experiência diaspórica para inscrever o negro como sujeito, recompondo, nesse ato, também outra subjetividade ao branco.

A margem, na ficção, é o lugar que pode produzir outra formulação para a experiência nacional. A dicção do negro emerge da margem do romance. O próprio romance irrompe das bordas do silêncio. É próprio da margem ser plural, em contrapartida, o centro sempre buscará se afirmar como unicidade – "o centro", singular. Porque aflora da margem, a narrativa não se restringe ao uno, ao contrário, seu discurso projeta uma forma interseccionalizada de observar as dinâmicas de poder, sem apagar a alteridade.

Úrsula é um romance de fundação que dá luz à uma visada interseccional de entendimento do jogo de forças que conforma o social[62]. Essa tessitura é percebida através dos seus personagens, representativos de posicionalidades diversas, e das conexões que se estabelecem entre eles, mediadas por relações de poder. Além da fundamental e pioneira subjetivação da mulher e do homem negro, o texto salienta o governo sobre a vida da mulher branca dentro da ordem patriarcal; mostra a dissidência da masculinidade branca hegemônica através de um personagem

---

[62] Embora o termo *interseccionalidade* tenha sido cunhado em 1991 por Kimberlé Crenshaw, o conceito existe de forma orgânica desde épocas remotas, como enunciação da mulher negra. Sojourner Truth, em discurso proferido durante a Women's Rights Convention, em Ohio, Estados Unidos, em 1851, já problematizava as diferenças de constituição do gênero a partir de sua "localização nas relações globais de poder", como disse Avtar Brah. Ver nota 49, p. 59. Para uma abordagem aprofundada sugiro a leitura de: "O que é interseccionalidade?", de Carla Akotirene, em que a autora aborda o conceito de forma comparada por meio do diálogo com Angela Davis, Ochy Curiel, Gilza Marques, Jasbir Puar, Sueli Carneiro, Patricia Hill Collins e Houria Bouteldja. (SANTOS, Carla Akotirene. "O que é interseccionalidade?" Coleção Feminismos Plurais. Editora Letramento, São Paulo: 2018).

homem, branco, da elite, que não compactua com o *ethos* do senhor; e aponta o centro do poder gerador de violência e opressão na intersecção de gênero, raça e classe: a masculinidade branca senhorial, representada por homens que possuem o título de Comendador.

O romance elabora uma enunciação que se faz aqui anunciação, e que parte da narrativa da memória, por meio do discurso em primeira pessoa do sujeito da experiência: uma mulher africana (Susana), que, como mãe, cria, e molda o caráter do homem negro (Túlio), que por sua vez é o paradigma moral no qual o homem branco (Tancredo) se reconhece. Outra ordem para o mundo, que planta uma semente de modificação num imaginário social cristalizado.

Emergindo como potência da margem para produzir outros centros, *Úrsula* é uma ficção de fundação que guarda uma narrativa de dissolução. É um romance fundador, porque, como já dito, inaugura na literatura de língua portuguesa um espaço de fala para o sujeito negro. Mas tem a potência da contranarrativa, porque essa fala – e a sua escuta – enfatiza os aspectos que os discursos de formação da identidade preferiam ocultar, como o horror da escravização de seres humanos e o mandonismo despótico do homem branco da classe senhorial, confluindo para uma nação nascida e organizada por meio da violência racializada e gendrada.

Maria Firmina dos Reis inscreve a alteridade na ficção por meio do encadeamento de lugares de opressão: ainda que mulheres brancas fossem oprimidas pelo poder central do patriarca, elas sustentam a cadeia, pois são senhoras de escravos. Assim, a escravidão é narrada como um sistema transversal que sustenta inclusive a vida da bondosa heroína e de sua injustiçada mãe – vítimas do mandonismo patriarcal, beneficiadas pela ordem privada escravista. Dessa forma, o romance aponta os mecanismos de poder atuando tanto na esfera da opressão de gênero, quanto intragênero, marcada pela raça.

A trama se sustenta nos dilemas particulares de cada personagem e nos encontros e embates entre eles. As principais personagens são: Luísa B., Úrsula, a mãe (sem nome) de Tancredo, Adelaide, Fernando P., Túlio, Susana e Antero, os três últimos são escravizados. O Comendador F. é o elo de ligação entre todos os outros, ou melhor, o elo de morte: representando a autoridade despótica tal e qual um senhor feudal, visto que suas ações e vontades determinam os contornos e reveses da vida de todos os demais, ele é a metonímia do poder, o topo da hierarquia colonial[63]. Na cena abaixo, destaca-se o seu perfil mandonista diante dos negros, como também o é diante das mulheres brancas, do padre, do filho, enfim, de todos.

> Dois negros de cabeça baixa, e humilhados, que lhe vieram pegar as rédeas, ouviram em silêncio essa exclamação desesperada, e pela contração dos supercílios do comendador tremeram involuntariamente. Depois subiu a varanda, e logo uma multidão de escravos se lhe veio aproximando; mas ele, erguendo a voz impiedosa perguntou: – Onde está o padre F...? – Saiu ainda há pouco, meu senhor – animou-se a responder o menos tímido entre os que ali estavam. – Saiu? – Interrogou Fernando, enrugando a testa – Para onde foi? – Ignoro-o, meu senhor, tornou o escravo com voz convulsa pelo medo – e creio que o mesmo acontece aos mais parceiros. (...) Os negros acabavam apenas de tirar a sela ao cavalo fatigado, quando o comendador, descendo de um salto as escadas, foi-os golpeando com o chicotinho que trazia, e gritando: – Eia, que fazem, animais! (...) Os míseros escravos gemeram de ódio e de dor; mas nem a mais leve exprobração, nem um sinal de justa indignação, se lhes pintou no rosto. Eram escravos, estavam sujeitos aos caprichos de seu bárbaro senhor. (REIS, 2017, p. 147).

O Comendador é irmão de Luísa, a quem amava fraternalmente até momento em que ela o contraria: "um amor irresistível levou-me a desposar um homem que meu irmão no seu orgulho julgou inferior a nós

---

[63] "Nos domínios rurais, a autoridade do proprietário de terras não sofria réplica. Tudo se fazia consoante a vontade, muitas vezes caprichosa e despótica" (HOLANDA, 1978, p. 48).

pelo nascimento e pela fortuna" (REIS, 2017, p. 93). Desafiando a vontade do irmão, ela atrai sua ira: "Ah! Senhor! esse desgraçado consórcio, que atraiu vivamente sobre os dois esposos a cólera de um irmão ofendido, fez toda a desgraça da minha vida" (p. 93). Mas Paulo B., o marido escolhido, "não soube compreender a grandeza de meu amor, cumulou-me de desgostos e de aflições domésticas, desrespeitou seus deveres conjugais, e sacrificou minha fortuna em favor de suas loucas paixões" (p. 93). Entre a agência do irmão e do marido, Luísa se torna paralítica, literalmente presa a uma cama, paralisada em vida.

Susana viveu a violência de mais de um senhor durante a sua vida de escrava. De sua experiência, depreende-se a opressão como domínio central da masculinidade branca hegemônica, cujo poder opera como sistema. Quando chega ao Brasil, seu primeiro escravizador será o pai de Luísa B., depois, será o marido:

> O Comendador P... foi o senhor que me escolheu. Coração de tigre é o seu! Gelei de horror ao aspecto de meus irmãos... os tratos por que passaram, doeram-me até o fundo do coração! O Comendador P... derramava sem se horrorizar o sangue dos desgraçados negros por uma leve negligência, por um obrigação mais tibiamente cumprida, por falta de inteligência! E eu sofria com resignação todos os tratos que se davam a meus irmãos, e tão rigorosos como os que eles sentiam. E eu também os sofri, como eles, muitas vezes com a mais cruel injustiça. Pouco depois casou-se a senhora Luísa B... e, ainda mesma sorte: seu marido era um homem mau, e eu suportei em silêncio o peso do seu rigor. E ela chorava, porque doía-lhe na alma a dureza de seu esposo para com os míseros escravos, mas ele via-os expirar debaixo dos açoites os mais cruéis, das torturas do anjinho, do cepo, e outros instrumentos de sua malvadeza, ou então nas prisões onde os sepultava vivos, onde, carregados de ferros, como malévolos assassinos acabavam a existência,

amaldiçoando a escravidão; e quantas vezes aos mesmos céus! (REIS, 2017, p. 104).

Depois de viúva, Luísa e Úrsula passam a viver sozinhas na fazenda, amparadas por Susana e Túlio, seus escravos. O cotidiano desse núcleo é modificado quando Tancredo é trazido até elas, resgatado por Túlio, que lhe salvara a vida. A presença do jovem branco altera a ordem das coisas em duas frentes: ele alforria Túlio e se envolve afetivamente com Úrsula. Tancredo é filho do Comendador Fernando P., mas não é herdeiro do seu legado. Tendo crescido vendo a opressão da mãe submetida pelo pai, se identifica com ela, rompendo o pacto com a masculinidade hegemônica senhorial, da qual na verdade também é vítima.

> (...) Nunca pude dedicar a meu pai amor filial que rivalizasse com aquele que sentia por minha mãe, e sabeis por quê? É que entre ele e sua esposa estava colocado o mais despótico poder: meu pai era o tirano de sua mulher; e ela, triste vítima, chorava em silêncio e resignava-se em sublime brandura. (REIS, 2017, p. 61)

Mas Úrsula é objeto de desejo de seu tio, o cruel Comendador, e por isso a relação entre ela e Tancredo é impedida, levando ambos à morte precoce, plenamente romântica.

Por meio dos sofreres de Tancredo, sua mãe, Luísa B., Úrsula, Susana e Túlio, todos causados pelo mandonismo patriarcal, o centro do poder na trama conflui para a masculinidade branca hegemônica conforme ela se constituía no século XIX: o senhor de escravos, representado pelo Comendador P., o primeiro "proprietário" de Susana; pelo Senhor Paulo B., marido de Luísa, e principalmente pelo antagonista Comendador Fernando P., que personifica o lugar do mandonismo. Escravocrata cruel afeito a perversidades e predominante na ordem patriarcal, possui o poder de arruinar vidas. Deste centro do poder, o romance põe em contraste outra margem: desafiando toda a racionalidade colonial eurocêntrica, Túlio, cria de Susana, é o parâmetro a partir do qual se poderia conceber um universal mais humano. Túlio é um jovem negro, escravizado, a partir do qual se alinhava uma medida para o ser.

2.2 | Túlio – Uma Medida Para o Ser

"Luandi compreendera que sua vida, um grão de areia lá do fundo do rio, só tomaria corpo, só engrandeceria, se se tornasse matéria argamassa de outras vidas".

– Conceição Evaristo, "Ponciá Vicêncio" –

No primeiro capítulo de *Úrsula* – "Duas almas generosas" – narra-se o encontro entre Túlio e Tancredo. Perdido em meio a campos vastos, Tancredo vaga sob seu cavalo, ocultando apenas "parte de suas formas num amplo capote de lã, cujas dobras apenas cobriam-lhe as mãos cuidadosamente calçadas com luvas de camurça. Numa das mãos o jovem cavaleiro reclinara a face pálida e melancólica, com a outra frouxamente tomava as rédeas do seu ginete" (REIS, 2017, p. 29). A narradora segue, explicitando que a condição de membro da elite compunha o gesto da personagem, a sua corporalidade: "Mas esse simples traje, esse como que abandono de si próprio, não podia arredar do desconhecido certo ar de perfeita distinção que bem dava a conhecer que ele era pessoa de alta sociedade" (p. 29-30). Tancredo está combalido em cima do seu cavalo quando desmaia e cai junto ao animal. Nesse momento, a narradora em 3ª pessoa insere Túlio na narrativa com essas palavras: "Nesse comenos alguém despontou longe, e como se fora um ponto negro no extremo horizonte. Esse alguém, que pouco a pouco avultava, era um homem, e mais tarde suas formas já melhor se distinguiam" (p. 31, grifo meu). Com essa sintética passagem, o romance já anuncia a que veio, pois a descrição de que à distância se aproximava "um homem" contém um *a priori* fundamental, que consiste em restituir ao negro sua condição de Humanidade – uma categoria filosófica e política que ainda hoje não engloba a totalidade da população do mundo, e que era altamente excludente e restritiva no contexto do século XIX.

Frantz Fanon afirma em suas contundentes reflexões sobre o colonial que o que entendemos como humano (e, consequentemente, sobre o discurso político/filosófico que o circunscreve, o humanismo), sustenta-se em clivagens raciais que impõe hierarquias severas aos seres, divididos entre humanos, sub-humanos ou não humanos, dependendo da física de sua epiderme. O mundo colonial hierarquizado constrange o negro à zona do não-ser, "uma região extraordinariamente estéril e árida", habitada pelo negro, que é nela fixado pelo olhar imperial do branco. Por isso, "onde quer que vá, o preto permanece um preto", de modo que ao circular pela zona ontológica do ser, ou seja, do branco autonomeado universal, sua posição na relação de poder sempre será lembrada. Em *Peles negras máscaras brancas* Fanon afirma que "o negro não é um homem" (FANON, 2008, p. 26), portanto, não é um ser. "Que quer o homem? Que quer o homem negro?", pergunta Fanon. "O negro quer ser branco" (p. 27) – quer ascender à condição do ser.

> O homem só é humano na medida em que ele quer se impor a outro homem, a fim de ser reconhecido. Enquanto ele não é efetivamente reconhecido pelo outro, é este outro que permanece o tema da sua ação. É deste outro, do reconhecimento por este outro que depende seu valor e sua realidade humana [...] 'A operação unilateral seria inútil, porque o que deve acontecer só pode se efetivar pela ação dos dois' (FANON, 2008, p. 180-181).

À luz das reflexões de Frantz Fanon sobre o homem, fundamentais para o pensamento crítico sobre o colonialismo, compreendemos melhor a latitude do projeto firminiano. Túlio, como dissemos antes, é apresentado ao leitor como um homem – não um negro, não um escravo – e ele é assim reconhecido pelo seu *outro*, a quem salva da morte. Para Fanon, a fixação do negro na zona do não-ser estrutura o projeto colonial, sustentando as subjetividades colonizadoras e as colonizadas. Por seu turno, o personagem de Firmina está sendo escravizado, mas sua subjetividade não foi delimitada por essa circunstância: ele é um sujeito, quiçá uma medida para outro humanismo. A narradora prossegue, compondo o homem revoltado diante da escravidão.

> O homem que assim falava era um pobre rapaz, que ao muito parecia contar com vinte e cinco anos, e que na franca expressão de sua fisionomia deixava adivi-

nhar toda a nobreza de um coração bem formado. O sangue africano refervia-lhe as veias; o mísero ligava-se à odiosa cadeia da escravidão; e embalde o sangue ardente que herdara de seus pais, e que o nosso clima e servidão não puderam resfriar, embalde – dissemos – se revoltava; porque se lhe erguia como barreira – o poder do forte contra o fraco! (REIS, 2017, p. 31-32).

Assim, a narrativa principia focalizando um homem branco da elite vagando sobre um cavalo sem eira nem beira, sem controle de si mesmo. Túlio o resgata e o leva à fazenda onde era cativo, na propriedade de Luísa B. e sua filha, Úrsula. Neste local Tancredo passa alguns dias em delírio de febre, sob os cuidados auspiciosos de Úrsula e do próprio Túlio. Úrsula se apaixona por Tancredo quando ele se encontrava desorientado e frágil, ausente, portanto, de caracteres de força e domínio da situação – lugares onde a masculinidade branca hegemônica era construída nos textos. Desde o seu primeiro aparecimento na narrativa, a personagem de Tancredo é construída de forma *outsider* da ideia do patriarca com poder de mando.

Túlio segue aflito "esperando ansioso a ressurreição do desconhecido", e quando isso finalmente acontece, Tancredo fita os olhos sobre Túlio "como que estupefato e surpreso com o que via (...). Talvez a extrema claridade do dia os afetasse; ou ele supusesse mórbida visão o que era realidade" (p. 33). A narradora especula, deixando um "talvez" às possibilidades interpretativas de um leitor (quem sabe) temeroso[64], para concluir a cena com este diálogo entre os dois homens:

---

[64] Cerca de duas décadas depois da publicação do romance *Úrsula*, em uma série de artigos publicados em *A Província de São Paulo* sob o título "Os abolicionistas e a situação do país", Luís Pereira Barreto, um dos fundadores do positivismo no Brasil, alertava os partidários da abolição da escravatura para o que descrevia como perigosa "onda negra" que despejaria na sociedade "uma horda de homens semibárbaros, sem direção, sem um alvo social" (AZEVEDO, 1987, p. 68). Sílvio Romero, em seu ensaio "Joaquim Nabuco e a emancipação dos escravos" trazia ao discurso um temor latente nas elites: "o Brasil não é, não deve ser, o Haiti" (*In*: AZEVEDO, 1987, p. 70). A sangrenta revolta em São Domingos, onde os negros se rebelaram contra a escravidão em fins do século XVIII, declararam a independência do país em 1804 e ainda colocaram em prática os princípios da Revolução Francesa, causando transtornos fatais para os senhores de escravos, suas famílias e propriedades assombrava a elite. Na visão de mui-

– Quem és? – Perguntou o mancebo ao escravo apenas saído do seu letargo. – Por que assim mostras interessar-te por mim?!... – Senhor! – Balbuciou o negro – vosso estado... – Eu – continuou com acanhamento, que a escravidão gerava – suposto nenhum serviço lhe possa prestar, todavia quisera poder servos útil. Perdoai-me! ... – Eu? – atalhou o cavalheiro com efusão de reconhecimento – eu perdoar-te! **Pudera todos os corações assemelharem-se ao teu.** E fitando-o, apesar da perturbação do seu cérebro, sentiu pelo jovem negro interesse igual talvez ao que este sentia por ele. Então nesse breve cambiar de vistas, como que essas duas almas mutuamente se falaram, exprimindo uma o pensamento apenas vago que na outra errava. (...) Apesar da febre, que despontava, o cavaleiro começava a coordenar suas ideias, e a expressão do escravo, e os serviços que lhe prestara, tocaram-lhe o mais fundo do coração. **É que em seu coração ardiam sentimentos tão nobres e generosos como os que animavam a alma do jovem negro**: por isso, num transporte de íntima e generosa gratidão o mancebo, arrancando a luva que lhe calçava a destra, estendeu a mão ao homem que o salvara. Mas este, confundido e perplexo, religiosamente ajoelhando, tomou respeitoso e reconhecido essa alva mão, que o mais elevado requinte de delicadeza lhe oferecia, e com humildade tocante, extasiado, beijou-a. (REIS, 2017, p. 33-34, grifos meus).

Segundo Eduardo de Assis Duarte[65], essa é a primeira cena da literatura brasileira em que um homem branco tira a luva da mão e a oferece tos, nada garantia que o mesmo não se passasse no Brasil, pois aqui, como em toda América, se sucederam os quilombos, os assaltos às fazendas, as revoltas individuais ou coletivas, assim como as tentativas de grandes insurreições (MISKOLCI, 2013).

[65] Informação proferida em palestra durante a *Jornada de Estudos Literatura Brasileira e Divisões Sociais*, realizada no Centro de Estudos Avançados da Universidade de São Paulo, em 15.08.2017.

ao aperto do escravo. Um gesto que vislumbra outra política do sensível entre as diferentes masculinidades, pois o aperto de mão é um código corporal de tratamento masculino que ocorre entre iguais, podendo significar, por exemplo, a ratificação de um acordo. Contudo, Túlio é escravo nesse momento da narrativa, portanto, seu gesto de desvio ao aperto de mão solenemente demonstra a barreira que a escravidão impunha aos dois homens: apertar a mão de Tancredo seria como esquecer esta barreira, algo incompatível ao caráter da personagem. O beijo, por outro lado, mostra que a escravidão lhe impunha uma condição de subalternidade, que precisa estar visível para estampar o horror que representa. A cena é rica em detalhes e significados. Aqui Maria Firmina dos Reis assenta uma das passagens mais contundentes do texto, quando Tancredo afirma o acerto que seria se o coração de Túlio fosse a medida de todos os outros, reconhecendo a grandeza de seu ato desinteressado e deveras solidário. Esse reconhecimento, por seu turno, só pode ocorrer porque Tancredo possui sentimentos *tão nobres quanto* os que Túlio traz na alma: ou seja, Túlio é o parâmetro moral do qual se parte – dele brota a humanidade partilhada.

Entramos no segundo capítulo, chamado "O delírio", e vemos que enquanto Tancredo arde em alta febre, Túlio "contemplava-o silencioso" até que o silêncio é rompido:

> – Homem generoso! Único que soubeste compreender a amargura do escravo! ... Tu que não esmagaste com desprezo a quem traz na fronte estampado o ferrete da infâmia! Porque ao africano seu semelhante disse: – És meu! – Ele curvou a fronte, humilde, e rastejando qual erva, que se calcou aos pés, o vai seguindo? Porque o que é senhor, que é livre, tem segura em suas mãos ambas a cadeia, que lhe oprime os pulsos. Cadeia infame e rigorosa, a que chamam: escravidão?!... E entretanto esse também era livre, livre como o pássaro, como o ar; **porque no seu país não se é escravo** (REIS, 2017, p. 44, grifo meu).

O que é senhor (o homem branco), devido ao seu lugar de poder, segura em suas mãos a cadeia que oprime os pulsos do escravo, a cadeia sob a qual está organizada a racionalidade da nação – e a masculinidade branca senhorial. O nacional constituído pelo paradigma da escravidão é ressaltado no texto quando a voz narrativa lança um "entretanto", para marcar que em seu país de origem o negro não era escravo.

A fala do jovem se alonga, de modo que entendemos que o título do capítulo faz menção à febre delirante de Tancredo, mas está centrado no discurso emocionante de Túlio, que, sozinho no quarto com o moribundo, deixa fluir o estado febril que sente no peito e "escuta a nênia plangente de seu pai, escuta a canção sentida que cai dos lábios de sua mãe, e sente como eles, que é livre; porque a razão lho diz, e a alma o compreende. Oh! A mente! Isso sim ninguém pode escravizar!" (Idem, grifo meu).

> Nas asas do pensamento o homem remonta-se aos ardentes sertões da África, vê os areais sem fim da pátria e procura abrigar-se debaixo daquelas árvores sombrias do oásis, quando sol requeima e o vento sopra quente e abrasador: vê a tamareira benéfica junto à fonte, que lhe amacia a garganta ressequida: vê a cabana onde nascera e onde livre vivera! Desperta porém em breve dessa doce ilusão, ou antes sonho em que se engolfara, e a realidade opressora lhe aparece – é escravo e escravo em terra estranha! (REIS, 2017, p. 44).

Túlio, escravizado, sabe que é livre por que a razão lhe diz, isto é, porque seu pensamento constrói liberdade e não é encarcerável. O pensamento, que o faz sujeito, entende que é a realidade do Brasil que o torna escravo. Em contraposição a tal realidade, o pertencimento de Túlio à liberdade é sinônimo de seu pertencimento à África: "Senhor Deus! Quando calará no peito do homem a tua sublime máxima – ama a teu próximo como a ti mesmo – e, deixará de oprimir com tão representsível injustiça ao seu semelhante! ... àquele que também era livre no seu país... aquele que é seu irmão?" (p. 32).

Ao dizer que este sujeito que o Brasil vergonhosamente escravizava "era livre no seu país", a voz narrativa interroga a nação escravocrata: como poderia o Brasil querer-se nação livre e autônoma, enquanto escravizava alguém igual e que também vivia livre em seu próprio país? A passagem denota o paradoxo de uma nação que se *imaginava* soberana, mas cuja autonomia estava baseada na subalternização de sujeitos igualmente originários de contextos com organização própria.

O argumento abolicionista substancializa dois elementos aqui: primeiro, com o cariz religioso que a voz narrativa emprega – o apelo à ideia cristã de que todos os homens são iguais perante Deus – temos uma entrada para pensar a associação entre religião e escravidão. Por outro, a ideia de que o africano projeta em seu pensamento outra forma de existência acentua sua racionalidade diante do processo. Ambos os aspectos estão comprometidos em combater as bases da razão colonial, na qual vigorava a ordem escrava. Como afirma Mogobe Ramose, a colonização estava apoiada em, pelo menos, dois pilares. Um deles era o pilar da religião, e demandava que cada ser humano no planeta Terra deveria ser cristianizado, mesmo contra a sua vontade. O outro, segue ele, era a ideia filosófica que somente os seres humanos do Ocidente eram, por natureza, dotados de razão, sendo assim a única e autêntica personificação da famosa afirmação aristotélica "o homem é um animal racional", o que implicava, fundamentalmente, num questionamento acerca do estatuto ontológico dos africanos: "Uma vez que os africanos não são propriamente seres humanos, como firmava o raciocínio, havia uma medida própria e condizente com o tratamento subumano empreendido em relação a eles" (RAMOSE, 2011, p. 7).

Quando Tancredo recobra a saúde, a sua condição privilegiada – homem branco, da elite – lhe dá o poder de deflagrar a mudança na vida das personagens: "Túlio acompanhava-o. Tinha-se *alforriado*" (p. 47, itálico do original), a narradora é assertiva diante do gesto:

> O generoso mancebo assim que entrou em convalescença dera-lhe dinheiro correspondente *ao seu valor*

como gênero, dizendo-lhe: – Recebe, meu amigo, este pequeno presente que te faço, e compra com ele a tua liberdade. Túlio obteve por dinheiro aquilo que Deus lhe dera, como a todos os viventes. (REIS, 2017, p. 47, itálico do original).

A alforria que Tancredo dá à Túlio é por ele imensamente celebrada, "sua gratidão não conhecia limites. À liberdade era tudo que Túlio aspirava; tinha-a – era feliz" (p. 48). Não obstante, a alforria é posicionada pela narradora em seu devido lugar político: como mais uma prova das atrocidades geradas pela escravidão, pois não é absolutamente natural que a liberdade de um ser humano *igual* seja medida em dinheiro, comprada por quem tenha posses e ofertada como um "pequeno presente". O tom crítico que a narradora imprime à passagem revela a amplitude do questionamento que o romance lança. Não há final feliz na alforria, porque a razão escravocrata permanece em funcionamento.

O mesmo acento distópico é dado por Susana. Quando Túlio a comunica que iria partir com Tancredo, ela pergunta: "que te adianta trocares um cativeiro pelo outro! E sabes tu se aí o encontrarás melhor?" (p. 101). Ao que ele responde: "A senhora Luísa B. foi para mim boa e caridosa, o céu lhe pague o bem que me fez, que eu nunca me esquecerei de que poupou-me os mais acerbos desgostos da escravidão". Uma senhora amena, mas uma senhora.

> Quanto ao jovem cavaleiro, é bem diverso o meu sentir; sim bem diverso. Não troco cativeiro por cativeiro, oh! Não! Troco a escravidão por liberdade, por ampla liberdade! Veja, mãe Susana, se devo ter limites à minha gratidão: veja se devo, ou não, acompanha-lo, se devo, ou não, provar-lhe até a morte o meu reconhecimento! (REIS, 2017, p. 101).

Túlio está liberto dentro da ordem escrava, em razão disso ele sente-se com o dever de ser cativo de Tancredo até o fim de sua vida para provar seu reconhecimento por deixar de ser escravo. Vê-se que o discurso antiescravista da autora não está pautado no drama individual de um herói que é pessoalizado – sua vida é tomada como parte de uma experiência histórica inserida numa ordem colonial que o ultrapassa, embora se faça em seus passos.

Durante todo o desenrolar do enredo Túlio é qualificado como "negro fiel", "fiel Túlio", e, quando Fernando P. o captura como meio de chegar a Tancredo, a primeira investida do cruel comendador contra ele vem sob uma pergunta violenta: "– Queres tu servir-me?". A qual segue uma modalização da narradora: "Túlio reconheceu que estava perdido", mas recobra "toda a sua energia, como sucede sempre ao homem nos lances apertados da existência", e a resposta vem sem hesitação: "Dizei, meu senhor, o que determinais ao vosso escravo?" (p. 163). Sua liberdade é situada, pois a liberdade plena não estava disponível em uma sociedade delimitada por uma razão escravocrata. Em suma, a condição de alforriado não liberta Túlio do enquadramento que a sociedade escravocrata imputava aos negros. Essa condição de liberdade limitada constituída na alforria depois será experimentada e narrada por Kehinde, em *Um defeito de cor*.

Susana, que criou Túlio como seu filho, foi a primeira a duvidar da amplitude da liberdade comprada: "– Tu! Tu livre? ah, não me iludas! – exclamou a velha africana abrindo uns grandes olhos. Meu filho, tu és já livre?" (p. 101). Túlio não possuía um parâmetro vivido para comparar, então sua resposta evidencia seu grande engano: "Sou livre, livre como o pássaro, livre como as águas; **livre como éreis na vossa pátria**" (p. 101, grifo meu). Mas Susana sabe que tal liberdade não estava disponível na realidade do Brasil àquela altura, onde a escravidão forjava a subjetividade de cativos e senhores. A liberdade plena – aquela para qual Túlio só encontra espelho nas águas, nas aves e na África – não estava disponível em uma nação organizada por uma racionalidade colonial. Por isso, quando Túlio compara a sua alforria à liberdade que ela desfrutava em sua pátria, há uma declinação fundamental no texto, que nesse momento adquire um outro tom, embalado pelo guizo das memórias em choro da velha africana.

2.3 | Susana – Memória em Dissenso

"...Ela tem o cavalo. Ela tem o guizo. Água adormecida que mata alguém sem preveni-lo".

– Oriki de Nanã –

Susana nasceu, cresceu e tornou-se mãe na África, onde viveu até ser capturada por homens que a prenderam, raptaram e venderam como escrava. A narrativa compõe uma mulher velha, que "na cabeça tinha cingido um lenço encarnado e amarelo, que mal lhe ocultava as alvíssimas cãs" (p. 99), dona de toda autoridade digna dos seus cabelos brancos – alguém com acúmulo de experiência tanto de vida livre, posto que fora escravizada adulta, como de escravidão, já que encontra-se velha e cativa.

Se Túlio é a medida do humano, Susana foi quem o criou e moldou. Mas Túlio cresceu dentro da racionalidade escrava, o que o leva a acreditar que alforriado no Brasil, estaria livre como Susana viveu na África. O pertencimento ao território africano impresso na oração *"livre como éreis na vossa pátria"* é o gatilho que leva a velha africana a navegar em seu arquivo do pretérito. Através desse mergulho em águas adormecidas, todo o horror da violência colonial vem à tona em suas palavras, que rompem o recalque elementar – o apagamento do sujeito negro – inerente às narrativas fundacionais da nação. A dicção de Susana cinde o edifício epistemológico que sustentava a colonização moderna, baseado na ideia de superioridade do europeu e inferioridade do africano.

A africana limpou o rosto com as mãos, e um momento depois exclamou: – Sim, para que essas lágrimas?!... Dizes bem! elas são inúteis, meu Deus, mas é um tributo de saudade, que não posso deixar de render a tudo quanto me foi caro! Liberdade! Liberdade... ah! eu a gozei na minha mocidade! – continuou Suzana com amargura – Túlio, meu filho, ninguém a gozou mais ampla, não houve mulher alguma mais ditosa do que eu. Tranquila no seio da felicidade, via despontar o sol rutilante e ardente do meu país, e louca de prazer a essa hora matinal, em que tudo aí respira amor, eu corria às descarnadas e arenosas praias, e aí com minhas jovens companheiras, brincando alegres, com um sorriso nos lábios, a paz no coração, divagávamos em busca das mil conchinhas, que bordam as brancas areias daquelas vastas praias. Ah! meu filho! mais tarde deram-me em matrimônio a um homem, que amei como a luz dos meus olhos, e como penhor dessa união veio uma filha querida, em quem me revia, em quem tinha depositado todo o amor da minha alma: – uma filha, que era minha vida, as minhas ambições, a minha suprema ventura, veio selar a nossa tão santa união. E esse país de minhas afeições, e esse esposo querido, essa filha tão extremamente amada, ah Túlio! **tudo me obrigaram os bárbaros a deixar!** Oh! tudo! tudo até a própria liberdade! (REIS, 2004, p. 114-115, grifos meus).

Eis aqui a voz de uma mulher africana, escravizada, nomeando, no século XIX, os colonizadores europeus de bárbaros. Através dessa possibilidade enunciativa, o romance articula uma negação da ordem social escravocrata sustentada numa fala que opera uma inversão da concepção hegemônica ao dizer que bárbaros eram os escravocratas, e que, no limite, a escravidão a todos barbariza. Por meio da fala de Susana, narrando em primeira pessoa as memórias de sua vida antes do seu sequestro na África, Maria Firmina dos Reis torna visível para os leitores do século XIX a existência de uma mulher negra que tinha vida própria até o dia em que os europeus romperam a linha de continuidade de sua trajetória e trouxeram-na para o território brasileiro, onde deixou de ser pessoa e passou a ser escrava.

Adentrando suas memórias, Susana fala, e do silêncio emerge a narrativa que inscreve pela primeira vez no arquivo textual nacional a travessia atlântica dentro do navio negreiro do ponto de vista de quem foi capturado e escravizado. A velha africana inicia seu *ato de fala* – "**Vou contar-te o meu cativeiro**" – como se com sua voz primordial moldasse o barro, donde nascerá nova matéria conhecida.

Tinha chegado o tempo da colheita, e o milho e o inhame e o mendubim eram em abundância nas nossas roças. Era um destes dias em que a natureza parece entregar-se toda a brandos folgares, era uma manhã risonha, e bela, como o rosto de um infante, entretanto eu tinha um peso enorme no coração. Sim, eu estava triste, e não sabia a que atribuir minha tristeza. Era a primeira vez que me afligia tão incompreensível pesar. Minha filha sorriu-se para mim, era ela a gentilzinha, e em sua inocência semelhava um anjo. Desgraçada de mim! Deixei-a nos braços de minha mãe e fui-me à roça colher milho. Ah! nunca mais devia eu vê-la... Ainda não tinha vencido cem braças de caminho, quando um assobio, que repercutiu nas matas, me veio orientar acerca do perigo iminente que aí me aguardava. E logo dois homens apareceram, e amarraram-me com cordas. Era uma prisioneira - era uma escrava! Foi embalde que supliquei em nome de minha filha que me restituíssem a liberdade: os bárbaros sorriam-se das minhas lágrimas, e olhavam-me sem compaixão. Julguei enlouquecer, julguei morrer, mas não me foi possível... a sorte me reservava ainda longos combates. Quando me arrancaram daqueles lugares onde tudo me ficava – pátria, esposo, mãe e filha, e liberdade! Meu Deus! O que se passou no fundo de minha alma, só vós o pudestes avaliar...
Meteram-me a mim e mais trezentos companheiros de infortúnio e de cativeiro no estreito infecto porão de um navio. Trinta dias de cruéis tormentos, e de falta absoluta de tudo quanto é mais necessário à vida passamos nessa sepultura até que abordamos as praias brasileiras. Para caber a mercadoria humana no porão fomos amarrados em pé e para que não houvesse receio de revolta, acorrentados como os animais ferozes das nossas matas, que se levam para recreio dos po-

tentados da Europa. Davam-nos água imunda, podre e dada com mesquinhez, a comida má e ainda mais porca: vimos morrer no seu lado muitos companheiros à falta de ar, de alimento e de água. É horrível lembrar que criaturas humanas tratem a seus semelhantes assim e que não lhe doa a consciência de levá-los à sepultura asfixiados e famintos! Muitos não deixavam chegar a este último extremo - davam-se à morte. Nos dois últimos dias não houve mais alimento. Os mais sofridos entraram a vozear. Grande Deus! Da escotilha lançaram sobre nós água e breu fervendo, que escaldou-nos e veio dar a morte aos cabeças do motim. A dor da perda da pátria, dos entes caros, da liberdade foram sufocadas nessa viagem pelo horror constantes de tamanhos atrocidades (REIS, 2017, pp. 102,103).

Quando Maria Firmina dos Reis dispõe na boca de Susana essas palavras, a memória ficcionalizada da escrava provoca um *dissenso* na "comunidade imaginada" elaborada nos romances e em outros discursos de nação. A enunciação de Susana ensina o leitor – amplia seu repertório de imaginação e conhecimento acerca de seu próprio território.

Por um lado, as memórias de sua vivência trazem à superfície do texto um passado vivido no espaço africano (ainda que a África rememorada seja idealizada), tencionando o passado que o romantismo tanto prezava e que os discursos ficcionais de nação projetaram no índio mítico. Por outro lado, ao narrar, pela primeira vez em primeira pessoa nas literaturas de língua portuguesa, a travessia pelo atlântico após o rapto em sua terra natal pelos europeus, a narrativa amplia o conhecimento do leitor da época acerca de seu próprio presente, a partir da inscrição da realidade que a nação imputava aos sujeitos negros.

O gatilho para que essa enunciação venha à tona, como dito antes, é a palavra "pátria" como menção à África, requisitada por Túlio como parâmetro para explicar a Susana que ele estava livre. Então, para elucidar o jovem acerca dos limites dessa liberdade dentro do território nacional constituído pela razão colonial, a velha narra a transformação que se operou em sua vida – de pessoa na África à escrava no Brasil.

Dessa forma, em um contexto no qual a literatura constituía um suporte central da construção da nacionalidade e dos sentidos do nacional, o romance de Maria Firmina é dissidente, pois não afirma a pátria brasileira como matéria positiva[66], ao contrário, aponta para as suas fraturas constitutivas: o mandonismo concentrado nas mãos do patriarca; a racionalidade do cativeiro negro, sustentando inclusive a vida da heroína.

A pátria africana impedida, apartada, presente na imaginação de Túlio (p. 44) e na memória de Susana, é colocada em contraponto à ruína do quadro em que as personagens se encontram no Brasil, pois só ruína resulta do mandonismo do Senhor, um homem que "estava afeito a mandar e por isso julgava que todos eram seus súditos ou seus escravos" (p. 146) – metonímia do poder concentrado nas mãos do patriarca, que a todos intenta governar.

Esse poder, sobretudo, resta infértil: primeiro desmorona a vida ao redor, e por fim, a sua própria. O comendador acaba corroído pelo remorso de suas ações e definha à sombra do seu passado. Dessa forma, se tomarmos o comendador – masculinidade branca hegemônica – como

---

[66] A palavra "pátria" aparece no romance em quatro momentos, todos vinculados às falas e afetos das personagens negras: "Nas asas do pensamento o homem remonta-se aos ardentes sertões da África, vê os areais sem fim da **pátria** e procura abrigar-se debaixo daquelas árvores sombrias do oásis, quando o sol requeima e o vento sopra quente e abrasador: vê a tamareira benéfica junto à fonte, que lhe amacia a garganta ressequida; vê a cabana onde nascera e onde livre vivera! Desperta, porém, em breve dessa doce ilusão, ou antes sonho em que se engolfara, e a realidade opressora lhe aparece – é escravo e escravo em terra estranha!" (p. 44). "Mãe Susana, graças à generosa alma deste mancebo sou hoje livre, livre como o pássaro, como as águas; livre como éreis na **vossa pátria**. Essas últimas palavras despertaram no coração da velha escrava uma recordação dolorosa; soltou um gemido magoado, curvou a fronte para a terra, e com ambas as mãos cobriu os olhos". (p. 101). "Quando me arrancaram daqueles lugares, onde tudo me ficava – **pátria**, esposo, mãe e filha, e liberdade! Meu deus! O que se passou no fundo de minha alma, só vós o pudestes avaliar!" (p. 103). "A dor da **perda da pátria**, dos entes caros, da liberdade, foi sufocada nessa viagem pelo horror constante de tamanhas atrocidades". (p. 103).

uma metonímia do próprio sistema nacional escravocrata, no sentido de que em suas mãos está *o poder de fazer morrer e deixar viver*[67], o seu fim condensa a esterilidade de um modelo genocida, que existe porque oprime e vice versa.

A narração das memórias de Susana expõe a experiência de desumanização mais central da modernidade ocidental: a transformação de africanos em escravos nas colônias da América. A velha africana nomeia bárbara a racionalidade do cativeiro, invertendo o paradigma eurocêntrico segundo o qual os selvagens eram os *outros*. Através dessa personagem, o romance de Maria Firmina dos Reis traz a inscrição da mulher negra como *demiurga*[68] de um novo mundo: como mãe, Susana molda o caráter de Túlio, que é o parâmetro moral donde emerge um conceito de humanidade no qual Tancredo se reconhece. Detentora de um arquivo de experiência, de conhecimento, e de memória, sua voz em primeira pessoa irrompe o silenciamento inerente e necessário para a manutenção do sistema colonial.

Ao situar o ato de fala de Susana como enunciação criadora de uma realidade ficcional que revela a face violenta e bárbara da nação, coloca-se o romance em diálogo crítico não apenas com o seu contexto de produção, mas com a literatura brasileira enquanto sistema e com o nosso próprio momento contemporâneo.

---

[67] *Necropolítica*, conforme pensou Achille Mbembe.
[68] A palavra "não existe" em português, no sentido de não estar dicionarizada, mas existe, porque seu sentido é palpável.

3|RUTH GUIMARÃES

> A vida da gente é mistério...
> A estrada do tempo é segredo...
> O sonho perdido é espelho...
> O alento de tudo é canção...
> O fio do enredo é mentira...
> A história do mundo é brinquedo...
> O verso do samba é conselho...
> E tudo o que eu disse é ilusão...
> – Paulinho da Viola, "Alento" –

"Não sei porquê", disse Ruth Guimarães, *Água funda* não se chamou *Água corrente*"[69]. Duas imagens líquidas diferentes: uma sinalizando profundezas, entranhas, âmagos. Outra, pertencente à semântica das coisas fluídas, que se movimentam. Dentro desses dois campos de significados, a escolha pelas funduras, como veremos, corresponde integralmente ao conteúdo narrativo do romance – que reflete na ficção as mudanças circunstanciais a transição da sociedade escrava para a livre, deixando transparecer, de forma contínua, os resíduos da colonialidade no rastro do tempo, do espaço e dos sujeitos.

Como água correndo entre pedras, Ruth Guimarães abriu caminhos no seu tempo, criou trilhas onde pouca estrada existia. Foi (senão a) uma das primeiras escritoras negras a ocupar espaço nacional no cenário da literatura brasileira, isto é, a tornar-se visível no mundo público de circulação de discursos enquanto autora de literatura.

Maria Firmina morreu três anos antes (1917) do nascimento de Ruth (1920). Duas gerações de mulheres negras. Duas romancistas. Dois ro-

---
[69] Esta afirmação da autora está publicada nas correspondências que enviou a Mário de Andrade. V. LUCAS, F. (1993).

mances. Maria Firmina dos Reis – autora do primeiro romance abolicionista brasileiro (*Úrsula*, 1859); Ruth Guimarães – a primeira romancista negra publicada depois da abolição da escravidão (*Água funda*, 1946). Assim como Maria Firmina dos Reis, Ruth Guimarães foi agraciada com uma vida longa, nasceu em Cachoeira Paulista, no Vale do Paraíba, em 13 de junho de 1920, morreu na mesma cidade, em 2014, aos 93 anos. Lançou seu (único) romance aos 26, e passou a vida dedicada ao conhecimento e à palavra escrita, tendo publicado mais de quarenta obras, entre poesia, ficção, não ficção e tradução.

Diferente de Maria Firmina dos Reis, Ruth Guimarães, embora deixada à margem do cânone, esteve sempre *ao redor* do centro.

Como água corrente, perfurando estreitos caminhos de pedra, Ruth Guimarães pavimentou uma trajetória intelectual vitoriosa, enfrentando a ordem social racista e machista na medida em que alcançou lugares historicamente negados às mulheres negras, especificamente no mundo da escrita[70] – e, nesse lugar, ela se estabeleceu.

Partiu de Cachoeira Paulista, no interior, e chegou à capital São Paulo aos 18 anos, já escritora, com obras prontas e outras em andamento. Nessa cidade trabalhou para sustentar a si e a seus irmãos menores, de quem tornou-se tutora legal depois da morte dos pais. Trabalhava muito, e nos intervalos, escrevia. Mas a escrita não ocupava o espaço de um intervalo em sua vida: constituía o núcleo central. Prova disso é que ela

---

[70] Em entrevista a autora registrou, sutilmente, um episódio que destaca o estranhamento que uma jovem mulher negra escritora causara no contexto da primeira metade do século XX: "Eu não decidi escrever um livro não, o livro se escreveu sozinho. Porque eu escrevi uma coisa e outra, e quando eu fui para São Paulo, fui procurar os artistas. Veja só que atrevimento! Eu tinha dezessete anos, fui pra São Paulo, fui trabalhar, e gostava de escrever, e fiz uma visita a Abner Mourão do CORREIO PAULISTANO, defunto CORREIO PAULISTANO. O Abner Mourão leu o que eu escrevi, com aquele jeitão dele, botou os dois cotovelos em cima da mesa, da cátedra dele, de trabalho, e falou pra mim assim: "**Foi a senhora mesmo que escreveu isso aqui?" Então aquele "mesmo" me esporiou, né?** Claro que fui eu que escrevi, e considerei como um grande elogio: "foi a senhora mesmo que escreveu isto?" E publicou, e publicou." (GUIMARÃES, 2008, s/p, grifo meu). Entrevista disponível em: http://www.jornalolince.com.br/2008/set/entrevista/ent_ruth.php. Acesso: 20/11/2018.

rapidamente buscou interlocução para seus textos e foi, literalmente, procurar caminhos de vazão para seus escritos e para o fortalecimento de sua formação.

Recém chegada à cidade de São Paulo, Ruth escreveu e enviou uma missiva a Mário de Andrade, em 1940, reportando-lhe a pesquisa que estava produzindo acerca do demônio e suas manifestações nas tradições orais mineira e paulista. O modernista encaminhou a jovem escritora à "Roda da Baruel" – um núcleo informal que agregou membros da intelectualidade paulistana entre os anos 1935 a 1945, e que adotava esse nome em referência ao local em que se reuniam: regularmente, na Drogaria Baruel, posse do escritor e farmacêutico Amadeu de Queiroz, localizada no centro da cidade de São Paulo, entre a rua Direita e a Praça da Sé. Mário indicou à jovem escritora que procurasse especialmente por Amadeu de Queiroz, o mais velho entre os membros do Grupo da Baruel, que certamente se interessaria pelo tema dos seus manuscritos. Ruth aceitou a recomendação e tornou-se frequentadora da Roda. Por meio desse grupo, deu-se a sua estreia no mundo citadino de circulação de textos, com um primeiro poema publicado no jornal (O Roteiro, jornal do grupo Baruel). A reação da autora a esse acontecimento revela a sua condição de isolamento no contexto, mas, principalmente, informa seu entendimento do alcance e potência da *escrita como poder*, algo que atravessa as grafias afro-atlânticas:

> A história da poesia publicada no "O Roteiro", a primeira publicada aqui em São Paulo agora nos faz rir, de tão boba, mas quase me fez chorar. Primeiro de alegria. Depois... Foi assim: o Edgard [Cavalheiro] telefonou avisando que havia aparecido um jornal, e foi até lá, no Largo do Arouche, levar um para mim. Fiquei contentíssima. Passei o dia todo desejando ir para casa. Levei o jornal dobradinho, mas quando passei pela Praça da República, lembrei, de repente, que não havia ninguém a quem eu gostasse de mostrar o jornal, e me senti isolada, louca por ter feito tanta bobagem, e não sabia nem o que fazer. **Tinha**

alcançado, de um certo modo, o que queria e sabia que seria como eu quisesse, até que quisesse, mas não sabia o que fazer com o que eu tinha nas mãos (GUIMARÃES, [1946] 2014, p. 11, grifos meus).

Uma mulher negra que se firmou no centro – literário e citadino da intelectualidade paulista, constituída majoritariamente por homens brancos da elite[71]. Embora longo, transcrevo abaixo o registro de Ama-

---

[71] Para se ter ideia da composição do "Grupo Baruel", retomo a síntese feita por Mário da Silva Brito, um de seus membros. Segundo ele: "Pela Drogaria, passavam – uns com regularidade diária, outros de quando em quando, – o Edgar Cavalheiro, sempre com pressa porque dava expediente no Banco do Estado, mas em plena euforia de estar biografando Fagundes Varela; o romancista Antonio Constantino, barulhento e escandaloso; o jornalista Fernando Góes, serelepe da inteligência, um dialético temível e autor de lindos contos jamais escritos; Jamil Almansur Haddad, de olho nos prêmios da Academia Brasileira de Letras; Leão Machado, recém-vindo do interior com trabalhos especializados sobre a organização burocrática da administração paulista e vários romances na gaveta; o estreante Maurício de Moraes, feliz com a publicação de *Quando as estrelas descerem*; o didata Hildebrando de Lima, preparando verbetes para o *Pequeno Dicionário Brasileiro de Língua Portuguesa* que, com Joaquim Maciel filho e Rossine Camargo Guarnieri, discorria sobre o marxismo e tudo analisava sobre o ângulo do materialismo histórico; o repórter Maurício Loureiro Gama, que anunciavam o romance *Vida, paixão e morte do funcionário público*; o escritor Mário Donato, que fazia versos, jornalismo e textos de propaganda na Eclética ao lado de Orígenes Lessa, pouco assíduo este às tertúlias; João de Araújo Nabuco, que prometia uma biografia de Líbero Badaró; o misterioso Mauro de Alencar, sobraçando estranhas revistas; o caladão Edmundo Rossi, que escrevia um romance à Chesterton, afora uns poemas tristíssimos e revoltados; **a romancista Ruth Guimarães**, às voltas com um estudo folclórico sobre o Diabo; Oswald de Andrade, que queria fundar a *Academia Baruel* e fazer dela uma espécie de Goncourt bandeirante que ofuscasse a Academia Paulista de Letras; e mais Paulo César da Silva, Nelson Palma Travassos, James amado, Nelson Werneck Sodré, Sérgio Milliet e Mário de Andrade, que aparecia raramente, mas mandava cartas ao velho Amadeu. Comparcciam também, entre tanta gente que frequentava a farmácia, cada grupo com seu inflexível horário, algumas veneráveis figuras que os jovens irreverentemente alcunhavam os "canastrões do Instituto Histórico [e Geográfico Brasileiro]". (BRITO, 1970, pp. 82-84, grifos meus).

deu de Queiroz, cujas palavras auxiliam nosso conhecimento da entrada da autora no universo das letras e da recepção positiva da obra:

> Vem a propósito contar-se o caso da estreia de Ruth Guimarães, que não se deu como foi relatado pela imprensa e como corre nos meios literários. Encontrei-me num concerto com Mário de Andrade e, de passagem, ele me disse sem mais comentários: "– Mandei-lhe uma escritora novíssima – tenha paciência com ela". Alguns dias depois fui procurado pela novíssima, moça de óculos, retraída, falando pouco: o indispensável para expor o que pretendia – era Ruth Guimarães Botelho – como se apresentou. Até aquele momento não a conhecia nem de vista, nem de nome, não sabia da sua existência. Contou-me ela que havia procurado Mário de Andrade para lhe pedir a opinião sobre seu trabalho folclórico e que ele lhe havia dito que andava muito atarefado na ocasião, mas me procurasse, que eu, em matéria de folclore, era tanto como ele (pois sim!). Não conversamos mais porque a moça era de pouca prosa, e recebendo os originais, marcamos prazo para outro encontro. O trabalho que escreveu era de quem começa, tinha apreciável merecimento mas não me agradou muito – por motivos que agora não vem ao caso – e isso ela percebeu quando nos encontramos mais tarde e lhe dei a minha opinião; não só percebeu como entristeceu também um pouco. Então eu perguntei, por simples curiosidade, se não tinha algum outro trabalho escrito, e ela me respondeu com firmeza e simplicidade: "– Tenho um romance". Ora, eu que sempre fui curioso dessas coisas e gosto de procurar o que os outros evitam achar, pedi os originais para ler, no dia seguinte, ela voltou com eles. Com a minha habitual disposição encetei à leitura e, ao chegar a página quatro voltei atrás para reler com toda

atenção, e assim fui indo – avançando e retrocedendo – até o fim do romance, alcançado em poucas horas. **Não encontrei nele o que censurar, suprimir, acrescentar – a escritora havia escrito um romance, e dizendo isto tenho dito tudo.** Só não gostei do título: chamava-se "Mãe d'água", ou "Mãe do ouro", não me lembro bem. Cheio de entusiasmo por ter dado com o verdadeiro talento, procurei o Edgar Cavalheiro, crítico de longa prática, conciso e desabotoado, ao mesmo tempo representante da livraria' do Globo, de Porto Alegre. Contei-lhe o caso da moça e do romance, disparei-lhe em cheio o meu entusiasmo. Ele também me disparou um olhar de espanto porque, com tanto ardor assim da minha parte era de se espantar! Guardou os originais que lhe confiei, depois leu o romance e, a seu pedido, outras pessoas leram, inclusive o Jorge Amado, que andava por aqui e que foi até o meio [...] e todos, por fim, sem discrepância gostaram do livro. A escritora foi chamada, recebeu os merecidos comprimentos de vários escritores, assinou um contrato com a Globo e o romance foi publicado com o título de Água funda. O resto é sabido. Não descobri nem emendei, não corrigi nem apadrinhei a escritora Ruth Guimarães, encontrei-a moça de vinte anos e já romancista. (QUEIROZ, In: D'ONOFRIO, pp. 38-39, colchetes do original, grifos meus).

O romance foi publicado pela livraria O Globo de Porto Alegre, e tornou-se um grande sucesso de crítica[72]. Em 18 de setembro de 1946, An-

---

[72] Wilson Martins destacou, em sua "História da Inteligência Brasileira", como o ano imediatamente após o fim da Segunda Guerra Mundial registrou um movimento de retomada do regional na literatura, destacando alguns lançamentos daquele ano, entre eles, *Água funda*: "Sagarana não estava sozinho, em 1946, na sugestão de uma literatura ao mesmo tempo regionalista e, por isso "primitiva", e literária, isto é, estilística: sendo tênues e movediças as fronteiras entre o regional, o nacional e o folclórico, podemos colocar na mesma estante as Aventuras de Malasarte, traduzidas e adaptadas por Jorge

tônio Candido publicou uma resenha[73] do romance no DIÁRIO DE SÃO PAULO, no dia 22, o JORNAL DE SÃO PAULO estampou em página inteira a mesma resenha na edição de domingo: "De menina espeloteada e petulante à romancista benquista pelo público e elogiada pela crítica – Ruth Guimarães, a revelação literária de 1946". Menina *espeloteada* e *petulante*, assim parecera ao crítico a jovem mulher negra que ousara adentrar o círculo fechado da escrita (publicada): adjetivos que dizem mais respeito ao próprio campo literário homogêneo e hegemônico. Quando visitamos o legado dessa grande autora ressaltam características de altivez, autoconfiança, ousadia, além de um projeto literário definido. Alguém que sabia o que queria e teve coragem para seguir suas escolhas, rompendo qualquer limite pré-estabelecido que lhe quisessem impor por ser mulher, negra, caipira – como ela dizia. Ruth Guimarães deu passos seguros e firmes rumo a sua realização como autora e realizou seu projeto de vida: escrever sempre e morrer velha[74].

Como água abrindo caminho, Ruth Guimarães foi provavelmente uma das primeiras pessoas negras formadas na área de Humanas da USP, fundada na década anterior, tendo ingressado no curso de Letras em 1947 habilitando-se em Letras Clássicas. Na USP também fez cursos de Folclore e Estética, e conviveu com intelectualidades emergentes e estabelecidas.

Contudo, não obstante a boa acolhida inicial, logo depois que surgiu *Água funda* ficou submerso em águas paradas. Como ocorreu com Maria Firmina dos Reis, sua antecessora, e ocorrerá sistematicamente com ou-

---

de Lima e Mateus de Lima, que saía em segunda edição, e as Lendas dos Índios, de Herbert Baldus; a terceira edição de O Missionário, de Inglês de Souza e Os Melhores Contos de Afonso Schmidt; Favela, de Elói Pontes e Água funda, de Ruth Guimarães".
[73] A resenha foi publicada no Dossiê Ruth Guimarães, disponível em: http://publicacoes.fatea.br/index.php/angulo/article/view/1230/1032. Acesso em: 22.03.2018. Alguns trechos foram publicados no apêndice da 3ª edição do romance.
[74] "Espero escrever sempre e morrer de velha. Quando tiver dinheiro quero uma casa bem grande, com um jardim na frente e um quintal que dê para plantar pelo menos três dúzias de pessegueiros. Gosto de viagens, e espero algum dia viajar bastante. As minhas paixões são os livros, música, vasos de porcelana e sapatos. Também gosto do sol como lagarto velho". GUIMARÃES, [1946] 2014, p. 11).

tras autoras do *corpus*. O soterramento da obra pode ser verificado observando sua circulação restrita através do tempo e a incipiente fortuna crítica dedicada à autora. Para verificar tal apagamento, basta observar que na 3ª edição de *Água funda* (Ed. 34, 2018) há um apêndice com um apanhado atualizado da fortuna crítica, totalizando o singelo montante de 27 títulos. Destes, 21 são notas de divulgação publicadas em jornais de 1946 a 1947, principalmente na imprensa carioca, e com menor força na paulista[75]. Isso indica que o livro da escritora estreante foi inicialmente muito

[75] As reportagens são: "Ruth Guimarães, *Água funda*" *O Jornal*, Rio de Janeiro, 5/5/1946(excerto do romance em primeira mão); SENNA, Homero. "Notícia de uma romancista", *O Jornal*, Rio de Janeiro, 26/5/1946 (com reprodução de trechos do texto de Justino Martins publicado na *Revista do Globo*); BENEDETTI, Lúcia. "Gente conhecida em *Água funda*", *Revista da Semana*, Rio de Janeiro, 27/7/1946 (matéria com retrato de Ruth Guimarães); "A escritora Ruth Guimarães cujo livro de estreia *Água funda* está empolgando todos os leitores ao mesmo tempo que vem batendo um autêntico *record* de vendas", *Diário Carioca*, Rio de Janeiro, 11/8/1946 (anúncio da Livraria do Globo com comentário de Érico Veríssimo); LIMA, Raul. "Movimento Literário — *Água funda*", *Diário de Notícias*, Rio de Janeiro, 18/8/1946 (nota); CONDÉ, José. "Vida Literária — *Água funda*", *Correio da Manhã*, Rio de Janeiro, 18/8/1946 (nota reproduzindo palavras de Ruth Guimarães); BRITO, Monte, "Romance invertebrado", *O Jornal*, Rio de Janeiro, 1/9/1946; CONDÉ, José. "Vida Literária — Duas estreias", *Correio da Manhã*, Rio de Janeiro, 1/9/1946 (nota reproduzindo palavras de Lúcia Miguel-Pereira); SENNA, Homero. Água funda, *O Jornal*, Rio de Janeiro, 8/9/1946; BROCA, Brito. "Livros em Revista — Ruth Guimarães, *Água funda*", *Letras e Artes* (Suplemento de *A Manhã*), Rio de Janeiro, 8/9/1946; "Ruth Guimarães — A revelação literária de 1946 — De menina espeloteada e petulante a romancista benquista pelo público e elogiada pela crítica", *Jornal de São Paulo*, São Paulo, 22/9/1946 (inclui entrevista com Ruth Guimarães); SILVEIRA, Alcântara. "Livros em Revista — Ruth Guimarães, *Água funda*", *Letras e Artes* (Suplemento de *A Manhã*), Rio de Janeiro, 6/10/1946; CANDIDO, Antônio. "Notas de Crítica Literária — *Água funda*", *Diário de S. Paulo*, São Paulo, 14/11/1946; MACHADO FILHO, Aires da Mata. "O mistério dos acontecimentos", *Diário de Notícias*, Rio de Janeiro, 17/11/1946; LIMA, Paulo Oliveira. "O Livro da Semana — *Água funda*, de Ruth Guimarães", *Vamos Ler!*, Rio de Janeiro, 28/11/1946 (inclui excerto do romance); NABUCO, Araújo. "Duas estreias", *Jornal de Notícias*, São Paulo, 8/12/1946; LINS, Álvaro. "Jornal de Crítica — Romances, Novelas e Contos (IV) — Ruth Guimarães, *Água funda*", *Correio da Manhã*, Rio de Janeiro, 3/1/1947; VAINER, Nelson. "Uma escritora negra que triunfa", *Revista da Semana*, Rio de Janeiro, 25/1/1947 (reportagem especial e entrevista com Ruth Gui-

bem recebido, ou bem divulgado. No entanto, depois desse momento primeiro, a obra cai em um esquecimento profundo. Depois da década de 1940, um novo registro crítico sobre Ruth Guimarães só irá aparecer em 2003, com a publicação do fundamental *Dicionário de Escritoras Brasileiras*, de Nelly Novaes Coelho, que traz um verbete a ela dedicado. Até o momento de redação deste capítulo, consultas nos principais bancos de teses nacionais informam apenas três trabalhos sobre Ruth Guimarães[76] sendo minha tese um deles. Finalizando o cotejo do apagamento da obra, resta destacar que, depois de lançado nos anos 1940, o livro só foi posto novamente em circulação em 2003, quando surge a segunda edição (Nova Fronteira), prefaciada por Antônio Candido. Em 2018, o romance ganhou sua 3ª edição (Ed. 34), com capa de Tarsila do Amaral, sinalizando o contexto modernista em que o romance foi produzido.

3.1 | O Negro no 'Desvio Rotativo' da Modernidade

"Uma sugestão de Blaise Cendrars: – Tendes as locomotivas cheias, ides partir.
Um negro gira a manivela do desvio rotativo em que estais.
O menor descuido vos fará partir na direção oposta ao vosso destino."
– Oswald de Andrade, "Manifesto Pau-Brasil" –

Apesar do espaço de quase um século de distância separando as obras *Água funda* e *Úrsula*, em suas diferenças, ambas articulam significados próximos. Os dois romances representam perspectivas críticas em relação aos seus respectivos presentes. O primeiro, no contexto do Roman-

---

marães, ilustrada com fotos); SEIDL, Roberto. "Estante de Livros — Ruth Guimarães, *"Água funda*, *Careta*, Rio de Janeiro, 25/1/1947; BARROS, Luiz Alípio de. "Crônica de Livros — Novidades", *A Cigarra*, Rio de Janeiro, jul. 1947 (frase); "As duas águas", *A Cigarra*, Rio de Janeiro, ago. 1947 (nota reproduzindo palavras de José Geraldo Vieira).

[76] O primeiro é uma dissertação de mestrado que aborda o mito da Mãe de Ouro na cultura gaúcha, analisando a versão de Ruth para a lenda; a segunda é dedicada ao romance: OLIVEIRA, Ana Paula Cianni Marques de. "Um mergulho em *Água funda* e suas distintas vertentes". Dissertação de Mestrado em Processos e Manifestações Culturais, Universidade Feevale, Novo Hamburgo, 2011.

tismo e o segundo, na esteira do Modernismo.

Na primeira metade do século XX, marcada pelo centenário da Independência e pelo Modernismo, a intelectualidade brasileira tornava a perguntar sobre a identidade da nação e do sujeito nacional mediada pelo perímetro da Europa. Observe-se, por exemplo, Tarsila do Amaral, cuja tela "Palmeiras" [1925] foi tomada de ilustração para a capa da 3ª edição de *Água funda* (2018). Refletindo em carta escrita de Paris sobre sua construção de artista localmente situada negociando com o nacional diante das solicitações europeias por identidade, diz a pintora modernista:

> Sinto-me cada vez mais brasileira: quero ser a pintora de minha terra. Como agradeço por ter passado na fazenda a minha infância toda. As reminiscências desse tempo vão se tornando preciosas para mim. Quero, na arte, ser a caipirinha de São Bernardo, brincando com bonecas de mato, como no último quadro que estou pintando. Não pensem que essa tendência é mal vista aqui. Pelo contrário. O que se quer aqui é que cada um traga contribuição do seu próprio país. Assim se explicam os sucessos dos bailados russos, das gravuras japonesas e da música negra. Paris está farta de arte parisiense. (In: AMARAL, 2003, p. 78.)

Contemporânea de Tarsila, Ruth Guimarães também passou a infância em uma fazenda do interior do estado de São Paulo, e dessa experiência ela partiu para construir seu universo ficcional e de pesquisa. Em carta que escreveu ao Mário de Andrade, diz:

> Acabei tirando da gaveta os originais de um romance, em que, ah! você ia se admirar, tenho a certeza, eu escrevia do jeitinho que você recomendava: fácil, sincera, descuidada, prosa brasileira sem nada dentro, mas com aquela filosofia que somente se encontra na linguagem do povo. E tudo isso não por mérito meu, mas porque, modéstia à parte, eu sou caipira mesmo, e era, então, uma caipirinha sem nenhum polimento.

Comparando os trechos das epístolas, vê-se que o lócus de enunciação e a linguagem que Ruth Guimarães inscreve na ficção corresponde ao conteúdo nacional vivo que a pintora modernista buscava como formalização estética e representação artística. Tarsila do Amaral recorria também às suas memórias da infância na fazenda para estetizá-las em sua arte moderna:

> Um dos meus quadros que fez muito sucesso quando eu o expus lá na Europa se chama A negra. Porque eu tenho reminiscências de ter conhecido uma daquelas antigas escravas, quando eu era menina de cinco ou seis anos, sabe? Escravas que moravam lá na nossa fazenda, e ela tinha os lábios caídos e os seios enormes, porque, me contaram depois, naquele tempo as negras amarravam pedras nos seios para ficarem compridos e elas jogarem para trás e amamentarem a criança presa nas costas[77].

As reminiscências do passado escravo da perspectiva da classe senhorial acendem na tela da artista, que toma por objeto da representação nacional (sua memória) da condição a qual a mulher escrava era submetida, eternizando, dessa forma, a imagem da opressão colonial em um produto estético que representava a vanguarda da arte brasileira no mundo.

Memórias coloniais subjazendo a expressão moderna demarcam também a ficção. Silviano Santiago destaca que a ficção modernista brasileira é marcada pelo retorno ao passado, por meio da escrita da memória. No ensaio "Vale quanto pesa" (1982), o crítico mostra que o projeto modernista brasileiro articulava entre suas principais linhas de força um cariz "proustiano", perceptível no discurso memorialista dos romancistas. Membros das classes dominantes, esses escritores enunciam em suas memórias de infância "o apego aos valores tradicionais do [seu] clã familiar [...], os seus valores econômicos e culturais" (SANTIAGO, 1982,

---

[77] Entrevista realizada por Leo Gilson Ribeiro para a Revista VEJA e publicada em 23.02.1972. Disponível no Acervo Digital da Veja.

p. 31). De acordo com o crítico, esse apego aos valores aristocráticos do passado revelam o compromisso do escritor com a sua classe de origem.

> Nos nossos melhores romances do Modernismo, o texto de lembrança alimenta o texto de ficção, a memória afetiva da infância e da adolescência sustenta o fingimento literário, indicando a importância que a narrativa da vida do escritor, de seus familiares e concidadãos, tem no processo de compreensão das transformações sofridas pela classe dominante no Brasil, na passagem do Segundo Reinado para a República, e da primeira para a Segunda República (SANTIAGO, 1982, p. 7).

Nessa ótica, Sérgio Miceli mostra como os romancistas de 30 eram, em sua maior parte, oriundos de famílias decadentes, falidas com a derrocada da aristocracia rural (MICELI, 1979). Roberto Reis completa, afirmando que "em 30 prepondera o memorialismo (e a temática da decadência, que perdurará). Quantitativamente, em confronto com o [século XIX], quando a classe senhorial, grosso modo, usufruía de seu poder, há mais memorialismo no século XX" (p. 56). Reis acredita que "isso se deva ao fato de que, agora, é muito mais patente o declínio da aristocracia agrária. Porque a lembrança não pode ser contemporânea daquilo que se lembra" (p. 56). A tese de Silviano Santiago, "de que existe um substrato acentuadamente memorialista em toda ficção brasileira modernista", serviu, para Roberto Reis, "para atestar como a temática da decadência avassala nossa prosa na primeira metade do século XX" (p. 102).

Por fim, tendo este panorama como referência e pensando que *Água funda* articula em seu conteúdo narrativo memórias que tencionam o passado colonial relacionando-o com presente da modernização, remonto ainda a outro ensaio de Silviano Santiago: *Oswald de Andrade ou o elogio da tolerância racial* (1992), no qual o crítico analisa a obra *Pau-Brasil* (1924) do poeta modernista:

A descoberta do Brasil em 1924, não há dúvida, marca o compromisso do poeta com a atualidade e o progresso ocidental nos seus aspectos mais pragmáticos. Marca o desejo de fazer o país atrasado e periférico entrar para o concerto das nações modernas e desenvolvidas. Na caravela do país quatrocentão, o poeta deixa que sua bússola vá indicando os valores positivos da atualidade desenvolvida. De maneira esquemática eis a forma como o Modernismo brasileiro se insere no amplo movimento da Modernidade ocidental. (SANTIAGO, 1992, p. 168).

E continua,

Paradoxalmente, ao reafirmar o ritmo histórico, da nacionalidade, descompromissado da cronologia e dos princípios históricos normativos, o que Pau-Brasil faz é acentuar uma segunda e outra forma de colonização, desta vez não por imposição do estrangeiro (os portugueses, no caso), mas por livre autocrítica e espontâneo desejo dos antigos colonos. A constituição de uma nação chamada Brasil, produto da inserção de terras e povos "bárbaros" no movimento de ocidentalização do mundo, foi equivocada e injustamente feita a ferro e fogo a partir de 1500, ou seja, feita pela violência da conquista. A inserção do Brasil no Ocidente deve vir antes da vontade livre dos cidadãos, inspirados por uma razão não só universalizante mas também reveladora do atraso do país e da possibilidade de progresso material e espiritual. Para Oswald de Andrade, essa reinserção, antes de ser política ou econômica, deve ser cultural. (...) Com Pau-Brasil a nação entrava para uma nova fase, a da "colonização do futuro", para retomar a expressão de Octavio Paz. (SANTIAGO, 1992, p. 169).

Finalmente, ele chega ao ponto que quero destacar:

> É claro que é preciso distinguir com cuidado, na objetivação das culturas indígenas e africanas, o que é referência positiva aos valores do passado colonial e por isso manifestação travestida do tradicionalismo colonial e escravocrata, do que é referência ao outro da razão ocidental e por isso mesmo lugar por excelência para se exercer uma crítica radical aos desmandos totalitários e totalizantes dela. Blaise Cendrars, conforme diz o "Manifesto da Poesia Pau-Brasil", foi o primeiro a chamar atenção de Oswald para a dupla questão: "Tendes as locomotivas cheias, ides partir. Um negro gira a manivela do desvio rotativo em que estais. O menor descuido vos fará partir na direção oposta ao vosso destino". A imagem é contundente: intrépidos maquinistas, **cuidado com o negro no desvio rotativo. Na viagem da modernização brasileira segundo os padrões da Modernidade ocidental não há como não passar por ele. Seja para retroceder, seja para ir adiante.** (SANTIAGO, 1987, p. 170, itálicos do original, grifos meus).

Seja para pensar o passado, seja para projetar futuros, "cuidado com o negro no desvio rotativo". Afinal, pensar modernidade em uma nação nascida colonial implica em articular a "raça" à cognição do poder, da razão e da história. Impossível pensar modernidade sem pensar escravidão, deslocamentos forçados de populações e os racismos.

Água funda, como dito acima, também é composto pela narrativa da memória – mas, enquanto os romancistas da primeira metade do século XX buscavam "restaurar a cena senhorial" (REIS, 1987, p. 78), a tessitura rememorada em *Água funda* traz à tona a perspectiva do silenciado – sub-repticiamente mostrando as ruínas vivas dessa cena, seus resíduos impregnados no presente.

O que acontece quando uma escritora negra publica um romance (o primeiro publicado por uma autora negra desde a abolição da escravidão, volto a frisar) na década de 1940, quando o Modernismo já estava estabelecido, e, cujo universo ficcional remonta às memórias coloniais? A crítica tratou logo de minorizar, classificando a obra como folclórica: "Cuidado com o negro no desvio rotativo".

Em suma, o regionalismo foi a chave interpretativa hegemônica solicitada por toda (pouca) crítica que há sobre *Água funda*. A leitura da obra como romance folclórico/regionalista é postulada logo que o romance é lançado. Em 1946, Antônio Candido escreveu uma nota crítica sobre o livro para os DIÁRIOS ASSOCIADOS, comparando-o com *Macunaíma*, de Mário de Andrade, para apontar as diferenças de sentido que os dois romances mobilizariam na manipulação do folclore, resvalando diferenças quanto às categorias de nação e região e de função total/função social da literatura. Diz ele:

> Macunaíma é um livro de explosão do núcleo folclórico que o condiciona, se assim nos pudermos exprimir, nesta era atômica. Cada nótula folclórica é mergulhada numa certa concepção geral do homem brasileiro, trazida para a vida cotidiana e transformada em possibilidade de explicação dos atos de um brasileiro ideal, "sem nenhum caráter". Inversamente, os dados da vida cotidiana – dados informativos, notícias, acontecimentos, fatos históricos, usos, costumes – são folclorizados, são despojados de sua coerência e da sua necessidade lógica por um tratamento poético que os transforma em focos irradiantes de magia e encantamento. Assim, é possível Macunaíma desfilar em carreirões loucos pelo Brasil a fora, num roteiro caprichoso que obedece, poética e não logicamente, à necessidade do poeta enfiar uma série de provérbios, fatos curiosos, lugares de lenda, com que traça uma geografia fantástica do Brasil, cada pedra ganhando um valor qualitativo que não tem na enumeração nor-

mal. Da mesma maneira, o trem de Proust, no "Temps Perdu", faz, entre Paris e Balbec, o trajeto mais louco que é possível imaginar, apenas para que o narrador possa enfileirar nomes sugestivos de cidades. Dessa transfusão da realidade atual no folclore e na lenda, e deles na realidade atual, resulta o significado de "Macunaíma", verdadeira encruzilhada a quem vêm parar tantas linhas de força da nossa realidade cultural e de onde se projetam outras tantas, para o infinito da virtualidade poética. Isto é Macunaíma, um livro aberto e além da realidade. Água funda, pelo contrário, é um livro fechado. O folclore, de que usa a autora principalmente sob a forma de crendices, provérbios e ditos, concorre na qualidade de elemento pitoresco e não como dimensão poética. Ao contrário do que reza a orelha do livro, não vemos nele nenhum "estranho clima"; vemos um clima exótico para a sensibilidade dos leitores da capital e nada mais. Mesmo porque o terreno explorado pela sra. Ruth Guimarães pode ser novo apenas quanto à área e o material nela colhido, não quanto à maneira de aproveitá-lo. Ao contrário do que pode parecer à primeira vista, Água funda é uma narrativa bem ancorada na realidade, com uma poesia chã e sem mistério. E é isso, justamente, que faz o seu encanto. (CANDIDO, [1946], 2014, p. 15, 16).

O folclore/regionalismo que os críticos apontam no texto é comumente contraposto à matéria universal/nacional que então caracterizaria as "grandes obras", conformando uma legibilidade à ficção da escritora como *menor*, específica, e depois, esquecida, ausente das historiografias. Regionalista, folclórica, primitivista, são delimitações que os críticos empenharam em suas leituras de *Água funda*. Antônio Candido (1946; 2003) considerou o romance regionalista. A mesma observação é feita por Maria Lúcia de Barros Mott, quando afirma que "trata-se de um romance regionalista, que lhe deu o título de 'revelação do ano', aonde o narrador vai desfiando seus 'causos', contando histórias, desde o período em que ainda o negro era escravo." (MOTT, 1989). Segundo Eduino José de Macedo Orione, *Água funda* "resiste como um dos romances mais significativos da literatura brasileira dos anos 40. Apesar de ter se tornado uma relíquia reeditada, a obra se tornou uma referência obrigatória para os estudiosos da ficção regionalista latino-americana". (ORIONE, 1996, p. 22). Wilson Martins destacou, em sua "História da Inteligência Brasileira", como o ano imediatamente após o fim da Segunda Guerra Mundial registrou um movimento de retomada do regional na literatura: "Sagarana não estava sozinho, em 1946, na sugestão de uma literatura ao mesmo tempo regionalista e, por isso "primitiva", e literária, isto é, estilística". Já para Sergio Milliet, "Ruth Guimarães é a primeira escritora moderna a romancear o folclore". Por último, David Brookshaw, em "Raça e cor na literatura brasileira", vai dizer que "o romance Água funda (1951) [sic], de Ruth Guimarães, é essencialmente um romance documento-social com tons românticos, tendo por cenário a zona rural de Minas Gerais e mantendo a tradição da ficção regionalista no Brasil", para ele, tome-se nota, a autora "não parece comprometida em defender ou projetar sua raça em seu romance" (Brookshaw, 1983, p. 204). Por fim, cabe destacar o texto de Adélcio de Souza Cruz, escrito para verbete na antologia "Literatura e Afrodescendência no Brasil" (2011), organizada por Eduardo de Assis Duarte, no qual a autoria negra de Ruth Guimarães é brilhantemente pensada como território de fala do romance pela primeira vez (CRUZ, 2011, pp. 501-508).

Não obstante tais classificações, o romance de Ruth Guimarães articula em sua trama a sombra do passado colonial na passagem do tempo, compondo a ficção pelo paradigma da espiral-plantation como marca da nação.

3.2| (Re)Fluxos no Interior da plantation

> *"Quando chove chuva forte, a água fica suja. Fica por pouco tempo.*
> *A água barrenta passa.*

> *O lodo volta ao fundo de onde veio. E, mais dia, menos dia,
> corre água limpa outra vez".*
> – Ruth Guimarães, "Água funda –

No Brasil, assim como em outros lugares do globo, o fim do colonialismo não significou o fim da colonialidade (QUIJANO, 1991). Tendo essa assertiva como horizonte epistemológico, observa-se que *Água funda* é um romance que traz à superfície as memórias da *plantation* num gesto performativo de inscrição histórica da enunciação negra na ficção. *Água funda* ilumina os fluxos no interior da *plantation*, mostrando-a como *continuidade* que atravessa temporalidades.

No texto, a materialidade da *plantation* – e depois a sua memória – é engendrada ao fundo, ao centro e ao redor de uma ideia de Brasil profundo, em sua transparente colonialidade: como ensinando a olhar através das águas, o romance reflete a colonialidade como dimensão constituinte. Assim, o texto de Ruth Guimarães constrói na ficção uma forma de entendermos o perfil colonial da modernidade nacional.

Em diálogo crítico com o momento histórico no qual foi escrito (fins da década de 1930), a ficção de Ruth Guimarães compreende o período que substancializou a transição da escravidão para a pós-abolição, focando as primeiras décadas de economia capitalista baseada no trabalho assalariado. Acompanhando o "progresso" do antigo engenho, a narrativa compõe o espaço real e depois residual da *plantation* articulado como organismo vivo no tempo. Dessa forma, a matéria da ficção de Guimarães é a constituição do sistema durável que ainda *significa* a nação, qual seja, o colonial continuado.

No enredo de *Água funda*, a distância da escravidão cabe na temporalidade da vida de um homem: Seu Pedro Gomes, "vivo e são, de prova" (p. 19) é uma testemunha ocular dos tempos, frequentemente requisitado pelo narrador para referendar sua história.

O engenho é do tempo da escravatura. Seu Pedro Gomes, o morador mais antigo do lugar, ainda se lembra quando o paiol, perto da casa grande, era senzala. Antes disso, era só um rancho de tropa, na baixada, e mato virgem subindo morro. A casa grande pode-se dizer que é de ontem. Tem pouco mais de cem anos e ainda dura outros cem (GUIMARÃES, 2018, p. 18).

A espacialidade diegética da obra de Ruth Guimarães é principalmente circunscrita aos arredores da Fazenda Olhos D'água. Mais que um lugar, Olhos D'água funciona como o *cronotopo* do romance, pois deflagra as relações produtivas de tempo e espaço no universo romanesco. O cronotopo – identificado no romance como âmbito da *plantation* – proporciona unidade à obra literária e insere elementos que traduzem índices de historicidade ao texto.

A narrativa é dividida em duas fases. Na primeira, a fazenda é um núcleo escravista típico, com senzala, engenho, casa grande, escravos, senhores e crueldades. É propriedade da Sinhá Carolina, cujas ações protagonizam essa parte da história. Depois que a Sinhá vende a fazenda para a "Companhia", começa a segunda parte da narrativa, que corresponde ao tempo presente da narração. Agora o espaço onde existia Olhos D'água se tornará uma usina para beneficiamento de cana de açúcar, e o protagonista da narrativa passa a ser Joca, empregado da usina. Assim, Carolina e Joca vivem tempos diferentes no mesmo (outro) espaço.

O duplo engenho/usina representa a própria transição histórica pela qual o Brasil passou no fim do XIX e primeira metade do século XX. Uma transição que modernizou os instrumentos, maquinaria e técnicas de produção, mas que manteve as estruturas simbólicas, políticas e sociais do engenho bem vivas. A usina "moderna" continuou sendo um "moinho de gastar gente", para usar a clássica expressão de Darcy Ribeiro.

Em *Água funda*, o tempo se conjuga principalmente através dos sujeitos, das transformações residuais em suas vidas. Os personagens representam tipos sociais comuns à galeria colonial: a senhora e o senhor de escravos, mucamas, capatazes. O romance é narrado em terceira pessoa, por um narrador onisciente que tudo vê e tudo lembra, e o que não viu, sabe porque concluiu, uma voz com feitio de contador de histórias. Narrador anônimo e conhecedor da realidade que narra, parte integrante da comunidade – conservada em sua memória, e que ganha vida por meio de suas palavras.

Dialógica desde a forma, a narrativa simula uma conversa entre o narrador e um ouvinte elíptico, o "moço". Durante essa conversa, transmite-se a experiência de uma vida (de um tempo, de um lugar). Assim, enquanto o tempo da narração envolve a duração da conversa entre narrador e narratário, o tempo da narrativa abrange a vida das duas personagens principais: sinhá Carolina e Joca, que, a rigor, vivem em tempos diferentes.

A narrativa é a enunciação das memórias do narrador, e, em razão disso, o discurso é todo permeado de fragmentações, interrupções e oscilações temporais seguindo o ritmo fragmentado das histórias orais, erigido através de interrupções intermitentes, repetições, retornos. Em diversas passagens a voz narrativa antecipa, por meio de previsões e *flashbacks*, eventos que se sucedem no tempo.

> Apareceu montado e ficou por baixo da janela do quarto. Aquela. Olhe daqui. A paineira já existia e devia estar florida. As andorinhas que vêm voltando não se sabe de onde para estes beirais encardidos, vinham voltando também. Antes disso, a paineira florescia e as andorinhas iam e vinham todos os anos. Depois disso, a paineira floresce e as andorinhas vão e voltam. Engraçado! As coisas mais bonitas são as mais repetidas e a gente nem percebe. Deus, mal comparando, é como o Zé da Lucinda com a violinha dele. O Zé toca tudo o que aparece. Mas do que ele gosta mesmo é de uma toadinha só, repenicada no machete, uma coisinha à toa, sem mudança, sem floreado (...). Sinhô apareceu e chamou: — Carolina! — Uai! Mecê já está de saída? Ficou um pouco na janela, olhando o céu. O céu, por estas bandas, sempre é limpo. Não tem nem nuvem, nem fumaça de queimada. Tudo sereno que

> é uma beleza. Fora junho, quando as noites são limpas, também, e o céu fica azul-escuro, outubro é o mês mais bonito do ano. Como ia dizendo, Sinhá ficou um pouco na janela e falou: (...). (GUIMARÃES, 2018, p. 23, grifos meus).

A janela do quarto de Sinhá está ali, no agora: "Aquela. Olhe daqui", convida o narrador, realçando a permanência do edifício escravocrata. A paineira *já existia* (passado) e *devia estar* florida. O narrador está conjecturando, presumindo e não afirmando. Mas, ainda que não faça questão de ser exato, crê totalmente no que afirma, porque sua fala trata daquilo que é perene: como outubros que sempre serão belos e paineiras intermitentemente floridas.

Não há marcações precisas do tempo histórico, nenhuma sinalização de ano ou década. Mas, pode-se apreender que a história inicia por volta da segunda metade do século XIX e adentra a primeira metade do século XX[78]. Dessa forma, embora prescinda de sinalizações temporais objetivas, a narrativa vai dando indícios da época dos acontecimentos, de forma que vamos captando o tempo sentindo a distância do passado simultânea à sua presença viva no presente. Com efeito, o tempo, no romance, é espiral. O tempo passado é subjetivo, difuso, se esgueira com o presente da narrativa, parece se manter – qual um "antigamente" que ainda pulsa.

> Antigamente isto aqui não era assim. Quero dizer, era e não era. O engenho está no mesmo lugar e trabalha como antes. As árvores são as mesmas — eucaliptos subindo a ladeira que vai até a casa do administrador. Na refinação é aquele barulho de sempre: maquinaria

---

[78] A certa altura o narrador comenta que "faz bem cinquenta anos que a Companhia ficou com a Fazenda" (GUIMARÃES, 2018, p. 57), evidenciando que entre o tempo em que sinhá Carolina vende Olhos D'Água e o tempo em que Joca trabalha para a Companhia passam-se cerca de cinquenta anos. Assim, sendo a abolição da escravatura datada de 1888 (sinhá Carolina é proprietária de escravos) e, tendo em vista que no tempo da narração a Companhia já era proprietária da fazenda a cinquenta anos, presume-se que os fatos da narrativa iniciam no século XIX e adentram na primeira metade do século XX.

rodando, correame dando chicotadas no ar e engrenagens se entrosando. O mesmo caminho sobe torcido, corcunda de nascença, varando a serra desde os começos, embaixo, na fazenda, volteia o cabeço e vai dar, no outro lado, em terras de Maria da Fé. E os burros descem, como sempre desceram por ele, carregados de cana caiana e cana rosa. Pode ser que sejam os mesmos burros (GUIMARÃES, 2003, p. 16).

Em muitos momentos, o narrador toma partido de situações e assume posturas judicativas em relação a certas ações. Por esse motivo, a fala das personagens é permeada de refrações, pois emergem perpassadas por um intérprete que interpreta. Onisciente mas não imparcial, o narrador é alguém que *fala desde dentro*. E que está contando a história a um ouvinte de fora, através de seu ponto de vista.

Sua parcialidade, todavia, é localizada: a voz narrativa é menos assertiva quando menciona episódios específicos da experiência dos escravizados. Nesses momentos, o narrador nem se coloca na posição de quem sabe o que diz, ou porque viu ou porque concluiu, como faz em quase toda a narrativa; nem transfere a autoridade do dito para o Seu Pedro Gomes, a quem algumas vezes outorga a voz e "Seu Pedro Gomes é quem conta" (p. 43); e nem dá voz para que o escravizado fale por si, em primeira pessoa. Ao contrário, para dar lume à existência dos escravizados, o narrador insere uma terceira voz, difusa e coletiva: a *voz do povo*, que se torna agente do enunciado, verbalizando as "Verdades que supostamente não deveriam ser ditas, ouvidas e que "deveriam" ser mantidas "em silêncio como segredos"[79]; como enunciando-as para um ouvinte que não tem voz, que está lá, no texto, exclusivamente para *escutar* a(s) história(s): "o moço"[80] – presença retórica que simboliza o ato da escuta, sem a qual a fala jamais ganharia o estatuto de romper o silêncio.

---

[79] Verificar: KILOMBA, G. (2010).
[80] Dez anos depois, Guimarães Rosa também utilizará esse recurso para sustentar o longo monólogo de Riobaldo, em *Grande Sertão: Veredas* (1956), mas, diferente do "moço" de *Água funda*, ali o narrador se remete ao ouvinte como "Senhor".

No romance, a palavra "povo" diz respeito a uma instância coletiva de enunciação – ou seja, está ligado a atos de fala/escuta[81]. O povo, na forma como está construído na ficção, é uma boca sem corpo, mas com materialidade, e que guarda um conhecimento. Tendo em vista que quando essa boca fala está *comunicando um texto silenciado*, ela representa a voz da alteridade: presente, visível, e sem anuência do narrador – essa voz fratura a autoridade que ele possui, enquanto demiurgo do mundo que narra. A instância enunciativa do povo ativa, na diegese, uma *voz liminar*: assim entendida a partir do que Walter Mignolo chamou o *pensamento liminar*, enunciação que revela uma "gnosiologia poderosa emergente" (MIGNOLO, 2003, p. 35).

O recurso à voz difusa do povo para narrar a experiência do escravizado pode aparentar um posicionamento do narrador condizente ao lugar que essa experiência historicamente ocupou na construção da memória nacional: o lugar do desautorizado, do vago, do difuso – passível de esquecimento. Mas também pode ser pensada como uma forma para dar vazão a essa experiência realçando que, se a história oficial e os discursos de nação a negligenciaram, o povo sabe (e comenta, espalha) que ela aconteceu. Afinal, como dito já ao final do romance: "Quem é que pode com a língua do povo?" (p. 143).

À voz do povo, que nada silencia, o narrador recorre para trazer à tona a existência de Joana dos Anjos – a única personagem mulher negra escrava que tem uma história no romance. A personagem surge na primeira fase da narrativa, quando o foco é a formação do casal Sinhá Carolina e o Sinhô. O casal compõe o núcleo familiar patriarcal brasileiro clássico durante a escravidão: no centro, o homem branco, ao lado, a mulher branca, à margem, a mulher negra, o homem negro é negligenciado. A união do casal acentua àquilo que Antônio Candido, em Dialética da Malandragem (1970), entendeu como a regra dos matrimônios da família (bran-

---

[81] "Soube por boca do povo" (p. 20); "O povo fala demais" (p. 20); "O povo que está só dando com a língua nos dentes, começou num diz que diz ..." (p. 21); "O povo é quem diz" (p. 67); "O povo daqui, que era muita gente, comentou:" (p. 94); "Quem é que pode com a língua do povo?" (p. 143); "Pode o povo dizer..." (p. 147); "O povo é que fala e eu não acredito que fale certo. Mas não custa tomar cautela" (p. 156); "Este povo é linguarudo, que não tem jeito" (p. 157).

ca) tradicional brasileira[82]. Segunda tal regra, o equilíbrio da ordem dependeria da fixação da mulher negra no lugar da subalternidade, apenas como corpo – sexo-útero reprodutor – objeto do desejo do outro.

A formação da família branca tradicional é elaborada na ficção de Ruth de forma a destacar uma estrutura colonial na qual a mulher negra é a parte mais inferiorizada. O marido, o patriarca, o Sinhô (que não

[82] No ensaio referido, o foco é a análise do romance *Memórias de um Sargento de Milícias* (1854), uma obra que trata, pela primeira vez no Brasil, da dinâmica racial-sexual definindo o papel sustentador das diferentes feminilidades na arquitetura colonial; em outras palavras, do ser mulher branca e o ser mulher não-branca. Nessa obra, uma das primeiras do romantismo brasileiro, Manuel Antônio de Almeida constrói um tipo de gênese de uma categoria de representação estereotipada da mulher negra que ainda hoje persiste em diversos discursos sociais: a mulata. Em seu romance, Almeida relaciona a formação da família patriarcal brasileira com a ascensão da mulata, construída a partir da personagem Vidinha. Caracterizada como bela, sensual, de voz lânguida, alegre, temperamental, a função de Vidinha no enredo é entendida por Antônio Candido como insígnia da desordem e da decadência moral de Leonardo, em contraposição à personagem Luisinha, a moça branca representante do ideal feminino de esposa, fundamental para a sustentação da ordem social *equilibrada:* "Luisinha e Vidinha constituem um par admiravelmente simétrico. A primeira, no plano da ordem, é a mocinha burguesa com quem não há relação viável fora do casamento, pois ela traz consigo herança, parentela, posição e deveres. Vidinha, no plano da desordem, é a mulher que se pode apenas amar, sem casamento nem deveres, porque nada conduz além da sua graça e da sua curiosa família sem obrigação nem sanção, onde todos se arrumam mais ou menos conforme os pendores do instinto e do prazer. É durante a fase dos amores com Vidinha, ou logo após, que Leonardo se mete nas encrencas mais sérias e pitorescas, como que libertado dos projetos respeitáveis que o padrinho e a madrinha tinham traçado para a sua vida. Ora, quando o "destino" o reaproxima de Luisinha, providencialmente viúva, e ele retoma o namoro que levará direto ao casamento, notamos que a tonalidade do relato não fica mais aprovativa e, pelo contrário, que as sequências de Vidinha têm um encanto mais cálido. Como Leonardo, o narrador parece aproximar-se do casamento com a devida circunspecção, mas sem entusiasmo. (...) Dada a estrutura daquela sociedade, se Luisinha pode vir a ser uma esposa fiel e caseira, o mais provável é que Leonardo siga a norma dos maridos e, descendo alegremente do hemisfério da ordem, refaça a descida pelos círculos da desordem, onde o espera aquela Vidinha ou outra equivalente, para juntos formarem um casal suplementar, que se desfará em favor de novos arranjos, segundo os costumes da família brasileira tradicional". (CANDIDO, 1970, p. 11).

possui nome próprio porque não se trata de uma individualidade específica, mas de um lugar de poder) escapa – mas esse escape já é parte do *normal* – e encontra, na fronteira da "desordem", a mulher negra – com a qual faz sexo e gera filhos dos quais não será pai, enquanto mantém o compromisso social com a mulher branca, garantindo tanto a formação de sua prole legítima quanto o acréscimo da sua *propriedade* – os filhos da escrava.

> Os dois pombinhos, assim que vieram morar nesta casa, se davam como Deus com os anjos. Depois o Sinhô começou a se atirar em tudo quanto era farra, junto com Seu Pereira. Se é verdade que a porca de sete leitões aparece perto do angico, para marido tresnoitador, Sinhô foi um que se encontrou com ela muitas vezes. Mulher, para ele, qualquer uma servia. Andava atrás de quanta saia aparecia por aí. E até disseram que a mucama, que veio com Sinhá, tinha tido um filho dele. Deus que não me castigue, se não é verdade, que eu não vi. Soube por boca do povo (Guimarães, 2018, p. 19, 20. Grifos meus).

Como destaco na citação acima, o filho da mucama com o Sinhô eclode com o *status* de uma verdade sugerida, captada na fresta. Uma verdade que o narrador não assume por sua conta e risco, como faz em muitos momentos do texto. Ao contrário, precisa recorrer à "boca do povo" como fonte de uma verdade lacunar. Por outro lado, a situação ultrajante para a Sinhá é suportada graças ao seu lugar social de prestígio no jogo de forças sociais – sendo uma mulher branca, casada, ainda que sofrendo, ela resiste pela autoestima: Sinhá "tinha se casado contra a vontade dos pais e aguentava tudo sem se queixar. Nunca disse: 'Esta boca é minha.' Nunca" (p. 21). "A soberba ajudou Sinhá a sofrer calada" (p. 20).

Através dessas nuances na representação da intersecção de gênero e raça, o romance salienta que, na sociedade colonial, entre o homem branco e a mulher negra a sexualidade é o âmago – e o fruto (filho) do intercurso sexual entre eles, apenas um substrato. Já entre o homem branco e a mulher branca, a procriação dos filhos herdeiros é fundamental, por isso é a maternidade que demarca a inflexão no caráter do sinhô no desempenho do seu papel de patriarca: depois que a sinhá quase morre no parto de sua filha, Gertrudes, "fosse remorso, ou fosse promessa, ou fosse que já estava enjoado de bater cabeça, mudou da água pro vinho. Bom ele sempre foi. Era um pouco voado, só. Muitos criam juízo cedo. Ele demorou mais e a culpa não era dele. Estava na massa do sangue" (p. 21).

"Estava na massa do sangue", é um enunciado que remete às categorias explicativas (e normativas) naturalizadas como absolutas. A passagem sugere um narrador compassivo com o poder. Mas essa cumplicidade, se assim for, tem um papel na economia da ficção: ao tomar o sangue como explicação para a libidinosidade do senhor perante as mulheres escravizadas, a narrativa situa e acentua a matriz corporal/racial que configurava o domínio do patriarca, isto é, do homem branco. A ficção, assim, sub-repticiamente expressa que a ordem colonial naturaliza o lugar de poder da masculinidade branca, diante de mulheres negras, cujos corpos eram subalternizados e violentados, e diante da mulher branca, com quem substancializava relações normatizadas.

Mas o Sinhô muda, e, considerando que ele constitui o centro do poder, poderia deflagrar mudanças encadeadas. Porém, isso não acontece: "As coisas mudaram, mais tarde, quando já não adiantava nada mudar. Dava na mesma, se continuassem como antes" (p. 21). Num dia qualquer, o Sinhô morre abruptamente, depois de cair de um cavalo. Nesse momento, o narrador solicita "a voz do povo" para conjecturar acerca da vingança mágica de uma mulher escravizada: "Aí pegaram a falar que foi mandinga" (p. 24). Nesse instante, ponto alto da narrativa, quando se está narrando a morte súbita do senhor, o perfil de Joana, que fora apartada de seu companheiro, escravizado em outra fazenda, por pura desumanidade da senhora, adquire outros atributos: diante da morte do marido da Sinhá, a "boca do povo" toma a escrava Joana como responsável, dando a ela o protagonismo de uma ação encantatória orientada por um sacerdote negro – fora, portanto, do âmbito da gnose eurocêntrica – cujo resultado teria levado ao fim a vida do senhor de escravos.

> Quando aconteceu o que aconteceu, o povo que está só dando com a língua nos dentes, começou num diz que diz que, que a Joana dos Anjos é que tinha arrumado coisa-feita com um mundrungueiro do Alegre. A Joana não mata nem galinha, mas tinham lá seu motivo de falar, que não há fumaça sem fogo (GUIMARÃES, 2018, p. 23).

Entende-se que ela ficara no mesmo nível da senhora: viúva. E por isso, estaria vingada. Essa "suspeita" atribui à mulher negra uma agência indiscutível no contexto da escravidão. Diferente de Sinhá, o relacionamento de Joana era constituído pelo afeto, isso o narrador nos faz saber *tornando visível seu sofrimento*, ainda que tal sofrimento transpareça na narrativa segmentado pelo ponto de vista da senhora, que, diferente da escrava, é quem tem voz no romance: "Um dia reparou Joana chorando pelos cantos. — Eu, que sou eu, fiquei sem marido, o que é que tem essa negra que não pode ficar?" (p. 24).

> (...) Foi assim: Sinhá queria uma cozinheira e mandou o capataz arranjar uma que prestasse. Veio uma preta bonita, com uma pele lisa e uns olhos graúdos, brilhantes, feito jabuticaba bem madura. O marido, um angola reforçado, tinha ficado na outra fazenda.
> — Não é melhor comprar o marido dela, Sinhá?
> — Não. Não preciso de mais ninguém.
> — Na roça sempre há lugar e... e...
> — E o quê, homem? Desembuche de uma vez.
> — Eu... pois é, eu pensei, não é? Caso a Sinhá queira... a negra fica mais contente...
> — Ora, Seu Joaquim Dias! O senhor, um homem acostumado a lidar com escravo, com esses dengues? ... Vai ver que foi ela que andou chorando prele vir. Descanse, homem. Aqui não há de faltar macho pra ela. O capataz não disse mais nada. Ficou bobo com a brutalidade de Sinhá (GUIMARÃES, 2018, p. 21, 22).

Nesse ritmo, tudo vai seguindo seu andamento *normal* em Olhos D'água, até o dia em que a herdeira e filha única da Sinhá, Gertrudes, se apaixona pelo filho do capataz da fazenda e, diante do impedimento da Sinhá para que se casassem, eles fogem. Sinhá fica sozinha, morando na casa grande, que ela administra com segurança. Depois de ver a filha fugir com o filho de seu empregado de décadas, inicia-se um ciclo de troca de vários homens que se apresentam para o posto de capataz da fazenda, e na descrição desse trânsito de trabalhadores, é que ocorre ao narrador sinalizar que a escravidão já terminara. Assim, conforme a descrição do narrador, homens negros, mulatos, morenos, caboclos, nortistas; todos trabalhadores buscando se integrar na ordem capitalista de trabalho assalariado recém iniciada; todos brasileiros, racialmente marcados, que intercalam a posição até finalmente chegar alguém que a Sinhá considera adequado: um alemão, que fica, e só vai embora por motivos pessoais da dona da fazenda.

> Depois disso foi um tal de mudar de capataz! (...) Veio um morenão alto e forte, que vivia comprando briga. Lanhou com ponta de faca um camarada e fugiu. Veio um caboclo da pá virada, mau como cobra. Tocaiaram esse numa volta do caminho e liquidaram com ele. Também, deu até de chicote em caboclo sarado, daqui, que nunca dormiu com desaforo. — Seu delegado — o homem nem falava, rugia. — Seu delegado. **Tempo de escravo já passou.** Eu matei só. Mas o que eu queria era beber o sangue desse desgraçado. (...) Veio um alemão com cabelo feito cabelo de milho, vermelho e espetado. Desse também ninguém gostava. Olhava enviesado e falava de cima, soberbo: — Fossês, brrasileirras, non serrfem parra trrabalharrr. — Quem é que serve, alemão dos quintos? (GUIMARÃES, 2018, p. 42, grifo meu).

Porque precisava do posto de capataz livre, a Sinhá dispensa o alemão. Para mandá-lo embora de uma forma mais "socialmente aceitável", ela recorre a uma justificativa étnica:

> Sinhá chamou o alemão e falou: "O senhor tem desempenhado bem o seu encargo, e eu não tenho razão de queixa. Mas os camaradas, já notei, não simpatizam com o senhor. **Questão de raça, acho. Não gostam de obedecer a um estrangeiro.** Se o senhor quiser, dou-lhe uma boa carta de recomendação". — Prrigada, senhorrra. Comprrrente bem. Eu fou... (GUIMARÃES, 2018, p. 46. Grifo meu).

A questão é étnica, mas o discurso nacionaliza a tensão: não se fala que os brasileiros (não brancos) tinham dificuldade em obedecer um branco europeu (fora do eixo luso), mas sim a um estrangeiro. No seu lugar, a senhora coloca aquele que lhe dará o grande golpe, o filho deserdado de um fazendeiro local, que se apresenta a ela com mentiras e é rapidamente bem recebido. O moço se torna capataz, e depois ascende a marido da Sinhá. Devido a sua relação amorosa com este homem, a Sinhá perde tudo: por influência dele, decide vender a fazenda e mudar de cidade. Enquanto estão esperando o trem que ela achara que a levaria para outra vida, ele foge e a abandona na estação, com a roupa do corpo. Em razão desse episódio, a Sinhá, antiga dona de escravos representante da elite, muda radicalmente seu lugar social, ou melhor, deixa de existir socialmente. Mas, isso não é resultado de qualquer modificação na ordem social que permitia a existência de uma Sinhá, e de seus escravos. Pelo contrário, a mudança que ocorre na trajetória da personagem responde à própria lógica da dominação colonial, pois ela se torna vítima de seu lugar de gênero. O mesmo destino de Luiza e Úrsula, no romance de Firmina, isto é, mulheres brancas da classe senhorial destruídas pela opressão patriarcal.

Incapaz de voltar à sua antiga vida depois de levar golpe tamanho em sua dignidade, a Sinhá Carolina não retorna. Torna-se outra. Torna-se a Choquinha, uma velha corcunda, pedinte, sem identidade, que vive da caridade de todos. Mas isso o narrador só conta bem mais tarde, depois de cenas variadas em que Choquinha aparece circunstancialmente, como um estorvo familiar.

> A Choquinha, então, queria ajudar, mas a pobre não fazia nada direito. Foi carregar um balde cheio d'água, derramou tudo no chão e fez uma lameira; foi buscar lenha, veio com o feixinho esbarrando nos outros. Uma ponta do pau pegou a alça da caçarola de arroz, e adeus caçarola! Foi preciso pôr outro arroz no fogo. Depois não encontrou mais nada para fazer e ficou andando de cá para lá, de lá para cá, feito uma pata tonta. Aquilo era só: — Sai daí, Choquinha! Que velha mais atrapalhadeira! — Vai embora daqui, Choquinha! — Você já ajudou bastante. Não precisa mais. Vá ficar naquele canto! Então, coitada! foi ficar quieta num canto, de cócoras. É por causa de andar sempre de cócoras mesmo, que chamam a velhinha de Choca. Com o correr do dia, o sol foi virando, foi virando, até que chegou ao cantinho dela. — Venha cá, Choquinha. Saia do sol! — Eu fico aqui mesmo. Aqui não atrapalho. — Ora, Choquinha! Você não atrapalha em lugar nenhum. Venha! Choquinha ficou se rindo com aquela cara de boba alegre. E não saiu. Continuou torrando no sol (GUIMARÃES, 2018, p. 66).

Tendo sido sinhá a vida inteira, ela não consegue desempenhar outros papeis e nem qualquer função que lhe dê autonomia, pois sempre recorreu às escravizadas para as mínimas ações. Assim, a ex-sinhá não possui ferramentas para subsistir na sociedade, não foi preparada para tal destino. Morto fisicamente o Sinhô, por um acidente na estrada, morta socialmente a Sinhá, por intermédio de um homem. Embora os dois tenham desfechos trágicos, as diferenças entre os finais das personagens que representam a classe senhorial escravocrata é substancialmente delimitada pela matriz do gênero. Eis a morte natural do homem:

— Fosse coisa que pudesse, eu queria que essa viagem ficasse para amanhã. A mo'que meu coração não pede que mecê vá.
— Por que isso, agora?
— Não sei. Sonhei umas coisas e...
— Ora! Que bobagem! Não vai me acontecer nada.
— Assim Deus seja servido.
Sinhô, Deus lhe tenha a alma em bom lugar, estava acostumado a contrariar os repentes de Sinhá.
— Só, só por causa do sonho, mecê não quer que eu vá? — Só.
— Então eu vou. Sonho dá o contrário.
Saiu, podia ser umas oito horas, já com sol nado. De tardezinha o baio apareceu sem cavaleiro. Foram dar com o Sinhô jogado numa perambeira, com o pescoço quebrado. Aquele morreu sem ter tempo de gritar ai! Jesus! Aí pegaram a falar que foi mandinga. Que mandinga o quê! Aquilo foi o cavalo que passarinhou, porque viu alguma cobra no caminho. Sinhá se cobriu de luto, fechou a casa e não recebia visita.
Mas ninguém viu Sinhá chorar. Quem pode saber se ela sentiu ou não?
— Bem meu coração dizia...
Foi só o que falou. (GUIMARÃES, 2018, p. 23, 24).

Como visto, a morte do Sinhô é, no limite, uma consequência da sua própria resolução: uma forma de dizer não ao pedido da mulher. Morre, por um efeito colateral da sua inquestionável agência diante do próprio destino – ele decide ir, e vai. Morte corriqueira, acidental, que corresponde, na ficção, a uma morte *natural*, no sentido de ocorrer como um corolário da masculinidade do homem branco senhor de escravos. Uma morte forjada, portanto, no próprio lugar de mando de quem morre – destino que podemos aproximar ao desfecho do Comendador Fernando P., no romance *Úrsula*, cujo poder esvai em si mesmo depois de sua ação mandonista levar todos à morte. Outrossim, o instrumento que traz a morte aciona um ditado popular muito comum no Brasil: "cair do cavalo", é uma expressão popular que significa "se dar mal" em alguma atividade, quando se tinha certeza de bons resultados. Dessa forma, a própria característica da morte remete a um "acidente de percurso" em um roteiro de vida que, ao que tudo (no enredo) indica, continuaria acontecendo sem maiores problemas. Na chave da colonialidade do gênero (LUGONES, 2014), a morte do patriarca resulta imediatamente no destino da Sinhá, porque, viúva, ela se torna vulnerável. Veja-se agora a morte social da Sinhá:

> Vejam o que foi feito de Sinhá! Eu vou contar: Esta história não é comprida nem bonita. Pelo contrário, é a história mais feia que já ouvi falar na minha vida. Não vê que eles — estou falando de Sinhá e do moço do Limoeiro — pegaram o trem da Rede, esse que sai de Itajubá para Cruzeiro às duas e vinte. Quase no meio certo do caminho, pela Rede Mineira, fica Soledade. Conhece? Quem viaja por esta linha tem que parar lá para fazer baldeação. Sinhá e o moço chegaram dia velho em Soledade. Ele deixou Sinhá sentada no banco da estação e foi tirar as passagens. Isso foi o que disse. Que ia tirar as passagens. Pois não é que o excomungado teve coragem de fazer o que fez? Não sei, não, moço, como certa gente tem coração para essas coisas. Sinhá ficou esperando com paciência. Passou meia hora, uma hora, hora e meia, e nada do malvado aparecer. Sinhá ficou aflita e pegou a perguntar por ele. "Com certeza foi embora", diziam. "Todos os trens já partiram." E ela protestava: "Não é capaz. Ele não ia sem me levar. Ele me deixou aqui sentada e falou que ia comprar passagem. 'Você espere um pouco, Carolina, que eu já venho.' Quem sabe se aconteceu alguma coisa?". "Não, dona. Aqui não aconteceu nada. A estação não é tão grande, qualquer coisa a gente já sabia." O moço dos bilhetes veio também. "Não é um

moço alto, de chapéu grande e roupa clara?" "É assim mesmo." Sinhá que já estava chorando olhou esperançada para ele. "Não tenho certeza, mas eu vendi um bilhete só pr'esse homem." Um outro empregado, que andava por ali, à toa, entrou na conversa. "Já sei. Um alto, de chapéu claro? Com duas malas grandes?" Sinhá prendeu a respiração para escutar bem. "Ché! Esse um já foi que zano. Eu vi quando ele embarcou." "Para onde?" "Embarcou no trem de Cruzeiro." Um carregador falou: "Eu levei duas malas, de um moço bem parecido, assim como esse que estão procurando. E até ainda me lembro bem, porque ele ia com pressa, desconfiado, olhando dos lados, a mo'que ia com medo. Tinha outra maleta, que ele mesmo levou. Lá do trem, me deu uma pelega de cinco. Pelo jeito, vi logo que não era boa peça. Logo vi. Logo vi". Não havia mais dúvidas. O moço do Limoeiro tinha fugido. Levou todas as malas. Levou todo o dinheiro. Deixou Sinhá com a triste roupa do corpo, sem ter para onde ir, sem ter no que pegar. Sinhá chorou, chorou. O conferente da estação teve dó dela. "Dona! Quer ir para a minha casa?" Sinhá não dizia nada. Chorava, chorava. Ficou na estação até noite fechada, com os olhos grudados na porta, esperando. E, quando entrou bem no entendimento dela a cachorrice do moço do Limoeiro, então ficou feito estuporada, quieta, com os olhos arregalados de gente louca. O conferente voltou. "De onde a senhora é? Nós arranjamos dinheiro para a senhora voltar para a casa de algum parente." "Não tenho parentes. Não tenho ninguém. Só tinha ele. Não tenho para onde ir." "De onde a senhora veio?" Subiu um calor no rosto dela e ela ficou quieta. "Ao menos conhecido a senhora deve ter no lugar de onde veio." "Não adianta. Não quero voltar." Parou um pouco e falou: "Tenho vergonha de voltar, depois do que aconteceu. Prefiro trabalhar em terra estranha". "Então vamos para a minha casa, dona. A senhora descansa. Minha mulher está sempre sozinha, mesmo; não temos criança. A senhora fica lá até arranjar um jeito. Vamos!" Sinhá não respondeu nada. Pegou o casaco e foi andando atrás dele. Sei dizer que não adiantou cuidado com ela e não era para menos. Não comia. Não dormia. Só chorava. Caiu doente e mandaram a coitadinha para a Santa Casa. Quando saiu, saiu do jeito que está — meio abobada. Andou por Soledade, uns tempos. A molecada, que sabia do caso, gritava na rua, quando ela passava: Nhá Baldeação! Nhá Baldeação não fazia conta e não xingava nome feio, como o Peru, outro bobo, que andava por lá, e então, largaram de mexer com ela. Andava de cá para lá. Ria à toa. De vez em quando aparecia limpa e com roupa melhorzinha. Alguém de bom coração, que cuidava dela. E foi indo, foi indo, um dia sumiu. Ninguém soube para onde foi (GUIMARÃES, 2018, pp. 151-153).

No caso da Sinhá, o grande golpe que a faz tombar emerge da matriz do gênero, porque acessa o que era considerado seu "ponto frágil": a sua condição de mulher sem a presença/gerência de um patriarca. Enquanto permaneceu viúva e sozinha, ela estava dando continuidade ao cotidiano da fazenda de forma muito bem sucedida, até que um dia, um homem bate à sua porta, conta uma história com poucos detalhes, e pede um emprego como capataz. O "moço do Limoeiro", como é chamado, aparece diante dela sem eira nem beira, mas tem a estirpe desejada: é branco e "familiar" – vem do núcleo da elite fazendeira[83]. Assim, ele é rapidamente

---

[83] A descrição do narrador para o rapaz é interessantíssima: "Olhando assim de repente, era até bonito. Depois, com a continuação de olhar, dava uma coisa esquisita na gente. Um embrulhamento de estômago. Uma vontade de ir embora, sem olhar para trás. Eram os olhos: miúdos, meio fechados, como olhos de cobra. Só uma frincha e um risquinho preto espiando. A mo'que dizia: Eu olho vocês, mas aqui dentro, ninguém olha". Era a boca também. Ria sem mostra os dentes. A bem dizer, nem boca ele tinha. Era só uma risca que nem os olhos. E ainda apertava mais quando se infernizava.

aceito pela mesma mulher que anos antes rompera definitivamente com a sua filha porque ela se apaixonara pelo filho do seu capataz, com quem não partilhava os mesmos códigos de classe social[84]. Nesta ocasião, o narrador já havia nos apontado que a grande preocupação da Sinhá não era a felicidade da filha, e sim a divisão de sua herança com alguém exógeno ao seu grupo social. É o que se depreende do diálogo que tem com sua irmã:

> — Ela tem o direito de escolher, Carolina. Você já pensou nisso? — Pensei no meu direito de dispor do que é meu. Não quero que ela vá atrás desse pé-rapado. — Não é pé-rapado. O rapaz é bem-educado, será advogado no ano que vem e tem um bonito futuro. — Muito bonito, com efeito! Muito! Filho de capataz... — Isso não quer dizer nada. — ... e não tem um tostão. — Não é só dinheiro que vale. — Sabe que mais? Eu não quero e acabou. Quem manda nela sou eu. — Sua filha não é qualquer coisa, qualquer negra fugida, ou cabeça de gado para você mandar para onde quiser. Ela tem gênio, Carolina. (GUIMARÃES, 2018, pp. 36, 37, grifos meus).

No curto e forte diálogo entre as irmãs – que resulta em rompimento entre elas porque a Sinhá Carolina não cede –, a ficção ilumina os lugares que os sujeitos ocupavam na ordem colonial, sustentados na intersecção de classe, raça e gênero. Gertrudes, uma mulher branca herdeira da elite

---

Homem! Como não faço fé em gente sem boca! O diabo é que quando queria, era agradável, jeitoso, como o quê! Cativava a gente com boas falas: — Como vai sua plantação, João Rosa? — Vai bem, sim senhor. — Já colheu o feijão? — Vou colher pra somana. — Olhe! Se precisar de meio dia, peça. Não faça luxo, viu? — Deus lhe pague, sô. No fim do mês descontava o meio dia, e o caboclo ainda dizia: — Eta homem bom!" (p. 45).

[84] Inácio Bugre, o melhor amigo de Gertrudes, filha da Sinhá, é quem primeiro pergunta para a moça: "— Quem é, doninha?" Em sua resposta, uma sutileza que já posiciona o lugar social do rapaz para o leitor: "— *Não é ninguém, não. Quero dizer, é gente daqui mesmo.* É o filho do Seu Joaquim Dias. Veio da cidade. Estava num colégio lá" (p. 36, grifos meus).

escravocrata, no centro; ao lado, um homem branco e pobre que está em ascensão através do estudo: futuro membro da classe burguesa formada de profissionais liberais. No chão, ao lado dos animais, a escrava: "qualquer negra fugida", sem agência sobre a própria vida. María Lugones, ao enunciar o seu entendimento sobre a colonialidade do gênero, faz um resumo que articula as intersecções de gênero, raça e classe no embate colonial. Cito suas palavras:

> Eu compreendo a hierarquia dicotômica entre o humano e o não humano como a dicotomia central da modernidade colonial. Começando com a colonização das Américas e do Caribe, uma distinção dicotômica, hierárquica entre humano e não humano foi imposta sobre os/as colonizados/as a serviço do homem ocidental. Ela veio acompanhada por outras distinções hierárquicas dicotômicas, incluindo aquela entre homens e mulheres. Essa distinção tornou-se a marca do humano e a marca da civilização. Só os civilizados são homens ou mulheres. Os povos indígenas das Américas e os/as africanos/as escravizados/as eram classificados/as como espécies não humanas – como animais, incontrolavelmente sexuais e selvagens. O homem europeu, burguês, colonial moderno tornou-se um sujeito/ agente, apto a decidir, para a vida pública e o governo, um ser de civilização, heterossexual, cristão, um ser de mente e razão. A mulher europeia burguesa não era entendida como seu complemento, mas como alguém que reproduzia raça e capital por meio de sua pureza sexual (...). A imposição dessas categorias dicotômicas ficou entretecida com a historicidade das relações, incluindo as relações íntimas (LUGONES, 2014, p. 936).

Tendo em vista essas categorias de articulação do pensamento que Lugones sucintamente enumera, observa-se que, diferente do Sinhô, que tem sua vida interrompida abruptamente, a morte para a senhora Maria Carolina reflete um processo de *assujeitamento* – no sentido de deixar de ser sujeito. Aos poucos, ela vai perdendo seu nome próprio durante o transcurso da narrativa, passando a ser apenas Sinhá – o pronome de tratamento por excelência da feminilidade branca colonial. Mais tarde, ela perderá essa distinção, que a localizava num lugar específico dentro da lógica da *plantation*. Sem nome nem sobrenome, a personagem vive em vida a morte social e existencial. A morte, no seu caso, é a perda completa de um *nome próprio,* devido ao esquecimento de todos. Um arremate que politiza o destino da sinhá através da própria gramática (des)colonial, posto que o esquecimento do nome próprio tenciona uma problemática própria à condição desterritorializada do sujeito negro na diáspora. Assim, a personagem sai do seu roteiro para viver uma experiência que estava circunscrita àqueles racialmente subjugados no mundo colonial: também para os sujeitos que foram retirados de sua terra e trazidos ao "novo mundo" para serem escravos, a perda do nome (identidade) e do sobrenome (genealogia) foi a primeira violência a qual tiveram que resistir, depois, a imposição de um segundo nome, sacramentado pelo padre, demarcava, ainda no navio negreiro, o nascimento do escravo.

Choquinha (um nome que não é um nome, e sim um apelido adquirido em referência à postura corporal que ela costumava ficar: "É por causa de andar sempre de cócoras mesmo, que chamam a velhinha de Choca") é a *pós-sinhá*: aquela que não fica mais ereta, sem nome próprio, sobrenome e ninguém que se lembre dela. Verte-se a antiga proprietária numa degredada da sua condição de classe e raça. Esse processo de assujeitamento acontece exatamente porque o lugar de gênero delimita sua pena e sua reação em decorrência das ações masculinas (a morte do marido, o golpe do pretendente) no embate colonial. Assim como também ocorrerá com Paulo Lemes no romance de Carolina Maria de Jesus, um homem branco surge de repente, sem informações prévias além daquelas que trazia no corpo (isto é, de ser um homem branco), e é prontamente aceito, causando mudanças centrais, e para pior, na vida da mulher branca.

Nesse ponto, a narrativa de Maria Firmina dos Reis se distancia no paralelo comparativo, posto que, ali, exista uma medida mais complacente para com a senhora: ainda que dona de escravos, a mulher branca é inscrita como sujeito oprimido pela ordem patriarcal, e portanto, mais próxima à condição do negro. Já no romance de Ruth, e nos próximos que trato na sequência, a mulher branca é inscrita como Sinhá, configurando, ainda que subalterna ao homem branco, um lugar de opressão sobre o negro.

Ruth Guimarães constrói uma narrativa na qual a usina substitui o engenho, o caminhão substitui a carroça movida a cavalo, o alemão substitui o afro-brasileiro. Mas *o passado segue produzindo o presente* das personagens – ponto que alinhava todos os romances do *corpus*. A Sinhá Carolina, que protagoniza a primeira parte da história, ainda está viva e participa da segunda fase, embora tenha mudado de persona: adquirido outro nome e outro lugar social: "Choquinha é Sinhá? Não é. Sinhá era a outra. Choquinha FOI Sinhá" (p. 147, caixa alta do original).

Esse passado que produz o presente está inscrito, no romance, inclusive na forma de narrar: a narrativa começa pelo fim, e retorna, explicando o começo. Assim, o primeiro parágrafo conta o desenlace da história: Joca, enfeitiçado pela Mãe de Ouro, a tudo abandona e segue andarilho, perdido de si mesmo, à sua procura.

> Se era boa? Tão boa como mel de jati. É que a Mãe de Ouro tinha enfeitiçado o homem. A Mãe de Ouro mora do outro lado da serra. Pra lá fica Juruna, no Itaparica, e é um estirão de mais de cem vezes a distância de Nossa Senhora dos Olhos D'Água a Maria da Fé. Pois ele bateu a pé, moço, bateu a pé, com o sapicuá de farinha nas costas. Água não era preciso. Água dá à toa por aí, brota do chão, e nenhum filho de Deus nega água a quem tem sede. Mas é melhor contar do começo (GUIMARÃES, 2018, p. 17).

Os personagens principais do romance são o casal Joca e Curiango e a Sinhá. Mas a grande protagonista da história é *invisível, embora presente* na narrativa: a Mãe de Ouro, figura mítica impassível e irremediável, que funciona na economia do enredo como uma espécie de nome/representação do destino. A Mãe de Ouro é uma constante no romance *Água funda*, responsável, como a citação já antecipa, pela definição do destino dos personagens centrais. Através da presença da Mãe de Ouro, o enredo dialoga vivamente com a inexorabilidade do destino. O que permite reconhecer o fundamento do romance na própria encruzilhada das temporalidades: pois enquanto o presente é sustentado pelo passado, que assim se mantém pulsando, o futuro avulta com a perspectiva do destino como um *devir pré-determinado*. Esse aspecto do enredo responde à matéria-prima constitutiva da ficção, qual seja, o vislumbre da colonialidade como fio contínuo. De fato, a ficção elabora a passagem histórica do período escravo para o pós-abolição a partir de uma espiral do tempo, um dado de sentido que implica em que, quando se trata dessa transição, imperam as continuidades ruinosas, muito mais do que as rupturas reais.

Em suma, embora narrando uma transição histórica, simbolizada na transformação do espaço da fazenda em usina, ou da Sinhá na Choca, tudo, na tessitura de *Água funda*, agrega forças de quilate centrífugo. Sem senhora nem senhor, a casa grande, metonímia do centro do poder, ainda perdura. Possui alicerces profundos. É resistente perante os dois tempos que dividem a narrativa, sugerindo a ideia de continuidade, permanência. Essa permanência é colocada pelo narrador quase didaticamente, quando convida seu ouvinte/leitor a ver a materialidade daquilo que é durável – e daquilo que ainda reside nos interstícios:

> Desça a escada e olhe. O alicerce desta casa é todo de pedra, e, fora da terra, é tudo pedra uns dois metros acima do chão. Fincado na barra está o argolão de ferro, onde, dizem, Sinhá mandava amarrar escravo fujão, até morrer de fome. Falatório só. O povo fala demais (GUIMARÃES, 2018, p. 19).

Como alicerces profundos de pedra, as marcas e as heranças da casa grande são bem tangíveis. Assim como o argolão de ferro – objetivo, irredutível. Mas tanto a dor e a existência do sujeito que a ele foi amarrado, quanto a crueldade do ato punitivo produzindo a subjetividade da Sinhá, constam como "falatório só": fórmula de mediação que o narrador novamente lança mão ante a gravidade da verdade proferida. Ainda assim, de forma sub-reptícia, "a voz do povo" quebra o silêncio e enuncia que ali homens escravizados morreram de fome, pois suas vidas nenhum valor possuíam na economia da subjetividade colonial.

Já na segunda fase da história, centrada primeiro no casal Joca e Curiango e depois mais em Joca, o fluxo das águas enseja continuidades tão profundas, que são sanguíneas: Curiango é sobrinha da Sinhá – filha de seu irmão mais velho, Miro, "e de uma curiboca". (p. 61).

Observada a importância que tem um nome a partir da história da perda de um – e do prestígio em torno dele – que é o roteiro de Sinhá/Choquinha; destaco agora outro gesto político em torno de um nome, dessa vez, no sentido da atribuição. Curiango, como pontuou Adélcio de Souza Cruz, é um nome africano: "originária do idioma quimbundo – está dicionarizada –, se refere a um pássaro que vive nas Américas, de "plumagem pardo-amarela" (CRUZ, 2011, p. 508). Um nome cujo significado aponta para um ser que simboliza a liberdade e o ato de migrar, o pássaro. Vivendo esse pássaro nas américas, alargando um tanto a metáfora, poderíamos pensar em uma alusão à diáspora africana. Afinal, é uma palavra quimbundo que o nomeia – numa referência à dispersão das palavras africanas para o pouso em outras paragens[85]. Além do voo,

---

[85] Assim como o nome próprio, Curiango é marcada por outra palavra que remete ao léxico africano – *candonga*, que aparece na narrativa como a inscrição da forma como Joca a via: "Olhou outra vez. Olhou mais, até ficar enleado. "Tinha um corpo com jeito de água corrente, virando curva em remanso sereno, ou de cobra que se balanceia para dar o bote. E tinha candonga na fala." — Quer dançar comigo, moça? — Como não? Segurou sem jeito a cintura da moça. ("... parecia curva do ribeirão") — Eu 'tava com medo de le tirar, moça. — Com medo? — Riu com gosto. — Gente! Que é isso, agora? Eu não sou bicho... — Não é por isso. Podia não querer sair comigo. — Gente! Por que não havera de querer? E olhou bem direito nos olhos dele". (GUIMARÃES, 2018, p. 69). "Candonga" uma palavra de origem controvertida. Nei Lopes levanta a hipóte-

o canto também é uma potência que demarca os pássaros. Mas essa qualidade resume-se a uma suspeita do narrador: "E Curiango? É Curiango por que canta quando todos os passarinhos estão calados? (...) Por que levanta de madrugadinha, cantando?" (GUIMARÃES, 2018, p. 61). O narrador conjectura, o sentido do nome da moça lhe escapa, "Curiango... Sabei-me lá porque **essa gente** inventa certos apelidos..." (p. 61, grifo meu). É novamente mais um signo projetado sobre a cognição de uma *voz liminar*, a voz do povo.

Curiango é fruto do intercurso sexual (sem formação de família) entre um homem branco da classe senhorial e uma mulher índia. "Não sabe metade das coisas que aconteceram com os dela, como nenhum de nós sabe o que aconteceu com os da gente. E quando ergue a cabeça, com aquele aprumo, não sabe de onde lhe veio o ar de rainha" (p. 61). Nota-se que, para descrever Curiango, o narrador representa a própria condição do sujeito diaspórico: a restrição que a diáspora forçada impõe quanto ao acesso que esse sujeito tem ao conhecimento sobre seus antepassados, e a estirpe altiva, vivificando esses antepassados no gesto presente do sujeito. Porém, do ponto de vista do narrador, a realeza de Curiango não remete à sua descendência indígena – da qual nada se fala – mas sim do seu parentesco com a Sinhazinha: "Em pé de laranja azeda", diz ele, "um galho enxertado dá laranja doce" (p. 64).

Por fim, resta falar de Joca. De Joca, tudo o que nos conta o narrador, além de seu afeto por Curiango e da agência da Mãe de Ouro em seu destino, está na descrição de atividades que o caracterizam como trabalhador – é o trabalho que o *identifica*[86]. Através do universo de sociabili-

---

se desse vocábulo ser do banto, sendo no umbundo e no quimbundo: ndonga e no quicongo: nkua-ndungue. Já Renato Mendonça (1935), coloca que o étimo provável desta palavra é quimbundo: kandenge. O vocábulo "candongueiro" é uma derivação da palavra candonga, esta recebeu o acréscimo do sufixo nominal latino -eiro, que é geralmente utilizado para formar derivados de cunho popular. "Candonga" no dicionário *Aurélio*: 1. Carinho fingido; adulação. 2. Intriga; mexerico.

[86] Nesse aspecto, fica difícil não traçar uma comparação entre Joca e o Jeca, de Monteiro Lobato, que fixou uma imagem estereotipada para o caipira sob a insígnia da preguiça e total inação sobre si próprio e sobre o seu entorno. O Joca de Ruth é exatamente o oposto disso.

dade masculina de Joca, o narrador explora a configuração do mundo do trabalho como aspecto continuador do gerenciamento colonial sobre os sujeitos, agora não mais escravos, e sim trabalhadores explorados pela logística capitalista. Esse contexto é apresentado na ficção, por exemplo, no episódio em que Joca quase morre, quase, porque, por acaso, troca de lugar e um outro morre em seu lugar, em um acidente na caldeira da usina, cujas condições insalubres de trabalho mantinha a existência de *vidas precárias* (BUTLER, 2011), descartáveis. Ou, em outro episódio, no qual mostra-se o sistema de opressão continuado em iniciativas de exploração do território, sustentado através de métodos remanescentes de trabalho escravo:

> E foi quando chegou o homem, com parte de levar trabalhador para o sertão. Chegou como quem não quer nada e se arranchou por aí nem sei onde. Depois das quatro, aparecia no largo do escritório. — Estou aqui só por uns tempos. Assim que começarem a abrir a estrada nova, no sertão, vou pra lá. São trinta mangos por dia... Vê lá se vou perder uma ocasião dessas!... — Trinta mirréis? — E então? Ajuntava caboclo em volta dele, com os olhos acesos de cobiça. — Trinta?! — E livre de despesas. Quero dizer, não é bem livre de despesas. É assim: todos os gastos correm por conta dos engenheiros. É uma companhia grande. Depois o empregado paga aos poucos. Quando a gente entra, assina um contrato... — Assim é bom. Mas a Companhia tem de tudo? — Tem. Armazém, loja e farmácia, além de alojamento para o pessoal. — Tudo isso e os trinta por dia correndo... — Trinta! A turma arregalava os olhos. Não era para menos, moço. Cabloclada que nunca viu uma pelega de duzentos na mão, ir ganhar trinta mil réis por dia... — Quando é que nós podemos ir? — Nós, quem? — O senhor não pode arranjar pra gente ir? — Posso, sim. É só falar com o engenheiro. — Mas quando é que nós podemos

> ir? — Daqui a uns vinte dias. Estão abrindo picada na frente, com facão de mato. Daqui a uns vinte dias podemos ir, para começar a estrada. Vai uma turma de engenheiros. E carros de boi com mantimentos, bagagens, ferramenta... Os caboclos, sonhando com tanto dinheiro, ficavam assanhados, comentando a novidade... (GUIMARÃES, 2018, pp. 88, 89).

Joca não vai, mas alguns companheiros vão, e através da voz deles, o texto foca o sistema de exploração ao qual os homens eram submetidos na empreitada de "abrir estrada no sertão", a mando da "Companhia" – que também gerencia a usina, onde antes era engenho. "Fomos. Ah! Pra quê? Eu não contava muito com a vida e me contento com pouca coisa. Mas aquilo lá não é vida, é morte. E até pior do que a morte. É um ermo que espanta" (p. 96). Em conclusão ao episódio, o narrador profere uma de suas sínteses de ensinamento, sempre tomando a metáfora das águas para mencionar um fluxo de permanências: "Quando chove chuva forte, a água fica suja. Fica por pouco tempo. A água barrenta passa. O lodo volta ao fundo de onde veio. E, mais dia, menos dia, corre água limpa outra vez" (p. 89).

Águas são índices de movimento constante, e *Água funda* se junta ao mar das águas afro-atlânticas. A ficção mostra as permanências dos fluxos coloniais constituindo as temporalidades, fazendo-se presença na vida dos sujeitos, e nas relações entre eles. O local, no romance, situa o espaço transnacional da *plantation*, primeiro como experiência, e depois como memória, dando a ver os seus resíduos.

Vista pelo paradigma da espiral-plantation, a epígrafe que abre o romance ganha outra dimensão. Senão, vejamo-lo: "Estas coisas aconteceram em qualquer tempo e em qualquer parte. O certo é que aconteceram. E, como sempre se dá, ninguém apreendeu nada do seu misterioso sentido" (GUIMARÃES, 2018). Em qualquer tempo: no sentido de que o paradigma da colonialidade (QUIJANO, 2000) atravessa temporalidades da nação no sistema-mundo moderno-colonial (MIGNOLO, 2003). Em qualquer parte, onde há ex-senhores e ex-escravos. Aconteceram – o destaque para as coisas acontecidas, isto é, para o dado do real, não é aleatório, posto que uma das ações mais centrais para sustentar a permanência do colonial é a seleção das experiências históricas que serão vertidas em arquivo, em memória preservada. Como disse Edgardo Lander: "As narrativas históricas baseiam-se em premissas ou compreensões anteriores que por sua vez têm como premissas a distribuição do poder de registro (archival power)" (LANDER, 2005, p. 16). Em relação à parte final da epígrafe, há que perguntar, afinal, a quem interessa a manutenção de mistérios?[87]

---

[87] Como aprendemos com Grada Kilomba, a manutenção de "mistérios" em relação ao colonial é constitutiva da permanência do conhecimento colonizado. Ver KILOMBA (2016).

4| CAROLINA MARIA DE JESUS

O velho sorri, enquanto ajeita o manto branco e vermelho sobre as espaldas. Não tema, foi virada a página. Tens agora um livro a escrever. Mas, por onde devo começar, velho Ayrá? Indaga a moça, no momento em que afina o corte do facão na pedra. Do copo vazio, menina! Esvaziar o copo é uma arte. Demoraste um tempo longo no serviço, agora tens a agulha do novo tempo. A maré dos olhos do velho espoca devagar e umedece os vincos do rosto de bronze. Seu olhar perdido desfalece no facão reluzente. Estás chorando, velho Agodô? Não, menina. É a memória das corredeiras que escapa. (...) A moça limpa a terra com o facão para acender a fogueira e faz nova pergunta. Devo contar o vivido, velho Agodô?
Conte o que fizeste dele, minha filha. Isso basta, meu velho?
Se basta não sei. Aviva.
– Cidinha da Silva, "Um Exu em Nova York" –

4.1| Dicção e Ficção, Voz Desemparedada

"Enquanto lá fora a alvorada habita, existe aqui um coração angustiado, aflito, que palpita.
Quando você entender o cantar dos pássaros começará a entender o porquê da vida."
– Carolina Maria de Jesus, "Meu sonho é escrever" –

Carolina Maria de Jesus entrou no mundo das letras de forma avassaladora. *Quarto de despejo – diário de uma favelada* (1960), seu livro de estreia, é uma obra paradigmática para a história editorial no Brasil. Os dados que o tornam um dos nossos maiores *best-sellers* nacionais são bastante conhecidos: nos três primeiros dias após o lançamento foram vendidos dez mil exemplares. A primeira tiragem, que inicialmente seria de 3.000 livros, passou a 30.000, esgotada em três meses somente em São Paulo.

Ao livro também pertence o mérito de ter sido a primeira obra de uma autora negra brasileira traduzida, a autora negra brasileira mais traduzida até hoje, diga-se de passagem. As traduções começam a circular menos de um ano depois da publicação, em edições produzidas na Dinamarca, Holanda e Argentina (1961); França, Alemanha (Ocidental e Oriental), Suécia, Itália, Checoslováquia, Romênia, Inglaterra, Estados Unidos e Japão (1962); Polônia (1963); Hungria (1964); Cuba (1965) e entre 1962 e 1963 na então União Soviética[88].

Em termos cronológicos, depois da publicação de *Água funda* (1946), de Ruth Guimarães, o seguinte romance publicado no Brasil por uma autora negra foi *Pedaços da fome* (1963), de Carolina Maria de Jesus. A leitura destes dois romances em sequência permite o vislumbre de um fio de comunicação extremamente notável, não apenas em termos temáticos e de recorte histórico, mas sobretudo em torno da inscrição narrativa da *colonialidade* como paradigma central da nação.

No caso de Ruth e Carolina, além do forte diálogo entre as obras há uma comunicabilidade interessante entre as trajetórias das duas escritoras. Ruth Guimarães e Carolina Maria de Jesus chegaram na cidade de São Paulo exatamente no mesmo ano, em 1937. Uma vinda do interior do estado, aos 18 anos, a outra, migrante do interior de Minas Gerais, aos 23. Ambas haviam perdido suas mães e se mudam para a metrópole em busca de trabalho, Ruth trazendo seus dois irmãos menores, Carolina sozinha. Um encontro real entre as duas teria sido muito verossímil, considerando que ambas circulavam constantemente pelo centro da cidade. Mas há ainda um outro elemento que torna essa possibilidade mais objetiva: as duas trabalharam diretamente com o jornalista Audálio Dantas[89], que ficou conhecido por ter "descoberto" Carolina Maria de Jesus na favela do Canindé, no final dos anos 1950.

---

[88] Sobre a recepção da autora fora do Brasil, consultar: NASCIMENTO, Raquel Alves dos Santos. *Do exotismo à denúncia social: sobre a recepção de Quarto de despejo, de Carolina Maria de Jesus, na Alemanha*. Dissertação de Mestrado, USP, 2016.

[89] Ruth Guimarães e Audálio Dantas trabalharam juntos na Revista Quatro Rodas, ele como editor, ela como repórter.

Ruth Guimarães se definia como mulher, pobre e negra (BOTELHO, 2014, p. 7). A mesma auto definição de Carolina. Duas mulheres jovens, negras, migrantes, escritoras, mas com histórias diferentes e acessos distintos ao universo letrado. Ruth formou-se em letras pela USP na década de 1950, sendo, possivelmente, uma das primeiras pessoas negras formadas pela Faculdade de Ciências Humanas desta universidade. Carolina cursou dois anos do ensino primário. Ruth aparece como autora pela primeira vez através de um poema intitulado "Caboclo", que publicou no jornal ROTEIRO – QUINZENÁRIO DE CULTURA, periódico ligado ao Grupo Baruel, em 1939. Dois anos depois, em 1941, Carolina publicou seu primeiro poema no jornal FOLHA DA MANHÃ, por intermédio do jornalista Willy Aureli. Em 1946, Ruth publica seu romance *Água funda*. Carolina só consegue publicar seu romance *Pedaços da fome* em 1963, depois de já ter se tornado conhecida com a publicação de seu diário *Quarto de despejo*, em 1960 e obtido recursos para financiar a edição por conta própria.

Diferente de Ruth Guimarães, Carolina Maria de Jesus, incluída no cânone como margem, sempre esteve na periferia do centro.

Trata-se de uma autora que visibiliza intensamente as marcas da condição nacional racista dentro do sistema literário brasileiro. Quando surgiu, entre o fim da década de 1950 e o começo dos anos 1960, imediatamente tornou-se um fenômeno midiático, em primeiro lugar, porque escrevia, em segundo, porque escrevia sobre si em primeira pessoa, narrando as mazelas de um cotidiano urbano desconhecido pela própria metrópole à altura – a favela.

A autora alçou sua voz no discurso literário em um contexto histórico permeado pelo apelo ao progresso, ao desenvolvimentismo e a modernização. Um cenário no qual, conforme pontuou Lélia Gonzalez (1981), a mulher negra lutava para romper a condição socialmente imposta de privação do letramento, visto que, enquanto grupo demográfico, estava desapossada do acesso ao mundo escrito:

> O censo de 1950 foi o último a nos oferecer dados objetivos, indicadores básicos relativos à educação e aos

setores de atividade da mulher negra. O que então se constatava era o seguinte: nível de educação muito baixo (a escolaridade atingindo, no máximo, o segundo ano primário ou primeiro grau), sendo o analfabetismo o fator dominante. (GONZALEZ, 2018, p. 43).

A autora irrompe de um quadro nacional histórico de desigualdade para com a mulher negra. Mas, o fato dela ter apenas dois anos de ensino formal – correspondendo à situação sistemática de restrição do acesso à educação para as mulheres negras – foi justamente o que sustentou por muito tempo a sua marginalização no sistema literário, comprovando seu caráter elitista e restritivo.

Com efeito, no meio século XX, o feminino negro constituía um corpo autoral praticamente ausente no sistema literário nacional, de modo tal, que as exceções só confirmavam a regra. Quando Carolina surgiu, era sua própria condição autoral – forjada na intersecção de gênero, raça e classe – que gerava surpresa, susto, e principalmente reação: não havendo uma imaginação social que concebesse a mulher negra como produtora de conhecimento, diante de uma produção literária transgressora que produzia dissensos em torno da construção discursiva do progresso moderno, a crítica logo se defendeu destacando do texto seus "erros" de português e a condição "semianalfabeta" da autora.

> Eu disse para a Dona Maria que ia para a televisão. Que estava tão nervosa e apreensiva. As pessoas que estavam no bonde olhavam-me e perguntavam-me: é a senhora quem escreve?
> Sou eu.
> – Eu ouvi falar.
> Ela é a escritora vira-lata, disse a Dona Maria mãe do Ditão. Contei-lhes que um dia uma jovem bem vestida vinha na minha frente, um senhor disse:
> – Olha a escritora!
> O outro ajeitou a gravata e olhou a loira. Assim que eu passei fui apresentada.

– Ele olhou-me e disse-me:
– É isto?
E olhou-me com cara de nojo. Sorri, achando graça.
Os passageiros sorriram. E repetiam. Escritora vira-lata. (In: PERPÉTUA, 2000, p. 332).

Considera-se *Quarto de despejo* uma obra fundante da fala em primeira pessoa do sujeito negro periférico na literatura brasileira, no sentido de ser a primeira na qual se *fala desde dentro* da experiência narrada, isto é, onde o sujeito periférico sai da condição de tema e torna-se autor da sua própria história.

Textualidade inaudita que produz outra cidade, mais complexa, fraturada, em dissenso. Carolina Maria de Jesus instaura no texto nacional a experiência histórica do sujeito marginalizado na modernidade, dando a ver a condição profunda da colonialidade brasileira ao mostrar a desigualdade (racial, de gênero e de classe) no epicentro do espaço moderno; dessa forma, desvelando as várias faces do desenvolvimento ao apresentar o lado opressor e violento da metrópole de São Paulo em meados do século XX, quando o progresso dava o tom das políticas materiais e discursivas da cidade[90]. Em suma, depois das linhas de Carolina Maria de Jesus, o consenso diante da ideia positiva de "metrópole do progresso"[91]

---

[90] Em sua tese de doutorado, a arquiteta Gabriela Leandro Pereira analisa os lugares de disputa, conflito e criação que atravessam e se (re)produzem na cidade através das narrativas de Carolina Maria de Jesus. Consultar: PEREIRA, Gabriela Leandro. *Corpo, discurso e território: a cidade em disputa nas dobras da narrativa de Carolina Maria de Jesus.* UFBA, 2015.

[91] "Tomando como princípio os temas nacionais da época de germinação do *Quarto*, temos que a questão da migração de legiões de pobres do interior para as grandes capitais contrastava com a euforia do desenvolvimento que empalidecia os dramas fragmentados pelos sofrimentos isolados. O progresso material coletivo foi a tônica das administrações de Juscelino Kubitschek e Jânio Quadros. Isto, em parte, devido aos debates travados a respeito da validade ou não da entrada do capital estrangeiro através das indústrias multinacionais que moldariam um novo perfil para a cara brasileira. Paradoxalmente, na fermentação dos debates sobre a industrialização nacional, em particular nos fins dos anos 50, a imposição do problema migratório aflorou, forçando a pensar nas consequências básicas da inversão populacional do campo para a cidade. Fatos concretos que evidenciavam o crescimento da marginalidade traziam

tornou-se inviável, pois sua escrita deflagrou o outro lado da modernidade: a *colonialidade* (MIGNOLO, 2005), evidenciada nos processos acelerados de racialização da pobreza, de favelização urbana, concentração da violência, etc. – aspectos evidentes e inerentes do desenvolvimento econômico.

No entanto, se a autora representa o momento no qual o sujeito periférico sai da condição de tema e torna-se autor da sua própria história, sua obra também demarca outra problemática fundamental: da escassez material da vida imposta como único tema "permitido" à autoria que emerge da periferia. Com efeito, o texto editado por Audálio Dantas tornou-se um clássico que depois converteu-se em cárcere – definiu uma forma para a expressão da autora pautada exclusivamente nos elementos que constituem a autobiografia, o testemunho. Nesse ímpeto, foi relegado à Carolina um quadrado onde lhe cabia *documentar* sua vida e a dos pobres. Isto está pronunciado de forma evidente no discurso de emudecimento que o editor imprimiu na apresentação do segundo livro publicado da autora, *Casa de alvenaria - diário de uma ex-favelada* (1961), recomendando que, depois dessa publicação, Carolina Maria de Jesus voltasse ao lugar do silêncio:

Finalmente, uma palavrinha a Carolina, revolucionária que saiu do monturo e veio para o meio da gente de alvenaria: você contribuiu poderosamente para a gente ver melhor a desarrumação do Quarto de Despejo. Agora você está na sala de visitas e continua a contribuir com este novo livro, com o qual você pode dar por encerrada a sua missão. Conserve aquela humildade, ou melhor, recupere aquela humildade que você perdeu um pouco – não por sua culpa – no deslumbramento das luzes da cidade. Guarde aquelas "poesias", aqueles "contos" e aqueles "romances" que você escreveu. A verdade que você gritou é muito forte, mais forte do que você imagina, Carolina. (DANTAS, 1961, s/n. grifos meus).

---

o fenômeno da pobreza para os discursos, que tiveram que incluir as favelas no debate político. Neste cenário Carolina se faz mote, e seria impossível qualquer debate sobre o desenvolvimento sem passar por alguns dos argumentos contidos no livro" (MEIHY & LEVINE, 1994, p. 20).

A verdade que Carolina gritou é muito forte, diz o seu editor. Mas, afinal, forte para quem? Certamente, para aqueles que poderiam ter suas realidades (imaginadas) fraturadas diante do conhecimento de experiências mantidas em segredo, e que, inaudíveis, garantiam a "normalidade" das coisas. Como disse Grada Kilomba:

> Existe um medo apreensivo de que, se o/a colonizado/a falar, o/a colonizador/a terá que ouvir e seria forçado/a entrar em uma confrontação desconfortável com as verdades do 'Outro'. Verdades que supostamente não deveriam ser ditas, ouvidas e que "deveriam" ser mantidas "em silêncio como segredos". Gosto muito dessa expressão, "mantidas em silêncio como segredos", pois ela anuncia o momento em que alguém está prestes a revelar algo que se presume não ser permitido dizer (o que se presume ser um segredo). Segredos como a escravidão. Segredos como o colonialismo. Segredos como o racismo (KILOMBA, 2010).

Sabemos que a mesma tecnologia colonial que silenciou no passado encontra suas próprias formas renovadas de atuação no presente. No caso de Carolina Maria de Jesus, a ordem de silêncio é um fato concreto, **impresso na própria obra** e explicitado no verbo "guardar" usado pelo editor: *"Guarde aquelas "poesias", aqueles "contos" e aqueles "romances" que você escreveu"*. Essa ordem se mantem ainda hoje como realidade objetiva – o que referenda a autoridade da palavra do editor – posto que a imensa maior parte da produção escrita da autora não está publicada, ao contrário, permanece (mal)guardada em arquivos e caixas à espera de se tornar pública e visível[92].

---

[92] Em 2018, Carolina Maria de Jesus teve seu oitavo livro publicado: *"Meu Sonho é escrever"*, organizado pela pesquisadora Raffaella Fernandez. (Ed. Ciclo continuo, 2018), com textos inéditos. Escrevi sobre essa obra em http://www.suplementopernambuco.com.br/edi%C3%A7%C3%B5es-anteriores/72-resenha/2066-chance-para-ver-uma-face-rara-de-carolina.html.

A dimensão do silenciamento, contudo, não é só material – isto é, não se restringe às quase cinco mil páginas escritas de Carolina que, "guardadas", ainda não vieram a público. O silenciamento também se faz num âmbito sub-reptício, profundo, que diz respeito à dimensão da escuta, à maneira como Carolina Maria de Jesus é "capturada" enquanto autora: *incluída* na literatura como margem, ela sempre esteve na periferia do centro, inclusive do centro da ideia de literário. Essa perceptiva está interposta nas aspas que Audálio Dantas usa para relativizar *aquelas "poesias", aqueles "contos" e aqueles "romances"*, suspendendo o próprio fundamento que sustenta estes gêneros: a literariedade, um princípio ficção. Fica estabelecida assim uma oposição entre **literariedade** da escrita e **literalidade** do discurso. A valoração que a obra recebeu esteve (e ainda está) relacionada a um campo delimitado e fixo de expressão, que circunscreve sua escrita a um lugar enunciativo emparedado à imagem da escritora favelada, que retrata "a realidade" – silenciando sua vitalidade autoral em um lugar *discriminado*: quarto de despejo da cidade, quarto de despejo da palavra.

Alguns trabalhos[93] já abordaram o contexto de produção da *persona* Carolina, e o fato da autora ter sido manipulada pelas mídias da época, que exploraram a imagem da "favelada que escreve" até o limite. De fato, ela surgiu no mundo das letras como uma grande novidade, algo nunca antes visto, pois, no contexto dos anos 1960, a favela era um acontecimento recente na cidade, e mais impactante que isso era alguém vindo da favela produzir uma obra escrita, e mais impressionante ainda era esse alguém ser uma mulher negra. Mas, embora essa mulher tenha expandido o alcance de sua produção até para fora do país, não disputava espaço no campo literário nacional – pois seu texto fora considerado como algo de fora da literatura[94].

---

[93] Conferir: PERPÉTUA, E. (2000).

[94] Esse debate não se restringe aos anos 1960, quando a autora surgiu. Ele está vivido ainda hoje, como podemos perceber na ocasião da homenagem que a Academia Carioca de Letras fez para a autora, em abril de 2017, na qual o professor de literatura Ivan Cavalcanti Proença reiterou o mesmo ponto de vista do editor Audálio Dantas, afirmando que o livro de Carolina "é o relato natural e espontâneo de uma pessoa que não tinha condições de existir por completo". Segundo ele: "Só tem uma coisa, isso não é

Carolina poderia falar, desde que falasse do lugar do subalterno. O problema é que, como aprendemos com Spivak (2010), o subalterno não pode falar, porque quando fala, rompe com a condição de subalternidade – o silêncio é o (não)lugar epistêmico que funda e sustenta o sujeito subalterno. Eis o ponto. A insistência numa via única de enunciação para Carolina a mantém circunscrita ao lugar de subalternidade que ela rompeu exatamente através da palavra escrita. A imagem da escritora-favelada criou um horizonte de expectativas homogêneo sobre sua escrita, salientando a não existência de um horizonte representativo para além do estereótipo, silenciando seu universo ficcional às custas da celebração do rótulo que favoreceu os seus promotores, e não a própria autora[95].

Em razão dos cerceamentos temáticos e estéticos à sua voz, a escritora precisou brigar para realizar seus projetos. Então, com os lucros advindos da publicação de *Quarto de despejo* ela pagou a publicação de seu romance e de um pequeno livro de aforismos chamado *Provérbios*, também de 1963. Consta que este tenha sido impresso por uma gráfica e recebido nome ficcional de uma editora inventada (FERNANDEZ, 2015, p. 158). Sobre *Provérbios* afirmou Meihy:

---

literatura", e explica: "Cheia de períodos curtos e pobres, Carolina, sem ser imagética, semianalfabeta, não era capaz de fazer orações subordinadas, por isso esses períodos curtos", e para completar, diz ele: "Ouvi de muitos intelectuais paulistas: 'Se essa mulher escreve, qualquer um pode escrever'". A permanência do debate em torno de seu pertencimento à literatura, constantemente atualizado por instâncias oficias de legitimação, é reveladora dos traços coloniais e eurocêntricos constituintes do nosso sistema literário, tão profundamente atravessado por silenciamentos impostos aos sujeitos à margem do centro. Entre as falas do editor e do professor, no entanto, existe uma diferença fundamental – hoje nossas vozes-negras-mulheres-plurais estão circulando em maior dimensão, intensamente disputando valores e significados frente à narrativa única. Em resposta ao professor, entre muitas outras coisas, disse Elisa Lucinda: "Se me perguntarem o que mais me incomoda no epidêmico e sistemático racismo direi que é o olhar que depositam sobre nós a proferir as mesmas mudas perguntas: "como ousas? O que você está fazendo aqui? Você não sabe que aqui não é o seu lugar?". Verificar em: http://www.publishnews.com.br/materias/2017/04/24/carolina-de--jesus-e-literatura-sim.

[95] Discuto a noção de pertencimento à favela em minha dissertação de mestrado: *Carolina Maria de Jesus, experiência marginal e construção estética*. USP, 2013.

Foi mesmo um ato de teimosia, pois não houve editor que aceitasse publicá-la. Provérbios vendeu ainda menos que Casa, e além de tudo não gerou nenhum lucro. Talvez, no máximo, tenha servido para satisfazer o próprio ego e a angústia de não sair de circulação e se mostrar como escritora "de literatura". O resultado foi uma piora de suas condições financeiras já precárias (MEIHY & LEVINE, 1994, p. 35).

A batalha de Carolina Maria de Jesus para publicar seus escritos ficcionais está atestada em seus próprios textos, onde são descritas suas inúmeras tentativas de enviar originais para avaliação de editores no exterior, procurar jornalistas e pessoas envolvidas com literatura. "Os americanos querem publicar, mas não conseguem encontrar tradutor. Os tradutores brasileiros lá ficam cheios de importância e não querem traduzir meu livro." (JESUS, 1976, in: FERNANDEZ, 2015, p. 212). A publicação do romance *Pedaços da Fome* representa uma grande realização para a autora, fruto de seu próprio esforço para a concretização de seu projeto literário, pois era através da escrita ficcional que ela pretendia ser (re)conhecida enquanto escritora[96].

Contudo, a publicação de **Pedaços da Fome** não saiu do jeito que ela imaginou: "O moço que ia publicar mudou o livro todo, tirou as expressões bonitas, não gostei" (idem, p. 212). Mais um exemplo de edição intervencionista retroalimentando o lugar de enunciação reservado para a escritora: as "expressões bonitas" foram retiradas porque competiam com o cenário de miséria e subcidadania que *cabia* a Carolina narrar, marginalizada dentro do centro literário como a "escritora vira-lata", a "escritora do lixo". Ora, "expressões bonitas" estão no âmbito da *forma de contar*, e não do que é contado. A questão, portanto, não incide exclusivamente na esfera do conteúdo (e da experiência que ele veicula), mas

---

[96] Segundo Aline Alves Arruda, Carolina Maria de Jesus escreveu seis romances que ainda estão inéditos: *Dr. Sílvio*; *Diário de Martha ou Mulher diabólica*; *Dr. Fausto*; *Rita*; *O escravo* e dois romances sem título. (ARRUDA, 2015, p. 80). Em sua tese de doutorado, a pesquisadora analisa "Dr. Silvio", dando-nos chance de conhecer o texto na íntegra. V. ARRUDA, A. (2015).

abarca antes um gesto de delimitar previamente a fala (definindo como a autora deve/pode falar).

A escrita de Carolina, nesse sentido, é captada através de um *pacto de referencialidade implícita*, que à espreita de fora da ficção, implicando no entendimento da escrita imanente a uma realidade anterior ao discurso, responsável por produzir *a priori* os sentidos do texto. Um pacto que rege a forma como a autora é lida, resultando na perspectiva de que o texto caroliniano é sempre um retrato cru da realidade, ainda que tenha forma ficcional. Como se seu universo autobiográfico fosse irredutível a qualquer possibilidade de invenção, de fabulação, de imaginação, incompatível com "expressões bonitas" que pudessem "desviar" seu real explícito.

Em suma, quando Carolina Maria de Jesus surge no universo de circulação de discursos mediada pela valoração "escritora favelada", a definição do sujeito que fala resulta na definição prévia da fala desse sujeito, transformando o universo autobiográfico em única via de concepção do universo literário. Trata-se de um problema que não se encerra nela e vai atravessar a autoria negra de variadas formas.

Contudo, a resposta a esse emparedamento da voz foi dada pela autora através da própria literatura. Uma resposta objetiva que nos lança uma pergunta difusa: *há limites demarcados para a ficção de autoria negra?* Por que quando se trata de autores negros cobra-se mais o dever (aquilo que o texto deve dizer), que o devir (de sentidos, à espera de interpretação)? O *lócus* enunciativo do autor define prévia e irredutivelmente os sentidos e alcances de um texto literário? Isso significa que, para fazer sentido, o leitor deve compartilhar esse *lócus*? Por qual razão essa definição incide de forma mais intensa nas textualidades de autoria negra, mesmo em tempos em que se defende que toda enunciação vem de algum lugar no tempo e no espaço, e que, por conseguinte, todo autor está situado?

Como veremos a seguir, a resposta de Carolina Maria de Jesus aos emparedamentos[97] impostos à sua voz pode ser captada pela fresta que seu romance *Pedaços da fome* nos abre.

---

[97] Aqui me remeto diretamente ao poema "O emparedado", de Cruz e Sousa, fundamental para pensarmos as dinâmicas que constrangem a autoria negra.

4.2| Pedaços da Fome: Branquitude e Colonialidade Nacional

> *"...Juro que hei de ser filantrópica."*
> – Carolina Maria de Jesus, "Pedaços da fome" –

Pedaços da Fome (1963) é o título que a editora[98] que publicou o romance de Carolina Maria de Jesus deu ao livro, evidentemente interessada em apoiar-se no sucesso mercadológico de *Quarto de Despejo,* cujo conteúdo gira em torno da fome e das necessidades básicas de manutenção da vida. Porém, o título que a autora escolheu não era esse, e sim *A felizarda* – adjetivação que qualifica tanto a origem quanto o destino de Maria Clara, protagonista do romance, em sua trajetória toda construída pelo privilégio sócio racial que constitui a *branquitude* brasileira.

Maria Clara é a única herdeira de uma grande propriedade, filha de um poderoso Coronel do interior paulista, possuidor de grande poder de mando. A cidade onde ela nasceu é um microcosmo colonial. A primeira frase do romance já antecipa a representação de um perfil histórico: "No topo de uma colina, donde se avistava toda a propriedade, o Coronel Pedro Fagundes edificou sua fazenda" (JESUS, 1963, p. 15). O coronel, "homem conservador, [que] não abandonava os seus hábitos" (p. 16), personifica a elite rural proprietária, correspondendo ao perfil do patriarca escravocrata cujo mandonismo se estendia sobre a terra, a esposa, a filha, o delegado[99], os colonos subservientes, aos quais apadrinhava os filhos[100].

---

[98] Editora Áquila.

[99] Flagrante, por exemplo, no episódio em que Maria Clara e Paulo saem para dar um passeio de trem, e o coronel entende que eles haviam fugido, então ordena ao delegado que prenda o moço: "O delegado chegou e iniciou a busca nos carros. Encontrando-os, deu-lhes voz de prisão. Paulo quis protestar mas o delegado disse que era ordem do Coronel. – O senhor deve apenas obedecer-me, eu recebo ordens e obedeço, e quando dou ordens quero ser obedecido" (JESUS, 1963, p. 50).

[100] Leia-se nessa passagem do romance: "Raul era um dos antigos colonos e era compadre do coronel e Dona Virginia. Os olhares se encontravam e eles sorriam: – Bom dia, comadre! – Bom dia, compadre! – Bom dia, compadre! – Bom dia, coronel! –

A protagonista é a única filha de Virginia e do Coronel Galdino. Eles formam uma célula fechada, sob a qual erigiu-se o desenvolvimento da família, tendo como núcleo de ação, o homem. "Esta filha foi quem estimulou-me ao trabalho. Depois que ela nasceu eu passei a negociar, eu prosperei. Creio que posso dizer: a minha filha deu sorte. E o seu olhar percorria o espaço. (...). Dona Virginia gostava de ouvir o Coronel falar. A voz era acústica" (p. 19). Mas, para além da esfera doméstica – estritamente organizada sob os moldes do padrão patriarcal, que literalmente ecoava a voz "acústica" do homem (pai/marido) – o empoderamento do coronel é escorado em uma ordem social favorável, que não lhe imputava obstáculos.

> [O Coronel] não havia dúvida, nascera sob o domínio de uma boa estrela, pois até essa idade [45 anos] não encontrava empecilhos na vida, tudo era amplo, igual ao espaço. Via todas as aspirações realizadas, às vezes ficava pensando: "consigo tudo que almejo, tenho a impressão que a felicidade é minha madrinha e me protege com seu manto" (JESUS, 1963, p. 15, 16, grifos meus).

A ascensão e o empoderamento do personagem ocorre menos em decorrência de seu esforço pessoal, e mais em sintonia com uma situação constituída pelo *privilégio*[101] – que, dentro de um quadro social hierarqui-

---

Bom dia, compadre Raul. – Sabe; disse o coronel: eu já observei que quando o senhor nos visita, cumprimenta sempre a Dona Virginia em primeiro lugar. Raul ficou vermelho, e perguntou-lhe: – Isto magoa-te? – Oh não! Dá-me prazer. E outra coisa, porque a Dona Virginia é tratada como comadre, e eu, sou coronel? – Há tempo desejava esclarecer esse assunto. É que eu acho o título coronel muito bonito e gosto de pronunciá-lo" (JESUS, 1963, p. 20).

[101] A problemática do privilégio branco dentro da sociedade brasileira foi discutida pioneiramente pelo sociólogo negro baiano Guerreiro Ramos, que teceu considerações acerca da patologia social dos brancos brasileiros e, principalmente, da patologia dos brancos nordestinos. A patologia, ou protesto da minoria branca nos estados dessas regiões consistia numa constante reivindicação das origens da própria brancura, o que Guerreiro às vezes define como a perturbação psicológica em sua auto avaliação

camente racializado, significa o lugar da branquitude numa sociedade de contornos e matrizes coloniais. O romance é quase didático em mostrar que a "boa estrela" que acompanhava o Coronel era justamente a sua condição de homem branco, patriarca, proprietário, heterossexual. Ele desfruta, enfim, do privilégio inerente à linhagem dos antigos senhores de engenho[102].

A vida da herdeira muda quando Paulo aparece, um viajante desconhecido que ela encontra ao acaso, na praça. Como dito anteriormente, assim como o "moço do limoeiro", no romance de Ruth Guimarães e Tancredo, na ficção de Maria Firmina dos Reis, novamente aqui se repete a mesma cena: um homem branco que surge sem passado e é aceito sem demora, modificando a vida das sinhás.

Maria Clara, por ser filha do "homem mais rico do Noroeste" a quem "as más línguas diziam que tinha jagunços. E era um homem malvado" (p. 25), crescera isolada, nenhum pretendente "ousava aproximar-se dela" (p. 25). Destarte, sem nunca ter conversado com homem algum a não ser o pai e os servos do pai, ao conhecer Paulo se envolve imediatamente por ele. "Maria Clara estava emocionada. Ali estava um homem falando com ela, prestando atenção em suas palavras" (p. 30). Paulo Lemes, como o nome já simboliza,

estética; além de demonstrar "inferioridade sentida com excessiva intensidade e superioridade, desejada, mas fictícia", por isso, "Ao tomar o negro como tema, elementos da camada 'branca' minoritária se tornam mais brancos, aproximando-os de seu arquétipo estético – que é o europeu" (FIGUEIREDO & GROSFOGUEL, 2007, p. 39).

[102] De acordo com Lia Vainer Schucman: "O fato de o preconceito racial recair sobre a população não branca está diretamente relacionado ao fato de os privilégios raciais estarem associados aos brancos. O branco não é apenas favorecido nessa estrutura racializada, mas é também produtor ativo dessa estrutura, através dos mecanismos mais diretos de discriminação e da produção de um discurso que propaga a democracia racial e o branqueamento. Esses mecanismos de produção de desigualdades raciais foram construídos de tal forma que asseguraram aos brancos a ocupação de posições mais altas na hierarquia social, sem que isso fosse encarada como privilégio de raça. Isso porque a crença na democracia racial isenta a sociedade brasileira do preconceito e permite que o ideal liberal de igualdade de oportunidades seja apregoado como realidade. Desse modo, a ideologia racial oficial produz um senso de alívio entre os brancos, que podem se isentar de qualquer responsabilidade pelos problemas sociais dos negros, mestiços e indígenas" (SCHUCMAN, 2012, p. 14).

vem de São Paulo, e será o leme que levará a moça por outras paragens.

Rapidamente Paulo percebe as insígnias de poder em torno da moça: o nome de seu pai grafado nos bancos da praça, dando nome ao largo, dando medo aos transeuntes – todos empregados do coronel. Para se apresentar a Maria Clara, ele esconde sua história e inventa uma ficção: diz ser um bem-sucedido dentista. Mas na realidade não tem nenhuma ocupação e nem perspectivas de ter, mora de favor num pequeno quarto nos fundos de um cortiço. Paulo é um sujeito marginalizado da modernidade. Distante do perfil do malandro, isto é, de alguém que descobre caminhos para viver, está num lugar mais vulnerável. Não se adequa ao mundo do trabalho, plasma entre o favor da tia e a vexação pública. Um *outsider.* Órfão, criado em abrigos, "não tem instrução, nem ação, nem resolução" (p. 126), fora "sempre preterido", passando a "infância dormindo em casas abandonadas" (p. 103). Sujeito posto à margem, cujo perfil representa as "vidas precarizadas" pela modernidade. Completamente desprovido de qualquer aspecto da condição de cidadania, Paulo diz a Maria Clara que estava a passeio pela cidade, mas na verdade, o território onde ela era senhora foi-lhe imposto como cárcere. Isso o narrador nos diz com a narrativa já avançada, no diálogo entre Paulo e seu primo rico Renato:

> – Onde estiveste o mês atrasado? – No interior. Mas Paulo não disse onde esteve, Paulo tinha ímpetos de gritar, não queria relatar sua vida a ninguém, mas precisava conter-se. Não podia exaltar-se porque ele era pobre (...) – Eu soube que você foi preso, disse Renato com sarcasmo. O que me informaram foi que você brigou lá na vila e quando fui com meu advogado para liberta-lhe da polícia, esta já havia te mandado para uma casa de detenção fora da capital (JESUS, 1963, p. 99).

Em *Pedaços da fome* Carolina Maria de Jesus ficcionaliza diversos aspectos que emparedavam a vida dos sujeitos desfavorecidos no "sistema-mundo capitalista" (GROSFOGUEL, 2008), demonstrando a permanência de configurações colonialistas de poder. A vida de Paulo é tão precária que ele não detém o controle sobre a narrativa da própria história, sobre o que preferia ter ocultado. Ele atua à margem de forma tão profunda, que também é marcado como parte dos corpos encarceráveis: estava na vizinhança de Maria Clara justamente por ter sido preso e enviado para a cadeia da cidade. Quando a conhece, ele acabara de ser libertado e estava, literalmente, sem eira nem beira.

Para constituir a verossimilhança da personagem nenhum pormenor escapa à ficção: enquanto esteve pela cidade de Maria Clara, Paulo "dormia dentro da igrejinha do cemitério" (p. 142), o território dos corpos sem vida "foi o único lugar que realmente gostei e gozei tranquilidade. Os mortos não me censuram, não acharam os meus defeitos. Não me fizeram observações" (p. 142). De fato, Paulo é um indivíduo *relativamente vivo*, ele representa os sujeitos que a cidade, que carrega seu nome, delegou à margem; aqueles que em *Quarto de Despejo* Carolina Maria de Jesus costumava chamar de "rebotalho".

Do ponto de vista de Paulo, a sua condição de homem socialmente desprivilegiado, diante do poder do Coronel, reavivava a ordenação colonial opressora estruturada em torno da hierarquia senhor e escravo: "Teu pai é severo. Ao lado dele fico sem ação. O teu pai tem hábitos de escravocrata. Na sua presença eu tenho a impressão que estou vivendo na época da escravidão. Eu não posso e não devo ter sinhô" (p. 60). Dessa forma, a sua condição de homem pobre é expandida para além da esfera monetária, pois *produz* a sua subjetividade, a sua esfera íntima, e pauta a sua relação com o mundo. Tal dado é especialmente relevante dentro da escrita caroliniana, amplamente marcada pelas questões de manutenção da vida no contexto rural e metropolitano. A questão econômica, que delimita, no romance, a superfície do conflito entre as personagens, é formalizada como um amálgama de "*sistemas de produção, poder e significação*" (ESCOBAR, 2005, p. 18)[103].

[103] "A economia ocidental é geralmente pensada como um sistema de produção. Da perspectiva da antropologia da modernidade, entretanto, a economia ocidental deve ser vista como uma instituição composta de sistemas de produção, poder e significa-

No romance, relações sociais são organizadas inscritas pela hierarquia de poder senhor-escravo. Subscrita sob o paradigma da colonialidade, a questão econômica sustenta a visão de mundo das personagens[104]. No caso do coronel, constitui a sua masculinidade hegemônica. O coronel Galdino, como já dito, não nasceu em berço esplêndido, pelo contrário: ele prosperou. E à sua prosperidade também subjaz o seu lugar patriarcal. Isto é, ele ascende socialmente tendo como base de sustentação a sua esposa, cuja subalternidade fortalece seu lugar de mando:

> Dava um suspiro e dizia: "Pois é minha ilustre Virgínia. Eu ainda gosto de você, por que é uma boa dona de casa, boa esposa e boa enfermeira, quando eu estou doente cuida de tudo com desvelo. Porque tudo que custa dinheiro merece cuidado. Você não deu-me motivos para que eu lhe repreenda em nada. Enfim estou contente com você Minha Virgínia divina. Quando o teu pai apresentou me tuas irmãs para eu escolher lhe a minha companheira para acompanhar-me nos alpes da vida, gostei mais de você. (...) Já é tempo de agradecer a tua dedicação. Quando eu era pobre você contentava-se com que eu podia lhe dar. Não exigia nada. Soube suportar heroicamente as agruras da vida. Percebendo que você era digna de melhor condição de melhor existência resolvi lutar" (JESUS, 1963, p. 18).

ção. Os três sistemas uniram-se no final do século dezoito e estão inseparavelmente ligados ao desenvolvimento do capitalismo e da modernidade. Devem ser vistos como formas culturais através das quais os seres humanos são transformados em sujeitos produtivos. A economia não é apenas, nem sequer principalmente, uma entidade material. É antes de mais nada uma produção cultural, uma forma de produzir sujeitos humanos e ordens sociais de um determinado tipo" (ESCOBAR, 1995, p. 59. Apud: LANDER, 2005, p. 18).

[104] Como nessa fala de Virgínia, mãe de Maria Clara: "Nós somos uma família culta. E pretendíamos para a nossa filha um homem culto porque... é horrível a união de um superior com um inferior" (JESUS, 1963, p. 66).

A ficção não situa os acontecimentos no tempo, mas a partir de certos detalhes descritos é possível perceber que a história percorre desde as primeiras décadas do século XX até meados de 1950. O tempo, no romance, conjuga o espaço: este sim, bem dividido e delimitado entre duas espacialidades, o interior e a metrópole. No interior, o espaço é circunscrito à casa grande, fazenda, praça e estação de trem. Mais que cenários, estes locais são símbolos que condensam a experiência da protagonista – Maria Clara foi criada dentro dos estritos domínios do patriarca. Protegida e isolada, é petulante, soberba e tirânica, a Sinhá de outros tempos[105]. Já a metrópole, na ficção, é narrada menos como espaço físico e mais como um conjunto de relações que são tecidas à partir de engrenagens de poder e subalternização – entre a fragilidade social dos pobres e o mandonismo colonial dos ricos. No interior, o tempo se apreende na narração de situações, relações e lógicas comunitárias que remontam ao século XIX, principalmente através da centralidade do mandonismo do coronel. No urbano, onde tudo era promessa de futuro, a ficção burila situações, relações e lógicas comunitárias que, novamente, arregimentam um modelo do passado. Dessa forma, ainda que o espaço no romance seja globalmente dividido entre os pares interior-rural/metrópole-urbana, as duas espacialidades não configuram uma antinomia, não são representadas como partes opostas e separadas, ao contrário, elas constituem dois polos que se complementam semanticamente, pois assim como no

---

[105] Intocável, ela deseja sair do lugar herdado, que a impede mais do que permite: "Recolhida nos seus aposentos, construído especialmente para ela, Maria Clara evocava o seu passado na escola com grande ressentimento. Era considerada a melhor aluna da classe. Era aprovada em tudo. Reinava na classe e nunca foi castigada e recebia as melhores notas. Ninguém mencionava seu nome. Dizia: "A filha do coronel". Quando atingiu a juventude, com seus sonhos deslumbrantes, a reserva com que lhe tratavam foi magoando-lhe profundamente. Ninguém ousaria tocar-lhe. A filha do coronel era uma boneca de porcelana. (...) O título de coronel do seu pai era uma muralha impedindo que alguém lhe aproximasse" (JESUS, 1963, p. 22). Porém, depois de viver a experiência desastrosa do casamento com Paulo, ela muda seu ponto de vista, e conclui que seu pai estava certo em tentar protegê-la e isolá-la do mundo.

mundo rural – onde as estruturas de opressão e a centralidade do poder do patriarca reeditavam o mundo de senhores e escravos; no universo urbano – retratado a partir das desigualdades socioeconômicas e da subalternidade dos sujeitos, o que a ficção dá a ver é um encalço de colonialidade sustentando a edificação moderna da metrópole.

No primeiro diálogo entre os jovens, Paulo elogia a moça, destacando para o leitor o atributo que a nomeia e define: "Maria Clara, o teu nome combina com tua cor. A senhorita é nívea, parece que nunca tomou sol. Maria Clara sorriu, apreciando o exame que Paulo fez da sua pessoa" (p. 29). *Pedaços da fome* é construído a partir de falas que localizam os posicionamentos axiológicos das personagens em torno da colonialidade do poder (QUIJANO, 2000), sempre interseccionada pelo gênero, a raça e a classe social:

> Chegaram no jardim, dois senhores estavam sentados no banco. – Vamos noutro banco, deixemo-los em paz. – Não, eu quero sentar-me no mesmo lugar. Paulo não apreciava os debates, calou-se. Maria Clara aproximou-se e disse-lhe: – Eu quero sentar-me neste banco. Eles olharam, era a filha do coronel, levantaram e saíram do jardim. Paulo ficou admirado. – Como eles te obedecem? **As mulheres que os homens obedecem ficam petulantes e deixam de ser mulher**. É bonito a mulher meiga e amável. – Pretendo ser amável com você, sorriu Maria Clara, fitando-o. – Você parece uma ditadora, pois eu esperava uma discussão. Eu sendo um cavalheiro tinha que defender-te. Eu ia lutar com dois homens. (...) Eles são empregados do meu pai, tomam conta do armazém (JESUS, 1963, p. 41-2, grifos meus).

De forma muito articulada, a ficção dispõe da relação senhor/escravo como metáfora para nomear o afeto das personagens:

Paulo mordia os lábios, as palavras de Maria Clara o incomodavam. – Oh! Muito obrigado pela boa impressão que você tem do homem paulista. Eu sou paulista, sinto-me honrado, você transformou meu coração em seu escravo. Maria Clara sorriu-lhe. – É bom ter um escravo perpétuo. – Mas ele vai ter uma Sinhá carinhosa. O teu coração sendo meu escravo será amarrado numa corrente de ouro. (JESUS, 1963, p. 35).

A condição gendrada patriarcal da mulher branca é tão restritiva, que ao ser encontrada conversando com um estranho, o pai exige que a filha se case com ele imediatamente. A cerimônia de casamento ocorre na sequência. No meio do marido e do pai, Maria Clara é um sujeito subalterno, sem agência sobre si: "O teu pai não tem o direito de interferir na nossa vida. Você pertence-me!" diz-lhe Paulo, já na condição de esposo. Depois de casado, performando o desejo do colonizado de assumir o lugar do colonizador[106] (MEMMI, 2007), na primeira oportunidade Paulo "sentou-se na cadeira de balanço do coronel e pensou 'como eu seria feliz se pudesse residir aqui. Isto não é casa, é um paraíso'" (JESUS, 1963, p. 65).

Para viver a sua história sem interferências, Maria Clara foge com Paulo da espacialidade dominada por seu pai. Quando chegam à capital, o primeiro ato enunciativo da personagem ao ver-se pela primeira vez fora dos domínios estreitos do coronel se conecta à sua condição privilegiada: "Há facilidade para encontrar criada?" (p. 70), ela pergunta. Do

---

[106] A mulher branca, objetificada como insígnia de empoderamento do homem, corresponde, na ficção, às conclusões do pensador e escritor tunisiano Albert Memmi em sua obra *Retrato do colonizado precedido de retrato do colonizador* ([1957]2007). "A primeira tentativa do colonizado é mudar de condição mudando de pele. Um modelo tentador muito próximo se oferece e se impõe a ele: precisamente o do colonizador. Este não sofre nenhuma de suas carências, tem todos os direitos, beneficia-se de todos os prestígios, dispõe das riquezas e das honras, da técnica e da autoridade. Ele é, enfim, o outro termo de comparação, que esmaga o colonizado e o mantém na servidão" (MEMMI, 2007, p. 162).

centro da cidade, eles partem para a periferia, e no caminho do centro à margem, Paulo interrompe o fingimento que estava sustentando até então, e revela-se a Maria Clara:

> – Oh! Paulo! Eu não estou acostumada com respostas ríspidas! – Sim, sim, Dona Maria Clara Fagundes, eu percebi. No jardim, com aqueles infelizes que estavam sentados em teu banco. Você tem a mesma mania de pretensão do teu pai. Você deve estar habituada a dirigir ofensas aos outros. Vocês ricos vivem bajulando-se. Um rico não gosta de inimizar-se com outro rico, mas nós os pobres vocês não consideram. Vocês é quem predominam e selecionam as classes. (JESUS, 1963, p. 70).

Somente quando chegam ao destino, ela descobre que ele, na verdade, é paupérrimo. O roteiro se estende em privações e desacertos do casal, pois Paulo não oferece nada do ideal romântico de matrimônio que a jovem imaginava e não corresponde ao perfil de masculinidade ansiado.

Os locais pelos quais Maria Clara passa localizam o leitor diante da cartografia da cidade quanto à divisão de centro e periferia, sinalizando a decadência sócioeconômica da personagem, cujo roteiro é geograficamente situado: do interior do estado paulista (sem menção nominal a cidades) ela chega à capital pelo centro (praça da Sé). De lá, segue para a periferia (Guarulhos), para morar em um cortiço. No Jardim Europa, torna-se empregada em uma mansão. Por fim, vai para a favela, que não tem localização precisa.

Dessa forma, a aventura romântica da jovem constitui o ponto de inflexão em sua trajetória – mas o amor, saindo do lugar do clichê que poderia ter nesse caso, não está na chave clássica do "golpe do baú", visto que Paulo não recebe nenhuma vantagem econômica em sua manobra para conquistar a relação com a jovem herdeira: ele a leva para o seu núcleo social. Assim, em vez de Paulo ficar rico casando-se com Maria Clara, ela fica pobre com o relacionamento.

Localizando a mulher branca na ordem de gênero que a inferiorizava – destino parecido ao da Sinhá Carolina do "moço do limoeiro", no romance *Água funda*, Maria Clara também troca de lugar. "Era a primeira vez que ela entrava num lugar tão pobre. Desconhecia as classes sociais; não sabia que existia paupérrimos, médios e ricos. [...] Eu não estou habituada com as preocupações da vida" (p. 71). Assim, através da relação com (São) Paulo, a personagem vive uma experiência social outra, passando a conhecer um mundo totalmente novo para ela, passando a ser *outra*.

A intersecção de gênero, raça e classe social é o dispositivo central de significação na ficção, sustentando os sentidos para os atos das personagens, bem como para os conflitos que as atravessa e qualifica. É notável como, no romance, essas categorias estão sempre conectadas uma na outra formando sistemas de dominação que convergem, complexificando a relação entre os sujeitos.

A autora opera uma visada sagaz da intersecção, pois, contrapondo a ideia de que por ser uma escritora negra e pobre ela só poderia falar do negro e do pobre [isto é, tendo o universo ficcional submetido à correspondência do universo biográfico do sujeito que escreve] a romancista vai tratar do universo dos brancos da classe senhorial, incorporando, na ficção, o próprio *modus operandi* que a elite nacional usou para narrar a si e ao mundo: tomando o branco na posição de sujeito racialmente elíptico – aquele que, sendo a norma não nomeada, desempenha o poder de nomear o outro, racializando-o. Destarte, por tratar da branquitude, não há nenhuma menção explícita ao dado racial no romance de Carolina Maria de Jesus. Com exceção de Maria Clara, que já traz no nome próprio o atributo da brancura e é descrita corporalmente através dessas marcas (o cabelo loiro, os olhos verdes), nenhuma outra personagem do romance avulta como corporalidade. Apaga-se a racialidade de todos os personagens, para ressaltar a brancura da protagonista, destacada exatamente para sobrelevar a sua condição (quando não material), simbolicamente privilegiada.

A identidade racial branca foi pensada por Frantz Fanon em *Pele Negra, Máscaras Brancas* (1952), obra na qual o psiquiatra martinicano primeiramente ressalta que "racismo e colonialismo deveriam ser entendidos como modos socialmente gerados de ver o mundo e viver nele" (GORDON, 2008, p. 15). Nessa obra, Fanon discute uma gama de temas relacionados à raça pensada através da relação entre colonizador e colonizado enquanto categorias que atravessam e constituem as subjetividades dos sujeitos brancos e negros em relação. O racismo da própria estrutura da colonização gera para o sujeito negro as máscaras brancas, "pactos" com a ideologia do branqueamento que sinalizam a rejeição de si próprio em uma tentativa de escapar das estereotipias associadas negativamente aos negros na sociedade ocidental. Para Fanon, o mesmo racismo subjetivado pelos negros é também experimentado pelos brancos na constituição das identidades raciais brancas, porém, em uma relação assimétrica. Assim, o funcionamento da categoria raça implicaria num sentimento de superioridade dos brancos em detrimento aos não brancos (FANON, 2008).

Nesse sentido, o apagamento do dado racial representa um elemento chave da narrativa, desde o qual se revela a intencionalidade da autora. Exatamente porque o dado racial não consta, a branquitude se acentua, pois a protagonista assume uma das características mais peculiares da branquitude no Brasil – o privilégio de apagar as tensões raciais em torno de si e do próprio lugar de poder, de invisibilizar o conflito racial e refletir sobre os processos de racialização que delimitam historicamente a elite[107]. Dessa forma, em *Pedaços da Fome*, Carolina Maria de Jesus constrói uma protagonista que reflete caracteres da branquitude nacional.

[107] Edith Piza (2002) e Ruth Frankenberg (1999) argumentam que se existe algo que pode ser entendido como característico da identidade racial branca é a invisibilidade, concretizada cotidianamente através da falta de percepção do indivíduo branco como sujeito racializado. Piza classifica essa identidade coletiva como uma construção em contraposição, onde os não brancos são aqueles que têm a visibilidade da raça. Para Frankenberg, não é que a identidade racial branca seja invisível, mas sim que ela é vista por um e não por outros, e dependendo dos interesses ela é anunciada ou tornada invisível. (SCHUCMAN, 2012, p. 24). Como destaca Liv Sovik, "a hipervalorização silenciosa do branco consegue fazer sentido, não porque as classes hegemônicas são uniformemente brancas, mas porque nos permite reconfirmar que estamos diante do poder (ou da "beleza"), na forma que assumiu durante o processo histórico que começou com a colonização europeia". (SOVIK, 2004, p. 371).

Um dos artifícios ficcionais de que a autora lança mão para representar esse lugar de poder é justamente o silenciamento sobre a raça e conflitos raciais, como se essa dimensão simplesmente não existisse no jogo de forças do campo social.

Essa perspectiva fica mais evidente se observamos o romance dentro do conjunto da obra de Carolina. Em *Diário de Bitita* (1986), por exemplo, a dimensão racial é verbalizada e estrutura o enredo do começo ao fim, presente ou patente em todas as ações de todas as personagens. A partir dos acontecimentos em torno de Bitita, inclusive daqueles acontecimentos que ela herda da família, a narrativa desnuda um mundo social regido por uma dinâmica estritamente racializada, dividida entre dominadores (brancos) e dominados (negros). Aspectos históricos dos primeiros tempos da República, como a substituição da mão de obra afro-brasileira pela estrangeira; os primeiros acessos de crianças negras à escola; as relações de apadrinhamento; o sistema de colonato; etc. compõe as memórias textualizadas na ficção, alçando-as à enunciação da experiência histórica negra no pós-abolição. Pela voz de Bitita, Carolina narra um quadro social e político onde a raça era a categoria central que articulava a pertença ou a não pertença do sujeito à nação. A ampla exclusão do negro ao status de cidadão após 1888 é narrada por meio de diversos aspectos, passando pelo analfabetismo da população, a permanência do trabalho escravo, a dificuldade de acesso a equipamentos públicos de forma geral, o racismo sistêmico. A narrativa espelha essa conjuntura através do olhar de uma menina negra, o que amplifica sua característica questionadora, pois, diferente dos adultos, a criança é alguém que faz perguntas – interroga tudo ao seu redor, e sem receios, desestabilizando aquilo que já compunha a "normalidade" social. A liberdade de fazer perguntas é o traço que caracteriza Bitita, além da sua pele preta.

Bitita é uma menina de pele escura. Esse dado da sua experiência é constantemente destacado na narrativa, que acentua a todo tempo a linha de cor como um aspecto tácito da diferenciação social e do acesso fracionado à cidadania. A menina passou a infância sendo racialmente inferiorizada. "Quando alguém ia me xingar era: – Negrinha! Negrinha!" (JESUS, 1986, p. 74). "Dona Cota, espanca esta negrinha! Que menina cacete. Macaca" (p. 11). "Que negrinha feia! Além de feia, antipática. Se fosse minha filha eu matava." (p. 11). Essa violência em torno do seu corpo negro pauta a subjetividade da menina: "Um dia perguntei a minha mãe: – Mamãe eu sou gente ou bicho? – Você é gente minha filha! – O que é ser gente? A minha mãe não respondeu" (p. 10). A raça e o racismo comparecem na narrativa de forma transversal e sob vários pontos de vista. "Eu sabia que era negra por causa dos meninos brancos. Quando brigavam comigo, diziam: – Negrinha! Negrinha fedida!" (p.92). No texto, estão grafados a dor, a violência, a revolta: "Não compreendi, mas achei isso tão confuso! Por causa dos meninos brancos criticarem o nosso cabelo: – Cabelo pixaim! Cabelo duro! Eu lutava para fazer os meus cabelos crescerem. Era uma luta inútil. O negro é filho de macaco. Que vontade de jogar pedras" (p. 92). Assim, a narrativa vai amalgamando diversos discursos de raça em períodos curtos, sintéticos, diretos – como se fossem pedras atiradas.

O romance destaca mulheres negras sendo presas sem razão (ou melhor, dentro de uma (ir)racionalidade racista) e a permanência do chicote – macro símbolo da opressão dos senhores de escravos. "Quando havia um conflito, quem ia preso era o negro. E muitas vezes o negro estava apenas olhando. Os soldados não podiam prender os brancos, então prendiam os pretos. Ter uma pele branca era um escudo, um salvo-conduto" (p. 52). Muitos episódios da narrativa acentuam a arbitrariedade da punição que as pessoas negras sofriam, apenas por serem negras. "Os brancos, que eram os donos do Brasil, não defendiam os negros. Apenas sorriam achando graça de ver os negros correndo de um lado para outro. Procurando um refúgio, para não serem atingidos por uma bala" (JESUS, 1986, p. 56).

Quando lido em comparação com *Diário de Bitita* fica evidente como, embora Maria Clara fosse lida socialmente no espaço citadino a partir de adjetivos que sugerem sua feminilidade branca (princesa, madame, pianista, grã-fina), representante do padrão de beleza eurocêntrico – "ela pensa que por ter um rosto bonito já é o bastante para alguém viver nesse mundo" (JESUS, 1963, p. 156), em nenhum momento ela, as demais personagens, ou o narrador, aludem à essa condição como elemento constituinte do conflito: é como se a racialidade não existisse como dado social, ainda que a dialética senhor/escravo seja retomada durante toda a narrativa para significar a experiência das personagens.

O cortiço onde o casal vai viver é propriedade da despótica Dona Raquel, tia de Paulo. Quando conhece Maria Clara ela imediatamente percebe que tratava-se de uma estranha no ninho (da pobreza): "você aqui parece uma flor fora da estufa" (p. 92). E os convida para passar uns dias em sua casa, uma mansão no Jardim Europa. Observando a "suntuosa residência", Maria Clara fica curiosa: "Qual será o preço de uma residência assim? Paulo (...) respondeu, distraído. – Uns quatro milhões de cruzeiros", secando a lágrima, ela conclui: "A três meses atrás essa quantia era insignificante para mim, pensou... mas desci" (p. 93). A rápida passagem sutilmente aponta que a mansão não é a Casa grande, a tia, uma burguesa que enriqueceu porque se casou com um homem rico, não está no mesmo lugar de poder do qual a protagonista tombou. Não obstante, sua condição economicamente privilegiada é suficiente para reinscrever uma dominação intragênero cuja genealogia remete ao tempo colonial: em contrapartida à hospedagem que oferecera, a tia torna a jovem herdeira sua empregada doméstica.

O trabalho doméstico no Brasil possui raízes escravocratas e patriarcais[108], configurando um lugar de poder que mantem operante diversos signos históricos de colonialidade, renovados sob a dinâmica patroa/empregada. Essa realidade sociohistórica é vertida em material ficcional para constituir o conteúdo da experiência de Maria Clara diante de sua nova condição econômica. O tema da opressão no trabalho doméstico ocupa lugar de revelo na produção escrita de Carolina Maria de Jesus.

---

[108] Em seu célebre texto *Racismo e sexismo na cultura brasileira* (1980), Lélia Gonzalez estabelece um fio histórico entre a doméstica e a mucama, problematizando as "imagens de controle" (Collins, 2000) que a sociedade brasileira impugna às mulheres negras: "*os termos mulata e doméstica são atribuições de um mesmo sujeito. A nomeação vai depender da situação em que somos vistas*" (Gonzalez, 2018, p. 196). Para Lélia, "*o engendramento da mulata e da doméstica se fez a partir da figura da mucama*" (p. 198): a doméstica nada mais é do que "*a mucama permitida*", uma função que articula a divisão racial e sexual do trabalho conectando os tempos através da manutenção da subalternidade da mulher negra.

Tanto ela quanto sua mãe trabalharam como empregadas domésticas nas cidades do interior de Minas Gerais e do estado paulista, e foi por intermédio dessa colocação, que a autora veio para a cidade de São Paulo depois da morte da mãe: acompanhando uma família que a trouxera para ser doméstica. Mas Carolina se via como uma "péssima empregada" (JESUS, 1994, p. 185), e não conseguiu adaptar-se às regras do trabalho, que ela considerava semicolonial – dormir no serviço, não ter permissão de sair à noite, aguentar desaforos dos patrões – e logo abriu mão dessa ocupação. Como aponta Robert Levine, "tudo indica que não lhe faltavam serviços nas casas de famílias brancas economicamente bem colocadas, mas, segundo suas próprias palavras, ela era muito independente para passar a vida limpando as bagunças alheias" (MEIHY & LEVINE, 1994, p. 21).

No romance *Diário de Bitita*, Carolina Maria de Jesus adentra de forma transversal as relações de dominação entrincheiradas na configuração do trabalho doméstico no interior do Brasil no começo do século XX, dando a ver nitidamente os contornos coloniais que pautavam a vida de mulheres negras e famílias brancas:

> As mulheres pobres não tinham tempo disponível para cuidar dos seus lares. Às seis da manhã, deviam estar nas casas das patroas para acender o fogo e preparar a refeição matinal. (...) Que coisa horrível! As que tinham mães deixavam com elas seus filhos e seus lares. Era comum ouvir as pretas dizerem: – Meu Deus! estou tão cansada! A comida que sobrava, elas podiam levar para suas casas. E nas suas casas, os seus filhos, que elas chamavam de negrinhos, ficavam acordados esperando mamãe chegar com a comida gostosa das casas ricas. (...) Se o filho do patrão espancasse o filho da cozinheira, ela não podia reclamar para não perder o emprego. Mas se a cozinheira tinha filha, pobre negrinha! O filho da patroa a utilizaria para o seu noviciado sexual. Meninas que ainda es-

tavam pensando nas bonecas, nas cirandas e cirandinhas eram utilizadas pelos filhos do Senhor Pereira, Moreira, Oliveira e outros porqueiras que vieram do além-mar. (JESUS, 1986, p. 33, 34).

Em *Pedaços da fome* é também visível seu intento em mostrar que na atividade laboral de doméstica vigoravam relações de dominação características do período escravocrata, defendendo que no contexto do trabalho livre as patroas reeditam as velhas posturas das sinhás.

Nessa perspectiva, a narrativa das desventuras de Maria Clara como empregada não apenas exibe uma rotina exaustiva de afazeres intermináveis, mas também mostra que a atividade envolvia a privação de liberdade e o controle sob a esfera íntima da personagem. Para completar o quadro, a opressão também se dá no âmbito da sexualidade, visto que ela é constantemente assediada por Renato, filho da patroa. Assim, subjazendo a experiência de Maria Clara como empregada doméstica comparecem elementos similares àqueles vivenciados pelas mucamas nas casas-grandes.

Nesse contexto, a liberdade só poderia ser obtida através da fuga – e é exatamente essa a solução que Maria Clara e Paulo encontram para resistir ao seu "cativeiro", fogem da casa da tia burguesa, em busca de outra história. Essa atitude desencadeia outras ações, como a desapropriação do cortiço que, finalmente, os leva à favela – *lócus* que Carolina Maria de Jesus metaforizou como quarto de despejo da cidade.

Durante o tempo que passa em São Paulo, a protagonista compartilha as amplas dificuldades estruturais da população negra e pobre: a luta diária pela sobrevivência, a moradia precária, a carestia do custo de vida, a falta de perspectivas. Os problemas de moradia da década de 1940, envolvendo desapropriações, despejos, elevação dos preços de aluguéis e início da favelização urbana (SILVA, 2006) que pautam o drama de Maria Clara[109], tornam-se elementos estruturantes da ficção.

---

[109] A tia de Paulo se desfaz do cortiço, em consequência disso, Maria Clara e sua família passam a morar em uma favela. "Ah, eu vim receber o aluguel e avisar-te que vendi a vila (...) e o novo dono quer a vila desocupada. Ele vai demolir para construir um

Casada com Paulo e vivendo a outra face da riqueza, Maria Clara articula a transformação que vive justamente a partir da razão colonial, isto é, ela entende que a sua nova condição social a transformara em escrava. Escrava do marido: "– Sabe Paulo, tem hora que você repugna-me. Oh! Meu Deus! Isto não é vida! Você quer transformar-me em escrava" (JESUS, 1963, p. 143); escrava da tia burguesa de Paulo, como mostra essa passagem:

> Maria Clara começou a sentir os estertores do parto: era uma hora da manhã. O Paulo foi despertar a Dona Maura. Ele queria procurar a tia Raquel, Maria Clara recusou: – Não. Não. Eu prefiro a dona Maura. É mais compreensível. E até aqui é sempre ela que tem nos auxiliado. Ela nunca recusou-me um favor. A tua tia não veio ao mundo para favorecer ninguém. E se ela favorecer-me há de querer transformar-me em escrava. Ela já tem a alma de escravocrata (JESUS, 1963, p. 136).

Escrava, por ter perdido a possibilidade de fazer escolhas a respeito das coisas mais elementares, inclusive as que regiam a sobrevivência: "Você disse-me que é meu escravo... mas a escrava sou eu. Eu não sabia andar calçada com tamancos; aprendi. Eu não comia pão amanhecido. Atualmente como pão duro" (p. 189).

Contudo, passados sete anos, já mãe de seis filhos, um dia Maria Clara é reencontrada pelo pai, que a procurara incansavelmente durante todo o período em que estivera afastada, e então sua vida muda radicalmente outra vez. Ou melhor, volta ao ponto de início: novamente, ela volta a ser uma rica herdeira, junto à proteção do Coronel Fagundes. Assim, finalizado o capítulo de agruras, fruto de uma aventura amorosa que não estava em seu roteiro de vida, Maria Clara, resgatada, retorna ao convívio ao seu mundo de origem, por intermédio da ação de seu pai.

---

edifício. Vocês têm noventa dias de prazo. Maria Clara pensou: onde é que eu vou encontrar um senhorio que aceite-me com as crianças. Ter seis filhos hoje em dia é como se fosse mil quilos de chumbo..." (JESUS, 1963, p. 161).

Em conclusão, o final da narrativa concentra, portanto, o que se identifica como o grande sentido do romance, isto é, o conteúdo cognitivo que ele comunica. Ainda que tendo vivido uma vida de "escrava branca" (do seu ponto de vista acerca de ser escrava) o que Maria Clara conclui com a experiência indica que não haverá qualquer mudança na ordem das coisas e nos lugares de poder.

> Maria Clara ergueu os olhos em direção a janela e disse, entre murmúrios e soluços: – invejo as nuvens que seguem lentamente, livre de preceptores; e prosseguiu lamentando: – Eu não conhecia a mania dos ricos porque quando somos ricos não percebemos o quanto a nossa exigência escraviza uma pessoa. Mas eu também obriguei muitos pobres a curvar-se aos meus pés. [...] O meu casamento com você é uma expiação daquelas faltas. Dizem que o que se faz paga-se. Agora eu estou acreditando nisso. Os ricos pensam que os pobres desconhecem os sentimentos; que são insensíveis. Aos ricos nunca fazer advertências porque eles é que predominam. Agora que sou pobre é que tenho dó dos pobres. Porque compreendo o seu sofrimento. Quantos pobres hão se estar ressentidos comigo. [...] E entre triste e arrependida ajuntou: – Se eu voltar a ser rica um dia, juro que hei de ser filantrópica. (JESUS, 1963, p. 115, 116, grifos meus).

Dessa forma, a formação que a personagem poderia ter acerca das desigualdades sociais e históricas entre os sujeitos se esvai num ato curto: ela volta a ser "sinhá", porém, agora será uma "sinhá" filantrópica. Com efeito, embora passe a relacionar riqueza e opressão com mandonismo e escravidão, seu devir-pós-pobre indica uma ação que corresponde ao movimento de manutenção pacífica dos mesmos lugares de poder.

Retém-se dessa curta síntese que, através da protagonista, a tessitura da ficção manipula intersecções de gênero e classe na constituição da colonialidade. O gênero, apreendido pela classe social, regula o lugar subalterno da mulher branca: "Ela era uma ave que estava encerrada numa gaiola de ouro. Não vai habituar-se em uma gaiola de ferro" (p. 87). Esses dois marcadores sociais são articulados para inscrever a colonialidade enquanto ponte do passado com o presente. A raça, na ficção, é o dispositivo que gerencia a mobilidade social em uma sociedade estratificada: a autora constrói uma personagem branca e a expõe às experiências circunscritas aos racialmente inferiorizados apenas para concluir *que ela pode romper com o ciclo de vidas precárias*. Sua condição econômica é fluida, pode mudar radicalmente, mas Maria Clara, como sinaliza o seu nome, sempre será branca, tem um passado na elite aguardando-a – e um futuro garantido. Isso já havia sido anunciado no momento em que a personagem, logo que entende a situação dramática em que se encontrava, "Deu um longo suspiro e resolveu deixar de pensar. 'Não tenho outra alternativa a não ser deixar minha vida aos cuidados do futuro'" (p. 80). De fato, é exatamente isso que ocorre: ela deixa o tempo passar, até que a "normalidade" retorne.

Desse modo, o leitor poderá captar, no romance, a intersecção de classe, gênero e raça articuladas numa narrativa que, diferentes das tantas outras narrativas de Carolina Maria de Jesus, tem final feliz. Por isso mesmo, *A felizarda* é um título ajustado ao perfil da personagem, incluindo aí o seu devir – circunscrito pelo privilégio da branquitude dentro da sociedade colonialista brasileira.

5 | ANAJÁ CAETANO

Trago em meu corpo a marca das chibatas
como rubros degraus feitos de carne
pelos quais as carretas do progresso
iam buscar as brenhas do futuro.
– Eduardo de Oliveira, "Banzo" –

"*Esse pedaço d'África na noite do meu povo*". Com este verso do poeta Eduardo de Oliveira, Anajá Caetano eternizou para si uma imagem: uma romancista negra brasileira, descendente de africanos, diaspórica. Ela explica, em paratexto do seu romance, que quando o livro estava no prelo, "um fato curioso aconteceu na vida da autora: a visita imprevista do príncipe Yao Boateng, Embaixador Plenipotenciário da República de Gana e do Conselheiro da Embaixada"[110]. Eles foram até ela porque "desejavam ambos conhecer a romancista negra – "esse pedaço d'África pendurado na noite do meu povo" – como diria o poeta Eduardo de Oliveira".

O verso de "Banzo", poema publicado um ano antes do romance, é o teto simbólico que abriga, na escrita, sua identidade de mulher africana na diáspora.

BANZO
Eu sei, eu sei que sou um pedaço d'África
pendurado na noite do meu povo.
Trago em meu corpo a marca das chibatas
como rubros degraus feitos de carne
pelos quais as carretas do progresso
iam buscar as brenhas do futuro.

---

[110] Sobre a estadia do príncipe Yao Boateng no Brasil, ver: http://memoria.bn.br/DocReader/Hotpage/HotpageBN.aspx?bib=089842_07&pagfis=62704&url=http://memoria.bn.br/docreader# . Acesso em 01/05/2018.

> (...)
> Eu sei, eu sei que sou um pedaço d'África
> pendurado na noite do meu povo.
> Balouça sobre mim, sinistro pêndulo
> que marca as incertezas do futuro
> enquanto que me atiram nas enxergas
> aqueles que ainda ontem exploravam
> o suor, o sangue nosso e a nossa força.
> (OLIVEIRA, 1965).

O banzo, resultado subjetivo da fenda que a travessia atlântica no navio negreiro produziu na vida e na memória dos povos negros da *América Ladina*, como Lélia Gonzalez chamou o território diaspórico da América, traduz o sentimento histórico de *ser* um fragmento disperso, mas pertencente à África.

Num ato discursivo de juntar partes separadas, a identificação da autora com o lamento em português do poeta negro brasileiro responde à sua interlocução com representantes africanos que vieram visitá-la. "Ambos queriam identificar a autora que, no Brasil, quase um século após a libertação dos escravos escrevia um romance de costumes, reportando com fidelidade hábitos multiseculares (sic) de tribus (sic) africanas (p. 15). Dessa interlocução atlântica – entre o banzo que o poeta eternizou no poema e a escuta africana – revela-se, então, a face de Anajá Caetano:

> A autora esclareceu a origem daquelas reminiscências. Descendente de angoleses da tribu (sic) dos "Quiôcos" conservara de memória todas aquelas narrativas de seus antepassados, na sua maioria feitas ao pé do fogo, junto ao borralho da velha e solarenga residência de seu pai de criação, o dr. José de Souza Soares. Ficou assim justificada a preponderância das inclinações artísticas da autora, porquanto, como é sabido e notório os "Quiôcos" foram, na África, os precursores de uma série de apreciáveis criações artísticas cuja influência seria impossível negar (CAETANO, 1966, p. 15).

Como se vê, a voz autoral busca se sustentar no vínculo com a história de seus antepassados africanos, os Tchokwes, povos artistas. E se posiciona no lugar da memória, das reminiscências. Apoiada nesses elementos, a escritora reivindica o lugar de *romancista negra* através do pertencimento assumido a uma etnia e a uma memória africanas[111].

Anajá Caetano é a primeira romancista a auto enunciar sua identidade negra de forma declarada no discurso, isto é, com um sujeito que se auto afirma negro em primeira pessoa. Mas, além de assumir a autoria negra como lugar de fala autoral no romance, Anajá Caetano pauta sua identidade – inclusive artística – ao pertencimento a um povo africano específico. A romancista negra afirma saber de onde veio, condição rara na experiência negra da diáspora. Conforme veremos, esse pertencimento comparece no enredo do romance em múltiplas referências.

Entre todas as autoras negras (que consegui mapear) que produziram romances no Brasil, Anajá Caetano é indubitavelmente a mais desconhecida, ou invisibilizada. Fotografias e quaisquer outras informações biográficas e de trajetória, como data de nascimento, são incógnitas. Sabemos apenas que nascera em São Sebastião do Paraíso, sul de Minas Gerais, região cafeeira próxima à divisa com São Paulo, que também constitui o espaço da ficção. Seu romance resta esquecido e soterrado numa primeira e única edição[112], *outsider*, mesmo dos exercícios de "res-

---

111 Os *côkwe* são uma etnia bantu que residem no nordeste de Angola, se estendendo ao sul do país e ao extremo sudoeste da República Democrática do Congo e ao extremo noroeste da Zâmbia. O nome Tchokwe apresenta algumas variantes (Tchokwe, Chokwe, Batshioko, Cokwe). "côkwe" é a forma vernácula utilizada oficialmente em Angola, mas nos tempos coloniais adotaram-se variantes aportuguesadas para a denominação da etnia, como Quiôcos – que é a forma utilizada por Anajá Caetano. Os Tchokwe/Chokwe desfrutam de uma admirável tradição de esculpir máscaras, esculturas e outras figuras. A sua arte inventiva e dinâmica é representativa das várias facetas inerentes à sua vida comunitária, dos seus contos míticos e dos seus preceitos filosóficos. As suas peças de arte gozam de um papel predominante em rituais culturais, representando a vida e a morte, a passagem para a fase adulta, a celebração de uma colheita nova ou ainda o início da estação de caça. A região Lunda-Tchokwe é constituída pelas províncias da Lunda-Norte, Lunda-Sul e Moxico, cada uma comportando diversas etnias, sendo os Tchokwe o grupo majoritário.

112 O livro foi publicado pela Edicel, uma editora espírita, que começou a operar em

gate" empreendidos em torno da autoria negra. Por isso, assim como a maior parte das obras do *corpus*, essa também necessita de análises aprofundadas que possam captar os detalhes de sua constituição[113].

O romance é o único suporte acessível que guarda o conhecimento disponível sobre o universo autoral de Caetano. A partir do que ele nos diz nos paratextos (apresentação, orelha e prefácio), destaca-se a auto-referencialidade negra da autora, desde suas origens autonomeadas africanas aos seus pertencimentos políticos. Os paratextos do romance alinham diversos nomes representativos do protesto negro pelo mundo à altura do meio século XX, construindo uma espécie de "moldura de combate" para o texto. O prefácio, assinado pelo poeta e pesquisador Eduardo de Oliveira (1926 – 2012), (que também fez a apresentação de *Pedaços da fome*, de Carolina Maria de Jesus) descreve o romance como "uma genial e bem-sucedida tentativa de reconstituição histórica", e a autora, classificada como "autodidata" é denominada "a romancista dos escravos" (OLIVEIRA, in: CAETANO, 1966, p. 11). Ao final do livro são anexadas algumas críticas favoráveis, em torno das quais prevalece a ênfase na importância do livro no combate ao esquecimento em que estava submersa a experiência escrava, cuja memória precisa(va) vir a lume[114].

1966, mesmo ano de lançamento do romance. A obra encontra-se hoje fora de circulação, apenas essa primeira e única edição foi lançada.

[113] O texto analítico mais detido acerca de Anajá Caetano foi elaborado pelo lusitanista e brasilianista inglês David Brookshaw, autor do seminal *Raça e cor na literatura brasileira*, de 1988. É Brookshaw quem nos diz que, além de *Negra Efigênia, paixão do senhor branco*, Anajá Caetano teria publicado: *No silêncio da casa grande* e *O oitavo pecado*, segundo ele, livros premiados na Academia Brasileira de Letras. Não foram, entretanto, encontradas referências a essas obras em nenhuma outra bibliografia ou catálogo bibliográfico.

[114] A primeira delas é assinada por Paulo Matoso, angolano que chegou ao Brasil na condição de estudante numa das primeiras turmas de africanos que vieram estudar em universidades brasileiras. Representante do MPLA e uma figura central do encontro entre o associativismo político-cultural negro brasileiro com a militância anticolonial africana. Matoso esteve próximo à Associação Cultural do Negro (1954-1976), organização negra com mais de 700 sócios, e a mais importante associação de intelectuais e ativistas negros em São Paulo em meados do século XX (SILVA, 2017, p. 811). A nota de Matoso, intitulada "Um livro de leitura indispensável", destaca "o conselho recebido de vários homens de letras e de algumas das mais conceituadas editoras da

Destaca-se, ainda nos paratextos, o elogio à forma como se dá a mediação da narração de tais problemas históricos. Os comentários impressos na obra condensam notas críticas, biográficas e políticas que nos informam um tanto sobre a romancista. Por meio de Matoso, por exemplo, sabemos que a obra passou por avaliações de conselhos editoriais, embora tenha saído por uma editora tão estreante quanto o próprio livro. Leão Machado aponta para o equilíbrio entre a elaboração ficcional e o dado da experiência histórica narrada como grande mérito do romance. Silveira, por seu turno, inscreve o romance numa política de gênero, ao salientar a violência contra a mulher escravizada. Arruda, por fim, ao

---

Capital, como por exemplo a Editora Saraiva, para que a Anajá Caetano trouxesse a lume o seu romance", afirmando que "A leitura da obra recomenda-se a leigos e a estudiosos, por proporcionar-lhes, disso temos plena certeza, saudáveis momentos de lazer e de entretenimento, além de oferecer-lhes relato de uma transição histórica, talvez perdida ou esquecida pela memória do Tempo. Paulo Matoso (jornalista africano)".
Na sequência paratextual do romance, segue-se uma carta que o escritor Leão Machado (membro do Grupo Baruel, por onde passou Ruth Guimarães) enviou para a autora, em retorno ao pedido que ela lhe fizera de leitura de uma parte da obra. "Esse pouco que li me deu a impressão que a senhora resolveu satisfatoriamente os problemas do gênero de romance histórico, que é uma mistura de ficção e realidade". O escritor continua seu comentário dizendo: "Pareceu-me que a senhora soube dosar convenientemente os dois elementos que devem entrar nesse tipo de romance, isto é, manter a fidelidade histórica, rodeando-a de fantasia e de imaginação criadora". A última palavra de valoração impressa no romance é da jornalista Oricema Silveira, que salienta um ponto central do romance ao dizer: "Fê-lo com realismo, sem prejuízo para o romance de costumes e de amor que escreveu, contando uma história real dos tempos em que a negra da senzala era no fundo a presa fácil do homem branco, do senhor de escravos, ávido de emoções violentas com as escravas submissas e indefesas". Por fim, a escritora Eunice Arruda escreve a orelha do romance, na qual explica que Anajá Caetano teve como "mentor e pai de criação" José de Souza Soares – que se empenhou no estudo da formação social e econômica de *São Sebastião do Paraíso* desde os tempos coloniais, e cujos escritos teriam apoiado a autora no adensamento do lastro de realidade presente no romance. Segundo ela "esse excepcional achado lhe possibilitou emprestar maior colorido ao romance, mais autenticidade à reconstituição histórica, que se propusera fazer como escorva de resíduos daquela vivência cuja memorização talvez, lhe fosse importuna pela crueza de alguns fatos". (In: CAETANO, 1966, s/p, para todas as citações).

sugerir certo acento doloroso no ato da rememoração da experiência escrava por uma autora negra, facilitado pelo aporte historiográfico que a escritora usou como apoio para a ficção, pontua a importância do arquivo histórico na mediação/interpretação/elaboração da experiência.

Não obstante estas vozes legitimadoras, a autora desapareceu completamente do cenário literário. Em *O negro escrito*, Oswaldo de Camargo menciona que ela fora uma promessa de ficcionista negra que infelizmente não deu outros frutos.

Nestes apontamentos é necessário relembrar *Negra Efigênia, paixão do senhor branco*, de Anajá Caetano, de 1966. Foi até uma esperança de ficção escrita por uma mulher negra, em São Paulo. Não deixou, porém, consequências e Anajá Caetano, assim como Romeu Crusoé, retirou-se da vida literária (CAMARGO, 1987, p. 97).

Como se deu esse retirar-se da vida literária, apenas novas pesquisas poderão responder. Nessa primeira abordagem da obra, meu intento se resume em iluminar os gestos disruptivos do romance *Negra Efigênia, paixão do senhor branco*, um texto ficcional que se caracteriza pelo seu diálogo aberto e literal com a escrita da História.

Antes de entrar no romance, é pertinente situar minimamente o contexto histórico em que a obra foi lançada, a fim de observar o diálogo crítico que a autora estabeleceu com seu próprio presente ao retornar seu olhar para o passado. No período inicial da ditadura militar, quando a obra foi lançada, o Brasil continuava sustentando para o mundo a imagem de ser uma nação plurirracial sem conflito. Uma imagem que pode ser rastreada em discursos muito anteriores, discursos seculares. As concepções de que aqui se vivia um modelo de relações raciais harmônico eram tão mundialmente aceitas, que, alguns anos antes da publicação do romance de Caetano, o país havia sido escolhido pela Unesco para abrigar um ciclo de pesquisas cujo objetivo era "apresentar ao mundo os detalhes de uma experiência no campo das interações raciais julgada, na época, singular e bem-sucedida, tanto interna quanto externamente" (MAIO, 1999, p. 141)[115]. Esses estudos geraram um amplo material e formularam dados até o momento inéditos, revelando facetas mais complexas da racialização da sociedade brasileira, num contexto de acelerado processo de modernização capitalista.[116]

Virginia Bicudo, uma das primeiras intelectuais negras a negar o mito da democracia racial brasileira[117], integrou o projeto junto com nomes de

---

[115] "No final dos anos 40, a luta da agência internacional contra a intolerância racial teve dois movimentos bastante significativos. Primeiro, a realização de uma reunião de especialistas, congregando predominantemente cientistas sociais, com o objetivo de debater o estatuto científico do conceito de raça. A 1ª Declaração sobre Raça (*Statement on race*), publicada em maio de 1950, por ocasião da 5ª Sessão da Conferência Geral da Unesco, foi o primeiro documento, com apoio de um órgão de ampla atuação internacional, que negou qualquer associação determinista entre características físicas, comportamentos sociais e atributos morais, ainda em voga nos anos 30 e 40. O segundo movimento foi a escolha do Brasil, nessa ocasião, para ser objeto de uma ampla pesquisa sobre os aspectos que influenciariam ou não a existência de um ambiente de relações cooperativas entre raças e grupos étnicos, com o objetivo de oferecer ao mundo uma nova consciência política que primasse pela harmonia entre as raças" (MAIO, 1998, pp. 383-405).

[116] Marcos Chor Maio explica que: "Esta agenda (...) colocava para a inteligência do país inserida no mundo universitário o desafio de associar a qualificação profissional nos campos da Antropologia e da Sociologia e o incremento de pesquisas que pudessem decifrar o que o antropólogo [Arthur Ramos] considerava ser a singularidade brasileira, o "laboratório de civilização". Para Arthur Ramos, o tema das relações raciais assumia um lugar privilegiado para a percepção e análise dos desafios da transição do tradicional para o moderno, do cenário de significativas desigualdades sociais e raciais, da diversidade regional e da busca em conformar, em definitivo, uma identidade nacional. Neste sentido, o Projeto Unesco foi um agente catalizador. Uma instituição internacional, criada logo após o Holocausto, momento de profunda crise da civilização ocidental, procura numa espécie de anti-Alemanha nazista, localizada na periferia do mundo capitalista, uma sociedade com reduzida taxa de tensões étnico-raciais, com a perspectiva de tornar universal o que se acreditava ser particular. Por sua vez, cientistas sociais brasileiros e estrangeiros haviam assumido como desafio intelectual de não apenas tornar inteligível o cenário racial brasileiro, mas também responder à recorrente questão da incorporação de determinados segmentos sociais à modernidade. O êxito deste encontro entre propostas distintas contudo complementares foi a base de sustentação do Projeto Unesco." (MAIO, 1999, p. 142)

[117] Uma das primeiras vozes a negar o mito da democracia racial brasileira foi de uma

pesquisadores acadêmicos que despontavam no Brasil (tais como Florestan Fernandes, Thales de Azevedo, L. A. Costa Pinto, Oracy Nogueira, René Ribeiro), em parceria com jovens norte-americanos (como Marvin Harris, Hutchinson e Ben Zimermann), com a cooperação de nomes já estabelecidos (tais como Roger Bastide e Charles Wagley), e o acompanhamento vigilante de outros – tais como Gilberto Freyre e Donald Pierson (GUIMARÃES, 2007, p. 25). Em diálogo com o Teatro Experimental do Negro (TEN) e o I Congresso Nacional do Negro (1950), "através de seus principais intelectuais – como Guerreiro Ramos, Abdias do Nascimento e Edison Carneiro" (GUIMARÃES, 2007, p. 25), esses intelectuais produziram "o mais importante acervo de dados e análises sociológicas sobre o negro brasileiro" (p. 25). Cujo grande resultado foi a constatação da existência de preconceito racial na sociedade brasileira, quebrando a tese de que o Brasil era uma democracia racial.

Fortalecendo esse contexto amplo e articulado de revisão de concepções de harmonia racial delimitando a identidade nacional, Anajá Caetano olha para o passado do país mergulhando em múltiplos pontos sensíveis da experiência histórica central da nação brasileira: a escravidão negra. Assim, temos uma obra produzida no meio do século XX, por uma autora negra que, desse lugar, se volta para o período histórico escravocrata, compondo o enredo da escravidão até o treze de maio de 1888.

Como veremos, os sentidos do romance *Negra Efigênia* se chocam violentamente com a narrativa de uma sociedade plurirracial sem conflitos, que teria experimentado a escravidão de forma mais amena que as demais colônias europeias, graças à sorte de ter um colonizador "mais sensível". Eram exatamente essas ideias que o Brasil sustentava no exterior e internamente, condensadas na imagem de que aqui vingara uma

---

mulher negra: a psicanalista Virginia Leone Bicudo, que, de acordo com Janaina Damasceno Gomes, escreveu, em 1945, a primeira tese brasileira sobre relações raciais: *Estudo de atitudes raciais de pretos e mulatos em São Paulo*. Nela, a autora discute a importância da formação de associações negras, como a Frente Negra Brasileira, na mobilização contra os obstáculos para ascensão social dos negros e nega a suposição de que a ascensão social seria suficiente para a eliminação do preconceito. Pelo contrário, será essa situação que levará o negro a criar consciência de cor e então se articular politicamente" (GOMES, 2013, p. 16).

"democracia racial[118]" – o que fazia com que o país fosse visto pela maior parte do mundo como um "paraíso das raças".

5.1 | ContraVersão Narrativa da Escravidão

Outra Nega Fulô

*O sinhô foi açoitar
a outra nega Fulô
– ou será que era a mesma?
A nega tirou a saia
a blusa e se pelou.
O sinhô ficou tarado,
largou o relho e se engraçou.
A nega em vez de deitar
pegou um pau e sampou
nas guampas do sinhô.
– Essa nega Fulô!
Esta nossa Fulô!
dizia intimamente satisfeito
o velho pai João
pra escândalo do bom Jorge de Lima,
seminegro e cristão.
E a mãe-preta chegou bem cretina
fingindo uma dor no coração.
– Fulô! Fulô! Ó Fulô
A sinhá burra e besta perguntou
onde é que tava o sinhô
que o diabo lhe mandou.*

---

[118] De acordo com Joel Rufino dos Santos, o mito da democracia racial, que se fortaleceu com a publicação de *Casa grande & senzala*, de Gilberto Freyre, em 1933, "era composto por três peças fundamentais: 1. Nossas relações de raça são harmoniosas; 2. A miscigenação é nosso aporte específico à civilização planetária; 3. O atraso social dos negros, responsável por fricções tópicas, se deve, exclusivamente ao seu passado escravista" (SANTOS, 1985, p. 288)

> *– Ah, foi você que matou!*
> *– É sim, fui eu que matou –*
> *disse bem longe a Fulô*
> *pro seu nego, que levou*
> *ela pro mato, e com ele*
> *aí sim ela deitou.*
> *Essa nega Fulô!*
> *Esta nossa Fulô!*
> – Oliveira Silveira, "Cadernos Negros 11" –

O romance *Negra Efigênia, paixão de senhor branco* (1966) desloca o espaço da ficção para o tempo da escravidão, reescrita de forma original em um enredo que dialoga com a História do começo ao fim. O arquivo histórico comparece na ficção no emprego de fatos, episódios, nomes próprios de figuras reais e lugares, que constroem o contexto da escravidão no texto[119].

Mas a representação transgride a mimeses, porque constrói outras formas de elaborar a experiência histórica.

Dentro do *corpus* em análise, Efigênia é a primeira mulher negra escravizada protagonista do romance, posto que, Susana é uma personagem periférica no enredo de *Úrsula*; Joana dos Anjos é apenas uma silhueta

---

[119] A título de exemplo, cito essa passagem do romance: "Na Província de São Paulo, o ilustre Senador Nicolau Pereira de Campos Vergueiro, se antecipando a todos, já fez vir do Minho e da Alemanha as primeiras famílias de imigrantes camponeses, instalando-os em suas terras. Pela correspondência que venho mantendo com os padres da região, posso vos garantir que ao grande paulista se deve o primeiro ensaio de trabalho livre, que está possibilitando o surto da economia brasileira do café" (p. 123). Nicolau Pereira de Campos Vergueiro foi senador durante dez legislaturas consecutivas. Como parlamentar, sempre defendeu posições liberais e antiescravistas. Na década de 1840 e na década de 1850, foi pioneiro na introdução de imigrantes europeus em suas fazendas de café em Limeira (Fazenda Ibicaba) e Rio Claro (Fazenda Angélica). No entanto, caracterizou-se pela severidade no seu trato com os imigrantes, o que motivou revoltas dos colonos, que o acusaram de os tratar como semiescravos. Uma comissão do governo que estudou o caso posicionou-se a favor dos colonos. Como resultado, em 1859 a Prússia proibiu a imigração de prussianos para o Brasil.

de mulher em *Água funda* e *Pedaços da fome* foca na branquitude. Na ficção de Caetano, Efigênia é o pêndulo sob o qual a história será escrita/contada.

Escrevendo quase oitenta anos depois da abolição, a autora constrói um romance que procura (suas próprias) rotas de fuga – um espaço imaginado para pensar a escravidão fora dos emparedamentos do discurso nacional de narrativa do passado. Para isso, a romancista articula um recurso de inversão, buscando uma *contraversão narrativa,* que curtocircuita a organização de sentidos impressos na sociedade colonial e cristalizados nas narrativas históricas.

O romance é situado nos arredores de São Sebastião de Paraíso, em torno de Barreiros, um microcosmo colonial onde reinava o poder do senhor de escravos, cuja hegemonia o alçava ao perfil de um senhor feudal – masculinidade branca dominante semelhante a de outras personagens antagonistas que encontramos no **corpus**. Eis a representação da personagem:

> Com a consolidação da sua fortuna, conquistada na exploração das jazidas de ouro e na indústria do açúcar, apossara-se dele esse estado de espírito da burguesia dominante. Barreiros não exercia apenas o poder centralizador do engenho de açúcar, da fábrica, da indústria com seu poder aglutinante. Era sobretudo um pequeno império, que desfrutava sobre uma vastíssima área de quase absoluta autonomia. A não serem os tributos devidos à Coroa, nada mais dava a Manuel Botelho Neto a sensação de dependência da colônia. Foi esta circunstância excepcional que deu ao capitão-mor todas as características de senhor feudal. (CAETANO, 1966, p. 31).

O texto articula duas temporalidades, perceptíveis por meio da citação de dados históricos documentados. A narrativa posiciona seu início quando "o Brasil começava a despertar para a industrialização", e "no coração de Minas Gerais começavam a fumegar os altos fornos de Caeté, montados pelo engenheiro francês Monlevade[120]" (p. 35). Assim, a primeira fase da narrativa, mais curta, se passa no início do século XIX: "Estamos em 1821. Muitos anos já se passaram" (p. 35) e apresenta o drama sob a pele de Benedita, uma mulher negra escravizada que dará à luz a Efigênia, protagonista da segunda fase, que se passa já na segunda metade do século e vai até 13 de maio de 1888. O tempo do romance, portanto, ocupa-se da quase totalidade do século XIX.

Embora a narrativa termine no dia da abolição da escravidão, isso não significa o fechamento do círculo senhor-escravo, e menos ainda, representa a liberdade como realidade social. Ao contrário, a conclusão do romance aposta na ideia de uma abolição centrípeta, ou seja, oriunda de forças que partem e remetem do centro, e que mantém o sujeito negro no mesmo lugar na hierarquia de poder.

Vejamos o romance.

A primeira fase da narrativa tem como ponto de partida a derrocada do "império", motivada por algumas rupturas. A narração começa pela decadência do poder hegemônico do capitão-mor, resultado do declínio das células que o sustentavam – a primeira delas atinge diretamente o *círculo familiar*[121] do patriarca: a cena de morte de um homem que havia matado sua esposa e por isso fora condenado à punição no pelourinho.

---

[120] Fundador da primeira usina metalúrgica com mão-de-obra escrava no Brasil, encomendada pelo governo português para produzir ferramentas para a agricultura e os engenhos, onde hoje se encontra a cidade de João Monlevade, MG, cujo nome homenageia o engenheiro.

[121] A metáfora do círculo familiar é de Octavio Ianni, empenhada para referir-se ao deslocamento de um escravizado da senzala para o interior da casa grande (caso de Efigênia, como veremos). Ianni lança a metáfora para figurar tal organização "como uma série de círculos sociais homogêneos, orientados para o centro". A partir do senhor do engenho, patriarca que ocupa o centro, marcava-se os lugares sociais daqueles que não eram parte da casa grande. Segundo Octavio Ianni, a tendência para uma utilização cada vez maior da mão de obra escrava tem por corolário, no âmbito social, a sustentação da organização patriarcal da família. Roberto Reis (1987, p. 26) utiliza a metáfora para analisar "a permanência do círculo" no romance brasileiro, destacando as relações hierárquicas que o compõe.

A morta em questão era filha de Manuel Botelho Neto da Fonseca e de Manuela Botelho Neto da Fonseca (senhores com nomes iguais, que traduzem uma igualdade da qual tratarei adiante).

Desse modo, o primeiro ato da ficção conflui para um forte símbolo: encerra a descendência e continuidade do poder representado pelo capitão-mor, posto que a morte de sua única filha inviabiliza a sua sucessão: um senhor feudal cujo poder acaba em si mesmo. Nesse aspecto específico, o final do romance de Maria Firmina dos Reis é o princípio do romance de Anajá Caetano. A punição para essa morte não é aleatória dentro dos sentidos da ficção, visto que, para punir o assassino, "fora erigido um pelourinho para o sacrifício" (p. 17)[122].

A morte da continuidade da família deixa o senhor fragilizado e desmotivado. A isso soma-se outro sentimento que vem desestruturar a calmaria do império, o medo, gerado pela "magia branca":

> Os dias que se sucederam foram de profundo constrangimento para os proprietários de Barreiros e seus

---

[122] O pelouro, em Portugal, ou pelourinho, como ficou fixado no Brasil, era um marco de pedra, onde se ostentava o brasão régio e o brasão da cidade, indicando a posse da terra pelo rei de Portugal e, consequentemente, pelo povoamento (cidade ou vila) que, pelo marco, era demarcado. Ao longo da Idade Média, com a estabilização das fronteiras portuguesas, veio a significar que, sendo *demarcada*, servia-se ali ao rei de Portugal. Com uma forma fálica, representava o poder régio sobre a localidade. Dessa maneira, era nesse local que sentenças eram anunciadas e castigos corpóreos eram aplicados em indivíduos que trangrediam a lei real, ao contrário dos castigos inquisitoriais, realizados em áreas específicas, de alguma forma, afastados do espaço onde se erigia o pelouro. No Brasil colonial, como não houve Inquisição, apenas a justiça régia era exercida e por isso a centralidade espacial nas cidades do pelouro. Embora seu uso punitivo fosse historicamente mais amplo e voltado a um grupo maior, na memória coletiva brasileira, o pelourinho ficou relacionado quase que exclusivamente ao martírio dos negros escravizados. A fixação dessa memória corresponde ao repertório nacional de manutenção perene do negro em condição de "vida precária" (Butler) – como o corpo castigado, humilhado, passível de ser violentado, linchado em praça pública. Nisto incide a inversão operada no texto: a romancista opta por começar seu romance sobre a escravidão com uma cena em que o pelourinho é construído para ser usado no corpo de um homem branco da elite.

> dependentes. Para aumentar aquele ambiente de opressão, os "despachos" anônimos, absolutamente anônimos, endereçados a todos e a ninguém, apareciam aqui e alhures, despertando cuidados e temor. O medo generalizou-se quando um dos mais prestimosos serviçais – o Pedro Braga, que viera com o casal de Santa Maria de Recuenga – foi contar a dona Manuela, que vira à noite, numa grota, perto da casa-grande, uns vapores cheirando a enxofre. Dona Manuela ficou seriamente perturbada com a notícia (CAETANO, 1966, p. 18)

O narrador deixa bem claro que os "despachos" eram "absolutamente anônimos" e estavam "endereçadas a todos e a ninguém", mas a Sinhá imediatamente entende que se tratavam de tentativas de vingança dos negros promovidas contra seus escravizadores: "Que escravo nosso teria feito isso contra nós? só os africanos são capazes. Exclamou Dona Manuela sinceramente intimidada diante do que vira" (p. 19). A fala da senhora expõe uma diferenciação entre escravos africanos e ladinos, sendo os primeiros imediatamente tomados como alvos da suspeita. A fim de averiguar o problema, dona Manuela envia dois de seus mais confiáveis funcionários (portugueses), que não tardam muito a voltar apavorados. A descoberta que fazem gera dúvida acerca da autoria do "despacho": "Se não me engano minha senhora, essa mandinga não é feita pelos negros", eles dizem. "Mas só os africanos fazem mágicas e canjerês", responde a senhora em tom categórico. Os empregados observam o material mágico, e por meio da observação, concluem aquilo que o pré-conceito da senhora não deixava ver:

> Aí é que se engana Dona Manuela. Os mouros nos ensinaram muitas mágicas e feitiços, tenho para mim que esta é feita por um dos nossos patrícios. Veja bem minha senhora, a raiz é de Salgueiro e esta árvore é tipicamente portuguesa, como o castanheiro. Como o negro da África poderia ter conseguido essa raiz?

> Além do mais a mandinga é um segredo dos mouros, já meus avós me contavam que em Viseu os mouros usavam esta bruxaria para matar os inimigos" (CAETANO, 1966, p. 19).

O quadro se completa quando, aterrorizada diante do feitiço, a senhora interpela ao funcionário uma maneira de resolver a situação. Ao que ele responde: "Não sei minha senhora, só perguntando a um desses africanos mais velhos. Talvez ele saiba" (p. 20). A proposta de solução é prontamente recusada pela senhora, que não poderia dispor das soluções africanas e assumir a necessidade de sua ajuda: "seria *confessar o nosso medo* a esses negros hereges ficando subjugados a toda sorte de caprichos. Depois jamais conseguiríamos *nos libertar dessa gente*" (p. 20, grifos meus).

Os africanos são tidos como os agentes da cura, enquanto os portugueses administram práticas ritualísticas ocultas e opostas à prerrogativa católica dominante. A reação da senhora acentua o medo dos brancos diante de suas próprias criações imaginárias acerca da relação dos negros com o universo do sagrado. O medo da senhora rege as suas interpretações. Contra essa "magia branca", ela tenta reagir construindo capelas para os santos católicos. Mas nada é o bastante para frear a "decadência da fazenda, que se prenunciava em diversos aspectos das suas atividades e particularmente no súbito encanecer de seu marido" (p. 21). Então, o poderoso senhor de escravos, que já estava frágil pela perda da filha, sucumbe.

> Embora as suas constantes palestras com o capitão-mor, procurando estimulá-lo, sentia ela que o marido começava a fraquejar. Os feitiços, sempre os malditos feitiços encontrados aqui e acolá, começavam a intimidá-lo. Não falava com a esposa para não intimidá-la. (...) mas no fundo ele sentia, era forçoso reconhecer, que havia uma campanha organizada para abater a grandeza dos Barreiros. Alguém procurava destruir aquele bastião que se implantara nos sertões, no co-

ração de Minas Gerais e que passara a exercer uma ponderável influência centralizadora sobre dezenas e dezenas de léguas em volta (CAETANO, 1966, p. 26, grifos meus).

Um senhor sem descendentes, com o espírito alquebrado, e que perdera a autoridade sobre os escravizados, cuja revolta se transmuta em ação, em resposta à violência dirigida à mulher escrava. Em um episódio central da trama, Benedita é punida pela Sinhá por ter saído da fazenda sem sua autorização. Ela havia caminhado uma longa distância a pé, grávida, para chegar até a paróquia e pedir o batismo ao padre. Inconformada com a atitude da escrava, que ousou tomar uma decisão autônoma, a sinhá a castiga e ela acaba por parir sozinha, em um lugar insalubre. A sinhá manifesta absoluto desprezo pela saúde daqueles que ela considerava sua propriedade. Inicia-se um debate entre ela e o padre, que defendia a presença do médico para cuidar de Benedita. O padre ganha o embate, e quando descobre que um médico virá cuidar da enferma contra a sua autoridade, a sinhá abandona a casa e retorna à fazenda de seu pai.

O sofrimento de Benedita abala fortemente a comunidade escrava: "movidos por um natural sentimento de solidariedade humana e pelo orgulho de sua raça, os negros se mantiveram altivos, indiferentes, revelando um estranho destemor que não passou despercebido ao senhor da casa- grande" (p. 60).

O coronel percebeu que não poderia insistir. Ficou petrificado, sentindo que os negros o envolveram subitamente num círculo estreito, encurralando-o. **O medo dominara-o. Não tinha coragem de encarar os escravos.** Furtava-se a olhá-los. A custo se mantinha de pé. Os braços cruzados sobre o peito, a cabeça baixa, o olhar comprido vagueando sobre o assoalho. A respiração lenta, pausada, quase imperceptível (CAETANO, 1966, p. 61, grifos meus).

Um senhor de escravos encurralado, assustado, com medo. Cercado por dezenas de homens e mulheres negras dignos e saturados. O discurso do padre amplia a dimensão política da situação:

> Coronel, a situação é grave. Bem mais grave do que o meu amigo supõe. Os escravos das fazendas de São Sebastião do Paraíso estão todos revoltados com o tratamento que vem recebendo. (...) Estes fatos, associados aos movimentos abolicionistas, agora mais intensos no norte e na corte, estão excitando os negros da redondeza à revolta. Há uma conjura tramada por uns negros mais audaciosos, visando o extermínio dos brancos, enquanto outros, que são os verdadeiros chefes, querem apenas desmantelar a nossa economia, fugindo para as serras, onde se organizam em quilombos. Em linhas gerais, é esta a situação, meu caro amigo. Como vê, o momento é grave não podemos brincar com fogo. Todo cuidado é pouco (CAETANO, 1966, pp. 65,66).

A inconformidade dos escravizados diante da escravidão é acentuada no romance a partir da intermitente organização grupal dos negros a fim de promover atos de enfrentamento aos senhores no cotidiano da senzala e fugas para quilombos. Dessa forma, o texto nega qualquer acento de conformação ou subalternidade do negro diante do cativeiro, e se aproxima mais da realidade histórica mapeada em inúmeras revoltas que agitaram todo o período imperial, como a Balaiada, a Sabinada, o levante Malê, etc.

O domínio de Manuel Botelho advém do fato dele ser um senhor de escravos, pois sua prosperidade é resultado da capacidade destes. O ouro debaixo da terra é extraído graças à técnica dos malanges[123], "que acabaram por vencer o temor dos práticos portugueses e iniciaram a construção de longos túneis até encontrarem os veios mais ricos". No romance, os africanos são posicionados como detentores de conhecimentos técnicos elaborados: graças à sua tecnologia é que o engenho prospera: "Todas as atividades passaram a ser exploradas com senso, industriosamente e as reservas minerais foram pesquisadas aproveitando a experiência dos africanos, afeitos aos trabalhos das minas no continente negro" (p. 34). Aqui a narrativa se contrapõe à ideia de que os escravizados eram uma

---

[123] Malanje (por vezes grafada Malange) é uma província de Angola.

mão de obra pouco qualificada – argumento "oficial" que sustentou sua exclusão da categoria de trabalhador assalariado no pós-abolição e fortaleceu a iniciativa estatal de trazer europeus para ocupar as funções do trabalho livre.

O romance de Anajá Caetano reivindica a nação como produto/resultado do trabalho negro, salientando que esta era a base de sustentação das fortunas das elites e do progresso nacional. "(...) Estavam ali as mais sólidas fortunas do Sul de Minas, todas feitas com o sacrifício do trabalho africano" (p. 45). O trabalho é um eixo fundamental de abordagem do negro no romance, mas isso não significa que o texto endosse a *doxa* histórica de representação literária do negro no papel exclusivo do escravo – mão de obra sem subjetividade. O trabalho, na ficção, está gerando outros sentidos, que (re)alocam o valor do protagonismo negro na arquitetura da nação[124].

> Aí o negro trabalhava de sol a sol. Era dura a vida. Não havia repouso naquela luta contra natureza hostil. Para dominá-la o negro foi agente decisivo por ser imprescindível pela resistência e insubstituível pela argúcia instintiva no trato com a rusticidade do ambiente. Nem por isso, os senhores reconheciam o seu valor na expansão da economia regional. "Trabalha negro! Trabalha!" era o imperativo que ecoava nos ares, vindo dos socavões das serras, das grotas, dos vales distantes ou das planícies longínquas onde de sol a sol o escravo ia varando os eitos para a derrubada dos cafezais novos nas terras ricas de sangue de tatu,

---

[124] A relação entre negritude e trabalho no pensamento crítico nacional sobre a integração do negro é desenvolvida por Manuel Querino (1851-1923), um artista e intelectual negro cujo ativismo se sustentava marcadamente na afirmação da centralidade do africano na construção do Brasil. "Foi o trabalho do negro que aqui sustentou por séculos e sem desfalecimento, a nobreza e a prosperidade do Brasil: foi com o produto do seu trabalho que tivemos as instituições científicas, letras, artes, comércio, indústria etc., competindo-lhe, portanto, um lugar de destaque, como fator da civilização brasileira" (QUERINO, 1980, p. 156).

ou dos canaviais, que se estende uma perder de vista (CAETANO, 1966, p. 53).

Outro ponto central da ficção, e que abre diálogo com as obras analisadas nos capítulos anteriores, é a questão da feminilidade branca interseccionada com o mandonismo escravocrata, pois a decadência do capitão-mor Manuel Botelho Neto da Fonseca não significa o declínio da lógica de poder que sustentava seu lugar de mando. Quando ele se torna fraco, seu posto é ocupado pela cônjuge, Manuela Botelho Neto da Fonseca. A igualdade dos nomes entre eles indica a paridade no poder que performam, muito diferentes das mulheres brancas retratadas até aqui – Úrsula e Luísa B., Sinhá Carolina, Maria Clara, estão lidando com o poder do senhor de forma mais hierárquica.

Em *Negra Efigênia* a mulher branca é sinônimo de mulher colonial: opressora maior da mulher colonizada. A mulher branca é o centro do poder – e não o homem branco. Nesse movimento, há um desvio da centralidade do poder masculino colonial, pois toda autoridade é posicionada nos gestos da senhora. Mas, entre a mulher branca e a mulher negra a estrutura de dominação está assegurada.

São frequentes no romance episódios em que não só a resolução mas os próprios termos do embate operam significados dissonantes. Mas a inversão nuclear que detona o embate central da ficção incide na esfera do gênero, operando tanto para a mulher branca, a sinhá, quanto para a mulher negra, a escrava. A sinhá Manuela vive um modelo de matrimônio fora do padrão da família patriarcal, desafiando, inclusive, o poder do pai e do padre. Uma mulher branca que, do seu lugar de poder, experimenta intensamente sua sexualidade, envolvendo-se sexualmente com homens brancos, homens e mulheres escravizadas. A agência que ela tem sobre si mesma a posiciona em um posto contrário ao que se impugnava à mulher branca na ordem patriarcal, mas isso não significa mudanças no trato dos escravizados.

5.2 | Abolição Centrípeta

"Para fora daqui! Sois livre!"
– Anajá Caetano –

A primeira parte da narrativa de *Negra Efigênia* acompanha os desenredos da escrava Benedita, a segunda parte persegue a trajetória de sua filha, Efigênia. O romance finda com a cena da abolição representando, conforme veremos, menos uma ruptura e mais uma reconfiguração das mesmas forças. Ambas as mulheres negras, mãe e filha, vivem o peso da escravidão a partir da intersecção de raça e gênero.

Nos primeiros capítulos do romance, vemos Benedita se envolver com o "moleque Tião", negro, jovem e escravizado como ela. Ambos são cativos na "fazenda do Tronco", conhecida pelo tratamento desumano dado aos negros "quase sempre por mero espírito de vingança da Sinhá" (CAETANO, 1966, p. 53). Embora estejam em campo de igualdade (os dois são negros e estão escravos), a relação afetivo/sexual entre eles também é mediada pela violência de gênero:

> O moleque Tião, aquele pedaço de homem, que de arrasto, quase na amarra, a levara para o quarto das tulhas, dominava-lhe o espírito tanto quanto lhe domina ao corpo com suas sofreguidões de homem. Quantas noites não havia saído, esgueirando-se pelas paredes da senzala para ir ter com Tião cujos braços, a enlaçavam com ânsia, magoando-lhe muitas vezes o corpo. (CAETANO, 1966, p. 55, grifos meus).

Tais maneiras brutas, violentas, violadoras, são contrapostas pela narrativa do ritual de núpcias a partir da tradição de Angola. A narradora onisciente nos leva pelos pensamentos de Tião, por suas memórias, a lembrar-lhe que sua condição de escravo na diáspora significava a impossibilidade de existir (e se relacionar) através dos seus próprios códigos culturais.

Se vivessem em sua terra natal, na Angola, ela estaria em ponto de ser recolhida ao "ritungo"... Sim, quando ela ficou núbia teria sido afastada da convivência dos homens, e no "ritungo" se processaria a longa preparação para o casamento - a "mucanda"... Seriam muitas e muitas luas de expectativa até que estivesse pronta para se casar... sim, a iniciação da virgem era longa... Ela teria que aprender tudo o que uma mulher necessita para ser uma companheira dedicada, uma esposa fiel e devotada ao seu homem... Para comprovar essas qualidades ela teria que tocar o "ririmba-rim-ba" todas as madrugadas, antes do galo cantar. Era assim mesmo, era assim. Depois, viria o casamento. A grande festa. Ela dançaria e por fim desposaria o manto da pureza - o "zeva" para entregar-se a ele pura, absolutamente pura. Entretanto o destino nos uniu em terra estranha para onde vieram como se fossem feras garroteadas, num navio negreiro... aqui tudo foi diferente. (CAETANO, 1966, p. 95).

Percebendo que Benedita já despertara o apetite lascivo que o senhor reservava às negras jovens ainda virgens, e impedido de realizar os rituais nupciais de sua cultura, o jovem Tião se antecipa, e "antes que o branco afoito o colhesse violentando aquela virgem cujas formas antecipavam um mundo de volúpia e prazer... foi isso que precipitou tudo. Temendo perder a sua "muari", tomou-a na marra a primeira oportunidade" (p. 94, 95). Assim, para evitar que a mulher negra fosse possuída pelo branco, que "judiava, perseguia, violava as virgens para saciarem nelas os seus mais baixos instintos", o homem negro a violentou.

O corpo da mulher negra foi o/um elemento central da conquista colonial. Nas palavras de Verena Stolke: "na sociedade colonial o corpo sexuado tornou-se fundamental na estruturação do tecido sociocultural e ético engendrado pela conquista portuguesa e espanhola e pela subsequente colonização do Novo Mundo" (STOLKE, 2006, p. 20). Não obstante, o romance de Caetano acentua não apenas a economia sexual colonial sustentada no corpo da mulher negra, mostrando a perversidade sexual dos senhores diante das meninas e mulheres escravizadas, vítimas de estupros recorrentes. Também os encontros amorosos entre os negros são pautados pelo paradigma da violência senhorial, mostrando a ingerência do princípio colonial na própria constituição afetiva das pessoas negras.

No texto *Vivendo de amor*, bell hooks, refletindo sobre os problemas históricos de afetividade na vida das mulheres negras, considera as amplas dificuldades que as pessoas negras encontraram em viver seus afetos. Algo extremamente difícil quando falamos de sociedades escravocratas e/ou com remanescências da escravidão. Nas palavras de hooks, "expressamos amor através da união do sentimento e da ação", mas, "se considerarmos a experiência do povo negro a partir dessa definição é possível entender porque historicamente muitos se sentiram frustrados como amantes". Ela explica: "O sistema escravocrata e as divisões raciais criaram condições muito difíceis para que os negros nutrissem seu crescimento espiritual" (HOOKS, 2006, p. 189)[125].

Impossibilitados de viver o afeto, a relação entre Benedita e Tião resulta em gravidez, e a gravidez resulta em violência. Novamente, o corpo da mulher negra é violado. E dessa vez, duplamente: ela é punida pelo senhor, porque teve relações sexuais com outro homem antes dele; e é punida pela senhora, porque ela queria estar no seu lugar:

> Vingara-se da negra que pegara Tião, aquele homem que sonhara em amansar para ela. Tião, o negro que todas cobiçavam e que seria seu não fora a peste de negra a se oferecer a ele... Estava vingada, mas, queria tripudiar ainda sobre a sua vítima. Era preciso liquidá-la de vez. Só assim se apagaria em sua memória o velho ódio contra Benedita, que pegara o negro mais cobiçado da fazenda, justamente o homem de que

[125] bell hooks publicou ainda *Salvation: black people and love* (2001), atualizando o debate em torno do impacto da desumanização oriunda do processo escravagista e de segregação racial na capacidade da população negra em desenvolver laços de amor e solidariedade.

mais precisava para suprir as ausências do Galdino, que já começava a afrouxar. Sim era preciso matar! Matar! Matar! (CAETANO, 1966, p. 194, 195).

A punição da senhora interpõe diretamente a violência intragênero, que se estende ao homem negro, objetificado através da sexualidade. Uma violência definitiva: em decorrência dela, o bebê de Benedita morre. Esse fato mais tarde gera peso na consciência do senhor, que cede a Benedita um sítio nos arredores da fazenda, onde ela passa a viver. Com Tião ela tem uma segunda filha, Efigênia, que cresce relativamente protegida. Depois Tião morre, novamente pela fúria cruel da senhora. Benedita e Efigênia ficam juntas até o fim, elas vivem a relação afetiva mais duradoura da narrativa.

Efigênia cresce junto com Paulinho, filho dos senhores, seu companheiro de infância e brincadeiras nos arredores da fazenda. Entre os dois existe afeto, mas a condição de desigualdade impede a real aproximação. Paulinho diz a ela que a escravidão está para acabar, mas diante da sua falta de atitude e dificuldade em vê-la como uma mulher, Efigênia fica em dúvida, "não sabia se o tratamento dispensado era respeito à escrava com quem se criara desde a infância, ou de indiferença à mulher negra que tinha diante de si" (p. 180).

> Efigênia sentia que Paulinho arrefecera. Perdera talvez a coragem temendo que sua atitude fosse de repulsa. Passou a mão no rosto e pode sentir que sua face transformara-se numa máscara de decepção. Nunca sentira tão profunda e tão brutal a diferença racial. Jamais fora tão ferida em sua sensibilidade de ser humano afrontado pelo branco (CAETANO, 1966, p. 181.)

Sem dizer nada, Paulinho se despede. Passará os próximos anos estudando em São Paulo e só retornará à fazenda como bacharel em Direito. Nesse intervalo, Antônio Bento *ocupa o território* na vida de Efigênia.

Antônio Bento[126] é proprietário da fazenda Sol Nascente, onde não havia escravos e sim colonos[127]. Nessa fazenda havia trocas de ideias entre brancos e negros a respeito do plantio "e não raro as opiniões dos negros eram acatadas", pois estes conheciam técnicas bem sucedidas que utilizavam no cotidiano da lavoura, fazendo-a progredir a olhos vistos. A maior parte dos negros que viviam na fazenda era parte de um mesmo grupo étnico, "os quiôcos", e tinham como líder o soba[128] Samugia, um "negro angolês, que viera do coração da África, da margem esquerda do Zambeze" (p. 141). Essa configuração difere da estratégia colonial de nunca deixar juntos escravizados pertencentes aos mesmos grupos étnicos, a fim de dificultar qualquer integração entre eles devido a barreiras linguísticas e culturais. No

---

[126] Trata-se de uma figura histórica, mencionada na "homenagem especial" da autora nos paratextos do livro como o "caifaz da abolição". Antônio Bento nasceu em 1843, na capital da província de São Paulo e formou-se advogado pela Faculdade de Direito de São Paulo em 1868. Recém-formado, assumiu a promotoria pública de Botucatu, sendo nomeado juiz em Atibaia em 1871, aos 29 anos. Conhecido por ser um "juiz insubordinado", depois de ser exonerado do cargo tornou-se oficialmente abolicionista e atuou junto a Luiz Gama. Em seu livro *O direito dos escravos* (2010), Elciene Azevedo deslinda os detalhes de sua atuação: "Ao exercer a justiça nas questões de alforria de escravos, Antonio Bento orientava suas decisões, sobretudo, nas "razões" que favoreciam a liberdade, mesmo que para isso tivesse que sustentá-las em uma lei de 1860 ou nas Ordenações Filipinas. Suas sentenças sugerem um flagrante desprezo ao direito à propriedade, preservado com tanto apreço nas disposições da lei de 1871, através da indenização do senhor. A sua postura política em relação à escravidão não poderia ser mais explícita, muitas vezes, em detrimento de seu desempenho como juiz. Pulando etapas fundamentais para que o julgamento pudesse ser formado a partir das razões divergentes apresentadas pelas partes, como cabe a um juiz, muitas vezes seu pronunciamento em favor da liberdade se dava antes mesmo de serem ouvidas as contrariedades dos senhores". (AZEVEDO, 2010, pp. 174-213).

[127] Revelando o tino empresarial do proprietário que "(...) percebeu em toda sua plenitude as vantagens que adviriam para ele se desse liberdade aos seus escravos, transformando-os em parceiros agrícolas, jogando com eles a sorte de resultados imprevisíveis da lavoura. Foi pensando assim que deliberou tomar a resolução de impor transformações radicais na exploração de sua propriedade" (CAETANO, 1966, p. 140).

[128] Soba é o chefe, comumente presente nos romances da literatura angolana, como os de Pepetela.

romance, o grupo étnico unificado permite a manutenção de uma estrutura de convívio próxima às referências africanas.

Antônio Bento fora criado na companhia do Soba Samugia, com quem construiu uma sólida relação: "habituara-se a ver nele mais do que um amigo fiel, mas um homem cuja sabedoria ultrapassava de muito a sabedoria de seus pais" (p. 148).

> Samugia foi para Antonio Bento um segundo pai. Sempre que podia, quando menino, deixava a casa-grande e ia à roça para ver o Samugia dirigir a tropa. (...) Com a morte de seu pai, apegou-se ainda mais ao angolês cuja vida ia chegando ao termo após uma existência sofrida, penada, pungida pela saudade do seu grande rio Zambeze, em cujas margens vivera os seus primeiros dias até à adolescência. (...) Antonio Bento compreendia o ressentimento do velho negro e, muitas e muitas vezes, chegou a oferecer-lhe o regresso à terra natal. Mas Samugia temia voltar. Sabia que essa poderosa tribo dos quiotos (sic), que os traficantes haviam destroçado, caçando-os como às feras, nada mais iria encontrar (CAETANO, 1966, p. 142).

A fazenda administrada por Antonio Bento torna-se uma referência local de ordem e produtividade. O único ponto que todos lamentavam estava no âmbito da intimidade/masculinidade do senhor – a suspeita de infidelidade da sua esposa, a quem ele repudia: permanecem vivendo sob o mesmo teto, porém separados. Preocupado com a situação de seu "senhor e amigo", o Soba aconselha-o "a viver em companhia de uma das moças da tribo. (...), por duas ou três vezes fez vir até o engenho de cana uma das mais lindas negras da senzala, a Rosinha, para encontrar-se com Antonio Bento" (p. 143). As tentativas redundam em fracasso, pois ele, atento à manutenção endógena do seu poder, "temia a intimidade muito profunda com os negros, receando perder a autoridade". (Idem). Com a recusa, Rosinha "ficara ferida na sua sensibilidade", porém "todos observaram que ele a havia procurado. Mas, conservaram-se silenciosos. As mulheres sabiam que ele só evitara aquela linda "muari" para não humilhar a senhora branca" (p. 149).

A cena abre espaços para pensarmos em algumas intersecções históricas entre gênero e raça. A mulher branca mantinha intactos seus privilégios de esposa legítima. Por outro lado, preocupado com o fortalecimento da masculinidade do senhor, o próprio líder dos negros lhe *oferta* uma das jovens negras escravizadas. Novamente, o romance destaca o agenciamento do corpo da mulher negra pelos homens – dessa vez entre um negro (em posição de chefe) e um branco. Assim, mostra-se que a subalternização por gênero consubstancia um acordo tácito entre homens que supera inclusive as diferenças entre eles. O episódio problematiza a enorme distância intragênero e os diferentes papéis impostos às mulheres negras e brancas na sustentação da ordem colonial e da família patriarcal. Nesse sentido, na ficção tanto a raça quanto o gênero estão articulados na opressão sobre a mulher negra escravizada.

Em outros momentos, o romance dá a ver o gerenciamento do corpo da mulher negra a partir da intervenção de atores sociais diferentes, mostrando a escrava como moeda de troca, bandeira de conciliação para evitar conflitos, objeto de negociação entre os brancos. É o que vemos em passagens como essa: "pelo incômodo dado ao seu vigário naquele domingo de abril, Manuel Diogo mandou sua negra Florinda levar, discretamente, um garrafão de vinho (...) – atenda seu vigário em tudo que necessitar e entre pelas portas do fundo – disse ele para a escrava com um certo ar cínico" (p. 230, 231). O texto mostra claramente, e sem sutilezas, o corpo da mulher negra tratado como uma superfície onde se escreviam os acordos de paz entre os homens brancos – representantes da igreja, do estado, da classe letrada.

É bastante conhecida a abordagem de Gilberto Freyre sobre esse ponto, central para sua interpretação luso-tropical da nação. Para o autor de *Casa grande & Senzala*, a constituição híbrida do português – que ele considerava fruto da sua "indecisão étnica e cultural entre a Europa e a África" (FREYRE, 2004, p. 67) – já o tornava predisposto ao trato sexual com as índias e posteriormente com as negras: para Freyre, em decorrência do seu intercurso histórico com os mouros, seus limites de miscibilidade étnica eram mais largos, frouxos e elásticos. Segundo o argumento do sociólogo, o homem português era mais propício ao encontro inter-racial, assim como a cultura portuguesa era mais aberta à incorporação de elementos culturais estrangeiros, e isso se condensaria justamente no plano do erótico, na "atração incontida que os primeiros colonizadores parecem sentir pelas índias, lançando-se a elas com volúpia tão logo desembarcavam das praias" (VAINFAS, 2004, p. 229), e depois, investindo no enlace com as negras. Já em carta régia datada de 12 de Junho de 1466, o rei Afonso V, ciente da distância e das condições climáticas locais, alicia colonizadores com "mui grandes liberdades e franquezas", entre as quais autorizá-los a "cada vez que lhes prouver" poderem ir à costa africana abastecerem-se de escravas. Em *Noticia corográfica e cronológica do bispado de Cabo Verde,* datada de 1784, de autoria anônima, há indicação de que o processo de mestiçagem, apesar de esforços do poder local e da metrópole, já era observado desde os primórdios do povoamento do arquipélago. Em São Tomé e Príncipe não seria muito diferente apesar da mestiçagem ter se dado de forma mais imediata, na medida em que "a cor preta e mulata ficou a ser predominante em S. Tomé logo a partir dos princípios do século XVI (...) o que valeu aos filhos de escravos nascidos em S. Tomé e Príncipe o reconhecimento dos direitos de homens livres" (p. 9–10)[129].

> Políticas europeias, iniciadas no século XVII, passaram a instituir a homogeneização interna dos estados soberanos, primeiramente através da religião, depois da língua, das etnias e, por fim, das culturas, todas submetidas à clave da nacionalidade. Judeus, protestantes, católicos, ciganos, toda a sorte de diferença poderia ser passível de exclusão. Mas ao ser transposta para o espaço colonial, essas políticas de exclusão dependeriam da instituição patriarcal para se consolidar. Foi preciso, por inúmeras vezes, recorrer à mestiçagem para constituir uma população capaz de ocupar o espaço colonial. Tal recurso já havia sido utilizado, com clara anuência da coroa, e com sucesso, durante a

---

[129] V. AMBRÓSIO, A., (1984) e SANTOS; TORRÃO; SOARES (2007).

ocupação e povoamento das terras insulares africanas, notadamente os arquipélagos de Cabo Verde e de São Tomé e Príncipe. Com o surgimento de populações mestiças, foi constituída uma zona fronteiriça na qual o estereótipo da identidade masculina do colonizador se estabeleceu. Nessa zona de fronteira era constituída uma identidade que equiparava gênero e etnia, na qual o gênero se destacava como componente principal, sobrepondo-se às noções de raça ou etnia, porque o papel hegemônico mais dependia do exercício da identidade masculina do que de sua ascendência europeia "pura" (LUGARINHO, 2013, pp. 20-21).

Dentro da narrativa freyriana, índias e negras – mulheres racialmente subjugadas – pareciam corresponder plenamente ao desejo dos portugueses, como se o encontro entre eles não fosse mediado por relações de poder. Embora afirme que as relações eram hierárquicas porque balizadas pela escravidão, Freyre entende que eram pacíficas, mediadas pelo afeto, o que resultou, na opinião dele, num modelo de colonização "humanizada", mais doce, mais agregadora. De fato, na perspectiva freyriana, o intercurso sexual do português com a índia e a negra condensa a gênese do povo brasileiro – forjado na miscigenação e pacífico por natureza. Já a violência, o estupro e a dominação do corpo da colonizada são tratados pelo autor de modo dúbio, eufemístico, enviesado, como na famosa passagem em que diz:

> Uma espécie de sadismo do branco e de masoquismo da índia ou da negra terá predominado nas relações sexuais como nas sociais do europeu com as mulheres das raças submetidas ao seu domínio. O furor femeeiro do português se terá exercido sobre vítimas nem sempre confraternizantes no gozo (FREYRE, 2004, p. 114).

Enquanto os intercursos sexuais, afetivos, eróticos e amorosos entre senhores e mulheres escravizadas ou forras eram observados por Freyre como celebração de duas raças que se encontraram; eles representavam, como já apontou Ronaldo Vainfas, partes de "um projeto português de ocupação e exploração territorial até certo ponto definidos"[130] – um projeto colonial de ocupação do território sustentado sob a dominação e gerenciamento do corpo da mulher negra[131]. Denise Ferreira da Silva nos ajuda a compreender melhor esse projeto:

> Em Casa-Grande & Senzala, Gilberto Freyre dá uma visão do sujeito brasileiro na qual o patriarcado marca a especificidade brasileira (nacional). Na medida em que ele descreve como os atributos raciais e culturais dos "outros da Europa" contribuíram para a especificidade brasileira, ele escreve que a trajetória temporal do sujeito nacional é um efeito do desejo português. Seu movimento crucial é escolher o patriarcado, dentre as concepções modernas de autoridade jurídica e relações econômicas, para fazer da "família" e da "vida sexual" lugares privilegiados do emprego do desejo do português (masculino). Por considerar o escravo adulto, o trabalhador dos latifúndios, absolutamente irrelevante no relato da história brasileira e, consequentemente, enfatizar a posição privilegiada do colonizador europeu branco, para Freyre, somen-

---

[130] "Projeto que não se podia efetivar com base na imigração reinol, consideradas as limitações demográficas do pequeno Portugal, e que procuraria, de todo modo, implantar a exploração agrária voltada para o mercado atlântico – o que se faria, como se fez, com base no trabalho escravo, quer dos índios, quer, preferencialmente, dos africanos. Em contrapartida, nas regiões do Império português onde predominou o interesse comercial e o estilo "feitorial de ocupação", a exemplo da Índia ou da África, nenhuma miscigenação expressiva de fato ocorreu". (VAINFAS, 2004, p. 230).

[131] Leia-se em *Casa grande & Senzala*: "Quanto a miscibilidade, nenhum povo colonizador, dos modernos, excedeu ou sequer igualou nesse ponto aos portugueses. Foi-se misturando gostosamente com mulheres de cor logo ao primeiro contacto, multiplicando-se em filhos mestiços que uns milhares apenas de machos atrevidos conseguiram firmar-se na posse de terras vastíssimas e competir com povos grandes e numeroso na extensão de domínio colonial e na eficácia de ação civilizadora". (FREYRE, 2004, p. 72).

te a escrava representaria o "outro da Europa" que ajudou na produção daquilo que marca a "diferença intrínseca" brasileira, a saber, o mestiço. Dessa forma, Freyre escreve os "outros da Europa" como duas vezes vulneráveis: não apenas a escrava é jurídica e economicamente subjugada, mas a sua é uma forma particular de sujeição de gênero, pois, numa configuração patriarcal/escravista, a família constitui o centro das concepções prevalecentes de moralidade. (SILVA, 2006, grifos meus).

No caso do romance, a escrava será introduzida no círculo familiar do senhor, e, nesse espaço, ela será duplamente subjugada. O roteiro de Efigênia reflete a dinâmica colonial de ocupação de forma mais ampla. Cansado da vida solitária que levava, Antonio Bento decide seguir o conselho do Soba e escolhe uma mulher negra para sua "companheira". Será Efigênia, escrava na fazenda vizinha, que ele manda um empregado raptar. Entretanto, ela não é raptada por interesse sexual:

> – Mas, o senhor me quer como amante cativa e sujeita a todos os seus caprichos? – Não, meu amor. Eu não a quero assim. Desejo-a muito, mas não quero violências, nem contrariedades. Antes de mandar raptá-la tomei uma série de providências. Mandei reformar esta casa. Comprei móveis novos. (...) Tudo isso eu fiz pensando em tê-la para mim. Como minha companheira a quem desejo dedicar o resto de meus dias.
> – Então, o senhor gosta de mim e me quer como amásia? – Não, meu amor. Eu não a quero como amásia. Quero-a como mulher. Se for possível e Deus quiser, eu a terei como esposa (CAETANO, 1966, p. 190).

Inicialmente perturbada com essa perspectiva de relação, mas também sem a opção da recusa, Efigênia aceita, desde que sua mãe seja resgatada das garras da Sinhá, o que de fato acontece, e ambas passam a morar na casa que Antonio Bento montou. Porém o campo de agência de Efigênia, sendo ela uma escrava, é quase nulo: depois de mandar sequestrá-la e fazer a proposta, Antonio Bento lhe deixa "decidir" entre ficar ou voltar para a fazenda do Tronco – onde sua vida era infinitamente pior. Ou seja, ela não tem uma escolha de fato.

O interesse de Antonio Bento por Efigênia é motivo de grande temor para Benedita: "não criei ocê para sê negra de cama de sinhô branco" (p. 219). A velha está preocupada com o assédio de Antonio Bento sobre Efigênia. Porém, o medo não é apenas do estupro, mas também do desejo:

> Já seio, já seio, mas ocê tem que ponhá um fim nessa vontade do sinhô pra mode a gente ficá mais adescansada. Isso dele ta todo dia aqui farejando a gente e puxando conversa com ocê, mia fia, isso num ta certo.... tanto faiz que ocê acaba dando... ocê é moça, mia fia e num pode arresisti toda a vida à mandinga do homem. Um dia ocê num guenta e, pronto, mia negrinha" (CAETANO, 1966, p. 214).

No diálogo entre mãe e filha, a velha pontua elementos adjacentes à relação entre um homem branco e uma mulher negra naquela época, circunscritas à concubinagem: "Mia fia, seu Antonio Bento é casado e ocê só pode sê sua negra de cama, outro jeito num tem... – Sei, mãe, mas Antonio Bento diz que quer resolver as coisas com dona Guiomar, por enquanto eu só estou ouvindo o que ele me conta, e observando o que ele faz por nós" (p. 215). Porém, Efigênia confessa buscar a troca transversal de lugares. Para tranquilizar a mãe e pôr um ponto em seus anseios, ela lhe diz: "Passaremos a ser donas de uma casa-grande como os brancos" (p. 215).

Efigênia mede sua relação com Antonio Bento racionalmente. Pensa, reflete, se interroga, procura raciocínios lógicos para se localizar. Ela entende que por ser escrava, sua posição é frágil e subalterna: "Que inferno, pensava, como é possível ficar assim `a mercê de um destino tão imprevisível!" (p. 223). A esposa oficial de Antonio Bento fica sabendo da relação extraconjugal de seu marido e "começou a sentir-se ferida na sua condição de mulher branca: – Eu uma mulher branca bonita, não posso perder para uma negrinha..." (p. 258). Mas Guiomar falece, e Efigênia passa a ser a única, tornando-se a dona da casa, legítima inclusive aos olhos sancionadores do padre.

> – Não antecipe julgamentos Efigênia. Ninguém tem nada a ver com as minhas resoluções. Se eu quero me casar com você é por reconhecer na minha companheira as qualidades que sempre procurei na esposa.
> – É isso mesmo, concordou o padre, nada mais natural que o seu Antônio Bento queira dar nome aos seus filhos, minha senhora.
> – Em benefício de meus filhos aceito, mas não quero ser herdeira de Antônio Bento. É possível doutor? O padre lhe revela que por vezes chegaram a pensar em anular o casamento dele com dona Guiomar para antecipar a união com a escrava (CAETANO, 1966, p. 275).

Tempos depois Antônio Bento também morre, e a condição de Efigênia se torna vulnerável. Nesse ínterim, Paulinho volta à casa de seus pais depois de concluir o curso de Direito em São Paulo. Ao chegar, seus pensamentos vagam sob Efigênia "a quem amara desde os primeiros ímpetos de sua juventude e amaria sempre até à morte" (p. 255). Embora exista afeto entre eles, a razão para se reaproximarem é outra: a morte do amante deixa Efigênia numa situação complicada, pois ela ainda era escrava, e o padre Tomás intercede buscando a ajuda profissional de Paulinho "no sentido de cuidar do espólio de Antônio Bento". Neste espólio constam os bens do senhor, que incluem Efigênia. Diz o padre: "– Vamos lá, na fazenda você saberá tomar as resoluções que achar oportunas. Você deverá considerá-las como advogado e como homem, se é que em seu coração não arrefeceu o seu amor de infância" (p. 301). Como resolução, Paulinho providencia a mudança da família de Efigênia para a fazenda do Tronco. Ela, seus filhos e Benedita retornam à fazenda onde viveram, núcleo da primeira fase da história.

A oficialização do matrimônio entre Efigênia e Paulinho é alimentada pelo padre. Seu argumento para convencê-lo a se casar oficialmente com Efigênia é deveras revelador: "Meu filho, disse ele em tom afetivo, precisamos comemorar o 13 de maio também, a sua libertação, a libertação da sua consciência. Já não é mais possível retardar os esponsais" (p. 314, grifos meus).

> Suas palavras eram incisivas, claras, poder-se-ia afirmar que proféticas nas afirmações que continham: (...) Não há senão um Deus a cobrir com a sua bondade extrema, toda a humanidade da qual fazem parte negros e brancos com os mesmos direitos à vida. Os sentimentos são iguais e o mesmo amor puro que une os brancos pode unir um branco e uma preta sob a proteção de Deus (CAETANO, 1966, p. 318, grifos meus).

No discurso do religioso, casar-se oficialmente libertaria a consciência de Paulinho do "peso" de viver com uma mulher negra. Em seu entendimento, conforme o grifo na citação acima, o amor entre um branco e uma preta era tão legítimo aos olhos de deus como o amor entre os brancos. Já o amor entre os negros não existe no seu discurso.

A protagonista se diferencia de todos os outros personagens negros do romance em razão da sua fala: Efigênia possui as ferramentas do mundo letrado – ela é alfabetizada e pronuncia o português padrão, enquanto os demais, conforme as citações do romance recortadas até aqui já apontaram, se expressam em um registro oral.

O corpo de Efigênia, assim como sua fala, são territórios ocupados, donde brota a conciliação. A cena final do romance focaliza seu casamento, no dia 13 de maio de 1888, em meio a uma festa popular, organizada pelo padre e envolvendo os negros de todas as fazendas da região. Tanto a festa da abolição quanto a cerimônia matrimonial acontecem no mesmo plano da narrativa, mesclando os contornos de um e outro no amálgama de uma comemoração única. No discurso do padre transparece o sentido político do ato sacro: "Perante um público curioso por ver os noivos, proferiu uma oração lacônica enaltecendo a princesa Isabel, e ressaltando a significação do casamento de Paulinho o herdeiro da fazenda Santa Isabel, com a filha de velhos escravos daquela propriedade". Dessa forma, as celebrações da data histórica se (con)fundem com a sacralização da relação do casal, dando sentido político para o matrimônio e sentido distópico para a libertação.

Com efeito, o clímax da ficção retira toda a possível força transformadora que a abolição prometia, conformando a hierarquia em outra instituição: a família, sacramentada em matrimônio, abençoada pelo padre e "reunida em torno da figura do patriarca, elemento central de toda a vida colonial brasileira" (REIS, 1987, p. 27). Desse modo, o romance inscreve as relações entre senhores e escravos tendo o sexual e o racial como significantes de regulação da experiência (colonial) nacional. O final aponta para um devir conciliatório, escrito no corpo de um acordo (matrimonial) marcado pela hierarquia entre homem/mulher, branco/negra, (ex)senhor/(ex)escrava.

O romance de Caetano é o único do *corpus* que traz a cena do 13 de maio. Essa cena, como vimos, não é retrato de ruptura, pelo contrário, sua expressão política é totalmente reduzida pela cena do casório. Essa dupla cena projeta o sentido de que o fim da escravidão não significou o fim da razão colonial que a sustentava, posto que a legislação abolicionista bem poucas mudanças reais trouxe para o negro brasileiro.

O fim do romance lembra o tom que Machado de Assis deu à abolição no *Memorial de Aires*. Olhando a passagem em que Aires recebe a notícia da assinatura da lei Áurea, Flora Sussekind ressalta que "ironicamente, a esse documento da História "branca" que encobre a permanência de uma "ordem escravocrata", Machado dá tanta importância quanto à chegada de uma carta. E brinca com a seriedade do 13 de maio, que não melhora em muito a organização social do trabalho no país" (SUSSEKIND, 1984, p. 31).

Com este mesmo acento de Machado, a abolição no romance *Negra Efigênia* não representa uma mudança de fato para as pessoas negras. Nada indica que o 13 de maio garantirá à comunidade ex-escrava a ascensão à cidadania e igualdade, ao contrário, o romance termina sugerindo que a consciência do homem branco é que poderia realmente ser transformada com a mudança oficial de regime político: liberto da condição de senhor, mas não do lugar de poder que essa posição lhe conferia. Essa consciência do senhor de escravos irá sobreviver, de alguma maneira, transposta a outros homens (no pós-abolição) pela permanência da colonialidade.

Assim, a maior e mais potente das contraversões da narrativa está em mostrar que a abolição da escravidão modificou o quadro nacional mais para o branco do que para o negro. Para a população negra, o cativeiro foi atualizado em outras configurações sociais na correlação de forças do mundo social, mantendo o negro marginalizado dos novos passos da nação livre.

> – Meu filho – disse o coronel, se acercando dele – como me sinto reconfortado com a volta de mãe Benedita e Efigênia. Creio que estamos perdoados por todas as nossas faltas, por todos os nossos erros. Agora, eu creio que a fazenda do Tronco sobre a qual pesavam tantas e tantas maldições será para sempre a fazenda de Santa Isabel. Daremos liberdade plena a nossos escravos e sobre as nossas terras o trabalho será livre. Ao término de cada jornada de trabalho, depois do amanho da terra avara de seus tesouros, os nossos negros não mais terão como recompensa apenas, o bolo de fubá e o catre, ou a solitária onde purgavam suas faltas.... Paulinho olhou-o com admiração, estarrecido. Ele jamais falara assim. Súbito, como se tivesse sido possuído por forças espirituais irresistíveis, o coronel Galdino num assomo de nervos como se houvesse enlouquecido, começou a gritar: – **Para fora daqui! Sois livre**! Puxa! Puxa Estais livres!

Eu os libertei! **Ao falar assim, afrontava a todos com gestos imperiosos, como se repelisse a negrada, procurando enxotá-la do terreiro**. (CAETANO, 1966, p. 306, grifos meus).

O trecho lembra o célebre romance de José Lins do Rego, *Menino de Engenho*, que também explicita o tratamento que o negro recebera depois da escravidão:

> Maria Gorda, Generosa, Galdina e Romana. O meu avô continuava a dar-lhes de comer e vestir. E elas trabalhavam de graça, com a mesma alegria da escravidão. As suas filhas e netas iam-lhes sucedendo na servidão, com o mesmo amor à casa grande e a mesma passividade de bons animais domésticos. (REGO, 2008, p. 83-84).

Em síntese, a perspectiva de que a abolição não instaurou uma mudança de fato, mas apenas veio ao encontro dos interesses da própria elite, é traduzida no romance através do contrato social (o casamento) que dá ao homem branco (novamente) a posse oficial sobre a mulher negra – regulamentada pelo estado, pela igreja e pela comunidade. Dessa forma, o romance reafirma a colonialidade constitutiva da nação, já patente nas demais obras de romancistas negras que a antecede.

Embora a escrava seja protagonista do romance, ela não é protagonista de sua própria vida e história/História, ao contrário, sua posição na relação com o homem branco avulta sinais claros de hierarquia que apontam para um futuro distópico, sem escravidão e sem liberdade real. Dessa forma, o clímax concentra-se na ideia de que se há um futuro próspero no contexto nacional, ele é racialmente favorável aos brancos, ex-senhores e herdeiros dos antigos engenhos.

6| ALINE FRANÇA

Terra azul
Céu escuro
Fantasmas passam nas ruas
Como eu fantasma nua
A caminhar
A quem procuro?
Em que corpo quero estar
Em que cama repousa espírito tão
Inquieto?
Nas rotas de sol em ritmo de blues
Em remansos passados
Em fechados futuros
Em furioso silêncio.
– Beatriz Nascimento, "Sol e blues" –

6.1 |O Insólito como Inscrição do Histórico

"Imagine uma equipe de arqueólogos africanos do futuro – um tanto de silício, um tanto de carbono, um pouco úmido, um pouco seco – escavando um sítio arqueológico, um museu do seu passado: um museu cujos documentos arruinados e discos são identificáveis como pertencentes ao nosso presente, o início do século 21. Vasculhando pacientemente os escombros, nossos arqueólogos dos United States of Africa (USAF) [Estados Unidos da África] ficariam impressionados com o quanto da subjetividade afrodiaspórica no século 20 se constituiu por meio do projeto cultural da recuperação. Durante a Era da Recordação Total, a memória nunca é perdida; apenas a arte de esquecer. Imagine-os reconstruindo a estrutura conceitual de nosso momento

cultural a partir desses fragmentos. Quais são os parâmetros desse momento, o limite dessa estrutura?"
– Kodwo Eshun, *"Outras considerações sobre o afrofuturismo"*, 2003

Em 1981, a escritora baiana Aline França criou em *A mulher de Aleduma*[132] uma saga imaginária para o povo negro, recorrendo à escrita do insólito para costurar o real e adentar o histórico.

No *Dicionário crítico de escritoras brasileiras*, Nelly Novaes Coelho apresenta a autora nesses termos:

> Ficcionista e elemento dinâmico no movimento de reinvenção da Literatura Negra no Brasil, Aline França publicou a novela Negão Dony em 1978, e, em 1981, o romance A mulher de Aleduma, lançado no Encontro de Entidades Negras e relançado no Bloco Afro Ilê Aiyê, no ano seguinte. Recebido com entusiasmo pela crítica nacional, A mulher de Aleduma aparece no âmbito da literatura brasileira como índice de uma sensibilidade peculiar e altamente imaginativa. Em 1981, a revista Ophélia (Nigéria), de circulação internacional e em língua inglesa, fez uma entrevista com a escritora em Salvador, colocando Aline França entre os precursores da literatura negra contemporânea no gênero ficção em estilo surrealista (COELHO, 2002, p. 40).

Como ocorreu com a maranhense Maria Firmina dos Reis, a paulista Ruth Guimarães e a mineira Carolina Maria de Jesus, a obra da baiana Aline França recebeu visibilidade inicial quando lançada, mas não o suficiente para mantê-la em circulação no universo literário. Trata-se de mais uma romancista pouco conhecida pelos leitores e pouco considerada pela crítica, totalmente à margem do cânone nacional, tal e qual Anajá Caetano.

---

[132] O romance teve duas edições, a primeira em 1981, a segunda em 1985. Existem diferenças entre as duas, principalmente no âmbito da grafia e revisão textual, sem implicações no enredo.

Vimos até aqui que o romance de autoria de mulheres negras no Brasil percorre a dimensão histórica da experiência negra, repensando o passado escravo e tencionando o sentido de ruptura que o sufixo pós agrega à palavra abolição. Em síntese, tanto o romance de Ruth Guimarães quanto o de Carolina Maria de Jesus, destacam os aspectos continuados do colonial gerenciando tanto a transição do período escravo para o livre, no caso do primeiro, quanto do espaço rural para o espaço metropolitano, no caso do segundo. Maria Firmina dos Reis e Anajá Caetano também narram o cativeiro a partir de outra razão: a primeira, fundadora e dissonante em relação ao seu próprio tempo, constrói na ficção a subjetividade e memória do escravizado de forma a dar a conhecer outra realidade, tomando o romance como instrumento cognitivo para pôr em causa um projeto de nação no qual o negro não cabia. O segundo, empenhando em criar novas representações para narrar a escravidão, investe na representação do mundo (social, religioso, afetivo) do escravizado. Em todas as narrativas avultam ciclos perenes de poder arregimentados pela intersecção de raça e gênero na ordem colonial.

Nessas obras, a História é o pêndulo que norteia a ficção, em razão disso, todas elas são construídas sob a égide do realismo. Mesmo o romance de Firmina, composto pelos códigos românticos, sustenta uma face realista quando a dicção emerge das personagens negras. *A mulher de Aleduma,* por seu turno, tratando da experiência histórica negra, opera uma deriva do real, ou, em outros termos, parte do insólito para atingir o histórico.

A ficção começa assim:

> Em certo continente da Terra, há milênios de anos atrás, proveniente do espaço longínquo surgiu um negro de aparência divina, com uma missão de iniciar a proliferação de uma raça que futuramente viria a se tornar, na história desse continente, um componente de relevante importância. Era Aleduma, um Deus Negro, inteligência superior, vindo do planeta IGNUN, governado pela Deusa Salópia. Seu porte altivo, pele

reluzente, ligeiramente corcunda, com pés voltados para trás, barba trançada, caída até o chão, dava-lhe um aspecto singular. Veio para a escolha do local onde se desenvolveria a raça negra (FRANÇA, 1981, p. 7).

A narrativa inicia com uma gênese exógena em dimensão planetária. A raça negra é originária do planeta Ignum e criada na Terra por intermédio de um ser divino, que, guiado por uma deusa, escolhe o continente africano como território privilegiado para a ascensão do negro, reproduzindo em seu gesto fundador o ato criador bíblico:

> O Deus Negro estende as mãos e num gesto místico mostra ao casal recém chegado à região a ser povoada. O casal extasiado percorria com os olhos todos os cantos. Estavam nús e mostravam os seus órgãos genitais que curiosamente tinham formas bem diferentes. O pênis trazia, em toda a extensão, uma película que lembrava uma barbatana de peixe, e desembocava na região do ânus. A vagina possuía uma adaptação em um dos lábios que se acoplava aquela película do pênis, formando verdadeiras peças correspondentes durante o ato sexual. A prole aumentava cada vez mais e aquela região da Terra ia sendo povoada conforme o estabelecido por IGNUM. Os negros de IGNUM não possuíam células nervosas típicas, mas uma bolsa localizada no cérebro cheia de cargas elétricas, que regulavam todas as sensações do corpo, dando-lhes um potencial de inteligência muito elevado. A população originada aqui na Terra, já trazia neurônios típicos e crendice de inteligência, embora sendo mais reduzido do que seus originadores. (FRANÇA, 1981, pp. 8,9).

Embora Aleduma tenha desempenhado um ato criador que o define como o ponto de origem, as marcas do seu caminhar não podem ser decodificadas pelo sentido comum de direção, visto que, tendo os pés voltados para trás, "alguém que observasse suas pegadas jamais imaginaria que a direção indicada pelos retratos daqueles pés não correspondesse à direção verdadeiramente seguida" (FRANÇA, 1981, p. 12). Dessa forma, há no corpo do criador uma metáfora interessante para desconstruir a origem como um ponto fixo, plantado no solo: Aleduma é uma gênese que se movimenta pelo avesso. E isso o diferencia, pois os descendentes do deus negro sofrem modificações genéticas: "todos agora tinham os pés voltados para frente", diferente da morfologia dos passos do criador, cujo princípio era embaralhar a oposição entre o tempo pregresso e o porvir.

Passados "milhares e milhares de anos", quando o velho Aleduma é chamado ao retorno do planeta Ignum pela deusa Salópia, ele anuncia antes de partir o futuro ao povo, **lembrando-lhes** de sua capacidade de resistir **ao que virá**: "Não temeis, serão superiores aos sofrimentos que virão". Então, *"A tempestade caiu sobre os negros da Terra, aquele sofrimento previsto pelo Velho Aleduma estava presente, a escravidão tomou conta daquela gente, o canto alegre do ibedejum emudeceu, e toda a história do continente estremeceu"* (p. 10).

A escravidão é o paradigma histórico que atravessa a ficção. "Agora, o vazio se abateu sobre seus sítios, seus filhos estavam espalhados por todos os cantos da Terra, pisoteados pelo egoísmo branco, acorrentados pelo desejo branco do senhor feudal" (p. 10). E o Quilombo é a resposta encontrada. Assim, para fugir da escravidão, os negros fundam um território à parte: "Coinjá, ilha maravilhosa, foi o lugar escolhido para o refúgio dos negros que conseguiam fugir das amarras da escravidão. Talvez ali estivesse o local apropriado para um recomeço de povoação" (p. 14).

Na ficção de Aline França, o negro deserta do espaço nacional para poder existir enquanto sujeito. Nesse aspecto, o texto nos leva de volta ao romance de Maria Firmina dos Reis, a primeira a narrar a incompatibilidade entre a existência negra plena e o projeto de nação elaborado no século XIX.

Ignum, ainda que distante, é um signo vivo e reinventado no cotidiano, que permanece produzindo sentimentos de pertença e senso de direção para a comunidade de Aleduma, que é, por sua vez, uma referência ao quilombo, no sentido que Beatriz Nascimento deu ao conceito: não apenas um território de resistência onde pessoas negras puderam existir durante o período escravo, mas também como ideologia comunitária de reivindicação de posse, inclusive, da sua história. Um caminho para a comunicação entre o sujeito, a sua ancestralidade e as lutas do presente:

> Quilombo é uma história. Essa palavra tem uma história. Também tem uma tipologia de acordo com a região e de acordo com a época, o tempo. Sua relação com o seu território. É importante ver que, hoje, o quilombo traz pra gente não mais o território geográfico, mas o território a nível duma simbologia. Nós somos homens. Nós temos direitos ao território, à terra. Várias e várias e várias partes da minha história contam que eu tenho o direito ao espaço que ocupo na nação. E é isso que Palmares vem revelando nesse momento. Eu tenho a direito ao espaço que ocupo dentro desse sistema, dentro dessa nação, dentro desse nicho geográfico, dessa serra de Pernambuco. A Terra é o meu quilombo. Meu espaço é meu quilombo. Onde eu estou, eu estou. Quando eu estou, eu sou (NASCIMENTO, 2018).

Nessa ilha, os moradores preservam um canal de comunicação mental com Ignum através de uma fonte de água doce que possui propriedades energéticas incalculáveis, permitindo, por exemplo, a longevidade: a média de idade dos moradores é de 200 anos. A ilha é comandada por Maria Vitória, mas, somada à sua liderança, todas as funções vitais são desempenhadas por mulheres, de modo que o protagonismo feminino se alastra sobre todas as dimensões comunitárias: elas sentem as mudanças que estão para acontecer sobre o lugar e tem o poder do equilíbrio, fruto da comunicação energética com o divino; possuem o poder da cura e a capacidade da escuta – demarcada pelas orelhas em forma de estrela; elas são também *o outro* da ilha, ou seja, as Graúnas: forças ameaçadoras e arcaicas que residem em uma gruta e se debruçam sobre os homens que, depois de viverem por séculos, já velhos, são por elas aprisionados. As Graúnas são "mulheres de porte elegante, montadas em cavalos cinzentos" que obrigam seus prisioneiros a "sentir prazer erótico com animais". Possuem uma "fileira de mamilos que começava na axila e terminava no meio da cintura" (p. 23). "As diferenças culturais entre o povo de Aleduma e as Graúnas eram grandes. E as oportunidades de contato muito raras. A evolução cultural do povo de Aleduma era um fato. As Graúnas preferiam trancar-se em seus mistérios" (p. 25).

Em Aleduma, passado, presente e futuro são tempos intercambiáveis: os acontecimentos pretéritos são acessíveis ao conhecimento no presente, restam guardados em envelopes que só são abertos quando a paz da ilha sofre algum abalo. "Macujaí, o homem mais velho da ilha, conhecedor de todos os segredos, guarda consigo o baú com os documentos onde está relatada a sequência dos fatos que se sucederam em Aleduma" (p. 15). Mas os documentos não tratam apenas da história passada, eles também guardam relatos de acontecimentos que irão ocorrer no futuro: "... quando seu bisavô escreveu os documentos que se encontram no baú, ele estava extasiado pelo chá das raízes, mas nem por isto devemos deixar de acreditar que um perí+r e seus empregados, que a mapearam através de submarinos de alta tecnologia. Assim, se os negros conseguiram escapar da escravidão protegidos na ilha isolada, eles não escaparão da ação do homem branco capitalista, com aparatos modernos e *modus operandi* colonial.

> – Abram esta maldita porta! Seja lá quem for, abram imediatamente! – gritaram os estranhos enfurecidos. Padre Ibero obedeceu. Um homem começou a falar: estamos procurando um símbolo sexual. Onde a escondeu? – Senhores, a jovem que procuram é uma das representantes da pureza que existe em cada habitante desta ilha. O estranho continuou: – Sinto que os homens desta ilha não gostam de mulheres. Faço questão de lhes ensinar como se dorme com uma fêmea apetitosa. Prefiro a mulher, mas meu amigo, aqui, não é de ficar olhando (...) O padre Ibero disse com

segurança: – Saibam que aqui é a casa de um Santo Milagroso. O homem empurrou o padre dizendo: – Vamos! Deixe de conversa, não vê que estou excitado? (FRANÇA, 1981, p. 30).

A chegada dos invasores reescreve o roteiro da violência colonial por meio de uma "fantasia masculina de poder" (SAID, 2007, p. 6), o primeiro ato de ocupação é através da tentativa de estupro, enfatizando que o violentador se precipita sobre a mulher e o homem, um padre. Ampla extensão da violência – não restrita ao corpo da mulher, mas também do homem (essa cena voltará em *Um defeito de cor*) e de um sistema de crenças, sendo este homem um religioso. "A sexualidade como tropo para outras relações de poder foi certamente um aspecto continuado do poder imperial", afirma Anne MacClintock (2010, p. 35). A tentativa de estupro falha, porque os corpos das pessoas da ilha são protegidos: "Tentaram seduzir-nos, quando tocaram nossos corpos, disseram que estavam sentindo choque elétrico".

Então, vem o segundo ato de ocupação, dessa vez pelo viés da legitimidade: "O homem começou a falar: permitam que me apresente. Sou Hermano de Alencar, o testamento que meu avô deixou consta esta ilha como herança minha". O caráter sádico do homem que se apresenta como proprietário logo se revela, antecipando o gesto "do senhor feudal a maltratar um escravo" (FRANÇA, 1981, p. 33).

O testamento utilizado para se apropriar do território representa mais o lugar de poder do homem branco do que uma verdade documental. Também nesse aspecto a ficção conversa com a história, aludindo ao sistema de criação de verdades que começou a ser utilizado pelos europeus colonizadores para legitimar a apropriação de terras africanas e ameríndias e a escravidão de seus povos.

A ilha é invadida e ocupada, mas dessa vez não são os minérios ou os corpos como mão de obra que interessam ao colonizador, e sim as capacidades mentais de seus habitantes e as propriedades energéticas da lagoa azul, onde ocorria a comunicação telepática entre Maria Vitória e a Deusa Salópia. Contudo, ainda que o interesse do invasor recaia sobre outros elementos, o sua deliberação se apoia na mesma violência que construiu os mundos do colonizador e do colonizado (FANON, 2005).

> Hermano olhava para Maria Vitória e disse descaradamente: - vão para o inferno com fundamentos, perguntei apenas quem é o bruxo! Enquanto falava, apertava fortemente os seios empinados de Maria Vitória fazendo-a gemer de dor e torturando-a ainda mais com palavras, dizia: - Gosto de ver uma fêmea gemer e gritar de dor nos meus braços. Sinto prazer em ver o sangue de um negro rolar em minhas mãos, assim... assim... (FRANÇA, 1981, p. 33).

A ocupação repete os mesmos signos que o colonialismo europeu desempenhou nas colônias: invasão de terras, estupro de mulheres, racismo e subjugação da população local pela violência cotidiana, negação dos conhecimentos e sistemas de mundo dos habitantes da ilha: "Estes habitantes daqui parecem um bando de animais perigosos" (FRANÇA, 1981, p. 37).

A narrativa se divide entre estas intempéries na ilha e o contexto exterior, onde o foco recai sobre Tadeu de Abrantes e Abrantes, um jovem negro milionário que vivia numa grande metrópole administrando os negócios da família. Tadeu foi adotado por uma família rica e desconhece sua própria origem. Mas ele sente a presença de Maria Vitória, e sem nunca tê-la visto, comunica-se telepaticamente com ela e com a ilha. Sua família pensa que ele está enlouquecendo. "A febre voltou, fê-lo ficar adormecido, encostado na poltrona [do escritório] dizia que a areia estava macia e muito fria, não parava de dizer que a amava de verdade. (...) Ele conversa a noite toda com essa mulher imaginária" (p. 38). A mãe o leva para ver um amigo psiquiatra, a quem confessa: "Já estive na ilha através de uma sonolência agradável, quero dizer, maravilhosa. Ela é uma mulher negra linda. Não estou doente, tenho consciência do que digo" (p. 40).

Tadeu é noivo de Eleonora, filha de Hermano Alencar, invasor da ilha. Por meio desse vínculo, ele vai até lá e reconhece Maria Vitória, a quem já estava predestinado. Ao chegar em Aleduma imediatamente entende-se como parte da comunidade. Suas vestes são retiradas, "vestiram-no com uma tanga de couro, puseram uma coroa de flores" (p. 66), numa cerimônia de encontro. Após a cerimônia de (re)conhecimento de si enquanto parte da ilha, Tadeu parte com o objetivo de preparar o seu retorno definitivo.

Mas a integração de Tadeu é um problema para Hermano e Eleonora, interessados em sua fortuna e em seu apoio para explorar a ilha – segundo a perspectiva do Senhor, seria mais fácil conquistar a confiança dos moradores se o intermediário fosse alguém negro como eles. Mas o jovem se recusa, e termina o noivado com Eleonora. Para vingar a filha preterida, novamente o ato violento do senhor performa uma fantasia masculina de poder: "Hermano estuprou a mulher poderosa de Aleduma" (p. 71) e mandou seus empregados espancarem Tadeu, deixando-o impossibilitado de andar, além de destruir o submarino usado para chegar na ilha.

O casal é afastado, Maria Vitória grávida do violentador. Depois de muitos esforços, Tadeu consegue finalmente chegar em Aleduma, no momento em que Maria Vitória está dando à luz ao filho gerado no estupro. "Tadeu acariciava o rosto de Maria Vitória e dizia – deixa ele também ser meu filho" (p. 7), mas a criança morre depois de nascer.

O tempo passa, Tadeu e Maria Vitória tem um filho, Datigum, um menino gênio. Quando cresce, ele sai da ilha e vai para a cidade grande com a missão de criar uma fórmula química para "acabar com a neurose, e com qualquer tipo de doença que atormente a Terra" (p. 89). Devido às descobertas milagrosas e grandiosas que faz na medicina, "a ilha de Aleduma tornou-se famosa, todos queriam saber o lugar onde nasceu Datigum", nesse processo, Aleduma "perdeu sua pureza" (p. 92).

Nesse momento, o Velho Aleduma retorna e ordena aos negros que se concentrem na fonte de água mágica: "ficarão para sempre na Filha doce, quando regressar, vou encontrar a terceira geração de vocês. Recebi ordem de Ignum para destruir a ilha maior". A ilha é então inundada pelas águas. A deusa Salópia desce à Terra e telepaticamente conclama as pessoas negras de várias localidades para um congresso, realizado em um afoxé[133].

> O presidente do afoxé falou em voz alta: que esta febre apareça sempre em cada um de nós e com a voz embaraçada de emoção gritou OXUM, OXUM, banhe a terra com suas águas abençoadas e que todos os cânticos em IJEXÁ traduzam nossas homenagens ao planeta IGNUM. E o Badauê cantou: "Oxum, Oxum, amenize a fúria de Ogum... Deixe Xangô, suas mulheres amar. Obá, Obá... Deixem de guerrear..." (FRANÇA, 1981, p. 94).

Em meio a canção, "uma máquina descia do céu, tinha o formato de um triângulo. Dois negros deram as mãos ao velho Aleduma, a estranha máquina subia aos céus, o velho Aleduma acenava para todos. (...) A ilha de Aleduma se foi, mas a raça negra está representada". (p. 95). Com essa frase o romance chega ao fim.

6.2 | Romance Afrofuturista

> "Race, far from being a special or marginal concern, was a central facet of the American story. On the evidence of Ellison's and Morrison's work, it is also a part of the story that defies the tenets of realism, or at least demands that they be combined with elements of allegory, folk tale, Gothic and romance"[134].

---

[133] Afoxé é um símbolo sacro da cultura negra de origem iorubana, presente em manifestações religiosas e musicais. No afoxé, a musicalidade se dá no ritmo Ijexá.

[134] "A raça, longe de ser uma preocupação especial ou marginal, é uma faceta central da história americana. Com a evidência do trabalho de Ellison e Morrison, é também uma parte da história que desafia os princípios de realismo, ou pelo menos exige que eles sejam combinados com elementos de alegoria, folclore, gótico e romance." [tradução minha].

—A. O. Scott, "In Search of the Best"—

Afrofuturismo é um termo criado por Mark Dery em seu livro *Black to the future, interviews with Samuel R. Delany, Greg Tate, and Tricia Rose* (1993), no qual seu sentido é garimpado em diversas criações de artistas do passado e contemporâneos, de múltiplas plataformas – como o cinema, o hip hop, o romance, a pintura, etc.[135]

Em conversas fragmentadas com os três escritores mencionados no título, Mark Dery se pergunta: "por que tão poucos afro-americanos escrevem ficção científica, um gênero cujos encontros próximos com o Outro – o estranho em uma terra estranha – pareceriam singularmente adequados às preocupações dos romancistas afro-americanos?". E conjectura:

[135] "If there is an Afro-Futurism, it must be sought in unlikely places, constellated from far-flung points. We catch a glimpse of it in the opening pages of Ralph Ellison's Invisible Man, where the proto-cyberpunk protagonist — a techno-bricoleur "in the great American tradition of tinkerers" — taps illegal juice from a line owned by the rapacious Monopolated Light & Power, gloating, "Oh, they suspect that their power is being drained off, but they don't know where." One day, perhaps, he'll indulge his fantasy of playing five recordings of Louis Armstrong's version of "What Did I Do to Be So Black and Blue" at once, in a sonic Romare Bearden collage (an unwittingly prescient vision, on Ellison's part, of that 1981 masterpiece of deconstructionist deejaying, "The Adventures of Grandmaster Flash on the Wheels of Steel"). Jean-Michel Basquiat paintings such as Molasses, which features a pie-eyed, snaggletoothed robot, adequately earn the term "Afro-Futurist", as do movies like John Sayles's The Brother from Another Planet and Lizzie Borden's Born in Flames. Jimi Hendrix's Electric Ladyland is Afro-Futurist; so, too, is the techno-tribal global village music of Miles Davis's On the Corner and Herbie Hancock's Headhunters, as well as the fusion-jazz cyberfunk of Hancock's Future Shock and Bernie Worrell's Blacktronic Science, whose liner notes herald "reports and manifestoes from the nether regions of the modern Afrikan American music/speculative fiction universe". Afro-Futurism manifests itself, too, in early' 80s electro-boogie releases such as Planet Patrol's "Play at Your Own Risk", Warp 9's "Nunk", George Clinton's "Computer Games", and, of course, Afrika Bambaataa's classic "Planet Rock", records steeped in "imagery drawn from computer games, video, cartoons, sci-fi and hip-hop language", notes David Toop, who calls them "a soundtrack for vidkids to live out fantasies born of a science-fiction revival courtesy of Star Wars and Close Encounters of the Third Kind"". (p. 9).

Isto é especialmente desconcertante à luz do fato de que os afro-americanos são, em um sentido muito real, descendentes de abduzidos extraterrestres. Eles habitam um pesadelo de ficção científica em que campos de força invisíveis, mais ou menos intransponíveis da intolerância frustram seus movimentos; as histórias oficiais desfazem o que lhes foi feito; e a tecnologia, seja marca, esterilização forçada, o experimento de Tuskegee[136], ou tasers[137], é frequentemente usada em corpos negros. (DERY, 2008[138])

Para além da experiência histórica negra estadunidense a qual o texto refere, o Afrofuturismo, nestes termos, é uma teoria do tempo presente, das temporalidades da experiência negra, da modernidade. "A noção de afrofuturismo dá origem a uma antinomia perturbadora: pode uma comunidade cujo passado foi deliberadamente apagado e cujas energias foram subsequentemente consumidas pela busca de traços legíveis de sua história, imaginar possíveis futuros?". Provavelmente essa pergunta agregaria nuances particulares se a remetêssemos ao texto em português, pois o grau de soterramento e apagamento dos gestos e pensamentos de pessoas negras no Brasil não é equânime àquele percebido nos EUA, onde a comunidade negra encontrou maiores condições de manter arquivos, em razão da própria segregação a qual foi submetida dentro do território nacional.

---

[136] O experimento Tuskegee foi um ensaio clínico realizado entre 1932 e 1972 na cidade de Tuskegee, Alabama. Um grupo de 600 meeiros afro-americanos, a maioria analfabeta, foi cobaia de um estudo de como a sífilis evolui sem ser tratada. As gravíssimas consequências deste experimento levou à necessidade de regulamentação de ensaios clínicos em seres humanos em âmbito internacional.

[137] Arma de eletrochoque.

[138] "This is especially perplexing in light of the fact that African-Americans are, in a very real sense, the descendants of alien abductees. They inhabit a sci-fi nightmare in which unseen but no less impassable force fields of intolerance frustrate their movements; official histories undo what has been done to them; and technology, be it branding, forced sterilization, the Tuskegee experiment, or tasers, is too often brought to bear upon black bodies". (p. 8).

No nosso caso, pensando precisamente no conjunto de romances lidos até aqui, futuros possíveis emergem do próprio *dar a conhecer* que a narrativa da experiência histórica negra oferenda, um *fazer saber*, que altera o entendimento do passado e do próprio imaginário nacional naquilo que envolve sua constituição étnica, social. Rompe "fechados futuros", transgride o "furioso silêncio", como disse Beatriz Nascimento no poema *Sol e Blues*, acima citado. Romper o silêncio abre futuros, quebra realidades imaginadas – por exemplo, a de que todos os brasileiros (brancos, negros, ameríndios) compartilham uma mesma história nacional.

Romance e História são gêneros narrativos, em alguma medida, intercambiáveis. É o que o *corpus* aqui estudado sugere. Mas, se, na escrita da História, assim como na construção social do real, a raça é/foi obnubilada do pensamento e da formulação de interpretações, hipóteses, explicações, arquivos, evidentemente, os textos literários (canônicos) que acessamos como *realistas* possuem alcance restrito, localizado. Nesse sentido, o Afrofuturismo é mais uma tecnologia negra de abertura de caminhos, ampliação de perspectivas, curto-circuito nas unilateralidades, encruzilhando as rotas prescritas.

Na coletânea de artigos *Afro-future females: black writers chart science fiction's newest new-wave trajectory* (BARR, 2008), De Witt Douglas Kilgore em seu texto "Beyond the History We Know" resume: "A sense of history is essential to understanding the kind and tenor of generic discourse about narrative codes and conventions. This understanding can be measured not only in terms of writers' generic knowledge but also by the political and social history from which they, knowingly or not, emerge"[139] (p. 121).

"O massivo deslocamento e a escravidão de pessoas negras trazidas da África para a América, como aponta Delany, envolveu um processo sistemático de destruição do passado e das relações materiais e simbólicas que as ligavam a sua condição histórica de origem" (DERY, 1995, p.

---

[139] "Um senso de história é essencial para entender o tipo e o teor do discurso genérico sobre códigos e convenções narrativas. Esse entendimento pode ser medido não apenas em termos do conhecimento genérico dos escritores, mas também pela história política e social da qual eles, conscientemente ou não, emergem." [Tradução minha].

191). "Mais do que um momento histórico, a escravidão negra constituiu um processo de apagamento das imagens e lembranças do passado (DERY, 1995, p. 191). Um tipo de ruptura que levou os negros deslocados pelos processos de diáspora e escravidão racial a serem os primeiros a viverem dentro da modernidade a experiência da captura, roubo, abdução, mutilação e escravidão, afirma Toni Morrison, conforme mencionei no começo deste livro.

As propostas estéticas e discursivas Afrofuturistas arregimentam, sobretudo, as formas como produzimos sentidos para o tempo, e consequentemente, para a História e para a memória; para a tecnologia, noções de comunicação e acesso[140]; para os eventos-chave do sistema-mundo-moderno: a escravidão, as diásporas, as reconstruções negras: "Em vez de civilizar os sujeitos africanos, o deslocamento forçado e a reificação que constituíram o comércio transatlântico de escravos tornaram a modernidade para sempre suspeita." (ESHUN, 2018, p. 165).

Através deste sentido profundo de deslocamento e descolamento das matrizes do realismo, é que o afrofuturismo captura a própria realidade e a perspectiva das temporalidades que não correspondem à linearidade narrativizada pela História. Como disse Franz Fanon na conclusão de *Peles negras, máscaras brancas*: "Serão desalienados pretos e brancos que se recusarão a enclausurar-se na Torre substancializada do Passado. Por outro lado, para muitos outros pretos, a desalienação nascerá da recusa em aceitar a atualidade como definitiva" (FANON, 2008, p. 187). Eis um princípio dilatado do Afrofuturismo.

O Afrofuturismo propõe exercícios criativos partejantes de histórias alternativas que recompõe o mundo imaginando futuros que, justamente por serem concebidos, acabam realinhando o passado. Ficções especulativas que guardam contornos de uma epistemologia capaz de reescrever a história do passado para gerar um futuro humano viável, habitável, humanamente possível.

Assim podem ser pensadas as obras *Kindred*, de Octavia Butler; *Ponciá Vicêncio*, de Conceição Evaristo e *Amada*, de Toni Morrison, por exem-

---

[140] Nunca é demais lembrar que no panteão Iorubá existe um deus que exerce domínio sobre a tecnologia, sobre as ferramentas que abrem caminhos: Ogum, Ogunhê!

plo. Romances comumente classificados de formas diferentes, mas que se encontram numa mesma conjugação de *tempo, sujeito*, e *experiência* constituindo uma espiral de (des)continuidades que se chocam, libertando os acontecimentos da vida de uma narrativa linear. Ao se voltarem para o tempo da escravidão, essas ficções ressignificam o passado para que ele possa ser produtivo no presente, ou, ainda, partem do presente para construir tessituras que (re)configuram o passado, nos vertendo ao provérbio africano que abre este livro: "Exu matou um pássaro ontem com a pedra que jogou hoje". Ficções que não estão empenhadas em reviver o passado, mas antes em criar narrativas alternativas desde o próprio presente.

O Afrofuturismo também responde a exercícios de captar o futuro em eventos do presente. É o que mostra Kodwo Eshun, em seu *Outras considerações sobre o afrofuturismo* (2018): "As atuais disputas sobre reparação indicam que esses traumas continuam a moldar a era contemporânea. Não se trata de esquecer o que levou tanto tempo para ser lembrado. Em vez disso, a vigilância necessária para julgar a modernidade imperial deve ser estendida ao campo do futuro" (p. 165). Diz ele, "o campo do Afrofuturismo não procura negar a tradição da contramemória. Pelo contrário, visa estender aquela tradição, reorientando os vetores interculturais da temporalidade do Atlântico Negro tanto em direção ao proléptico quanto ao retrospectivo" (p. 166).

Retomando a afirmação de Samuel R. Delany em *The Last Angel of History* [O último anjo da história], Eshun entende que a ficção científica pode ser melhor compreendida como "uma distorção significativa do presente", isto é, ela não é "nem visionária nem utópica", mas sim "um meio de pré-programar o presente": "olhando para o gênero, torna-se claro que a ficção científica nunca esteve preocupada com o futuro, mas sim com a criação de uma relação entre um futuro desejável e o devir presente" (ESHUN, 2018, p. 167).

> Science fiction, as we all know, reflects reality. How, before the mid-1960s, could blacks see themselves as starship captains if reality denied them the opportuni-

ty to pilot airplanes? Why would blacks recast themselves as extraterrestrial aliens if they were alienated from everyday American life? Certainly, blacks were disinclined to write about aliens because they had to struggle with being perceived as aliens[141]. (p. 14)

O *alien* como além, exterioridade total – ápice da *diferença* na matriz do corpo, da biologia, da linguagem, do território, dos códigos, enfim, de tudo – é uma forma de representar ficcionalmente uma instância imprevisível e incontornável de *igualdade* destacada dos diâmetros societários, dando a ver, em realce, os limites estreitos que a categoria humanidade constitui perante a diversidade-Terra.

Esse aspecto nos remete de volta ao romance de Aline França, publicado uma década antes do anúncio do termo Afrofuturismo por Mark Dery. Ali, o negro é um *alien*, sua origem se encontra em um outro planeta, que produz a energia vital para os negros na Terra e sustenta a perspectiva de ter um *lugar para voltar*. Seus corpos e mentes são conectados, possuem outras formas de comunicação, são constituídos de uma biologia singular, dispõem de acesso amplo sobre os eventos ainda não vividos, e sobre os seus antepassados.

Seu criador, Aleduma, caminha sobre a areia branca impingindo em seus passos a não linearidade, dado que ir para frente ou voltar para trás é uma questão de perspectiva: "Alguém que observasse aquelas pegadas jamais imaginaria que a direção indicada pelos retratos daqueles pés não correspondesse à direção verdadeiramente seguida pelo velho". Da mente brilhante de um filho da ilha de Aleduma nascem descobertas científicas incomensuráveis para a humanidade, por exemplo, a pílula que cura a neurose e outros sofrimentos mentais.

---

[141] "Ficção científica, como todos sabemos, reflete a realidade. Como, antes de meados da década de 1960, os negros poderiam se ver como capitães estelares se a realidade lhes negava a oportunidade de pilotar aviões? Por que os negros se transformariam em alienígenas extraterrestres se eram alienados da vida cotidiana americana? Certamente, os negros declinaram a escrever sobre aliens porque tiveram que lutar para não serem vistos como aliens". [Tradução minha].

Na ilha, tudo corresponde a instâncias paralelas ao real conhecido, mas, como vimos no início deste capítulo, o enredo de *A mulher de Aleduma* sobretudo conversa com dinâmicas da experiência histórica negra em variadas linhas, como na dimensão da violência, ocupação, escravização, fuga, etc., em suma, os problemas e enfrentamentos que compõe os andamentos da trama dizem respeito aos mesmos que identificamos nos demais romances do *corpus*, isto é, a opressão e o poder conjugados sob a intersecção de raça, gênero e classe. Notadamente, destaca-se o mesmo lugar para a masculinidade branca, construída nos moldes do senhor de escravos; a presença da feminilidade branca em reprise da sinhá como agente da violência; a feminilidade negra como lugar de liderança e protagonismo; a presença da alteridade em relação harmônica, (representada pelas Graúnas) e em relação conflitiva (as pessoas brancas da cidade grande); a questão das temporalidades encruzilhadas: a comunidade possui um baú de documentos que guardam tanto os arquivos do passado como as previsões para o futuro.

A conclusão do romance acena para um futuro distópico. A primeira geração enfrentou a escravidão e pode manter seu sistema de vida porque se refugiou em uma ilha desconhecida – à parte do território nacional mapeado. A segunda geração viveu a invasão e ocupação deste espaço pelos brancos capitalistas, numa performance repetida (porque inserida em ordem continuada) da violência colonial. Novamente, a população é impingida a sair do território, que será destruído para preservar sua história, e passa a resistir no núcleo interior de onde emanava a energia da ilha e a fonte de comunicação com o planeta Ignum, a lagoa chamada Filha doce. Sabe-se que a população da ilha chegará à terceira geração isolada nesta parte da ilha, dando continuidade à resistência que articula a experiência negra do presente àquela do passado, indicando, ao mesmo tempo, a persistência da ordem colonial predadora e violenta, no qual o negro precisa restringir seu espaço cada vez mais para existir como sujeito. Como saída, a ficção projeta uma comunidade de destino transnacional, afropolita[142], que se encontra e conecta por uma mesma linguagem oral e corporal, o Ijexá[143].

A mulher de Aleduma é um romance Afrofuturista, em que, através da linguagem do Ijexá o futuro se refaz, porque permite a possibilidade da continuidade através da vivência daquilo que atravessa temporalidades e temporais. Da mesma forma, o romance nos diz que um futuro viável e habitável não parece ser possível nas brenhas do território nacional, não enquanto ele refletir o eterno retorno do colonial que se estica no tempo.

---

142 Trato deste conceito no capítulo 9.
143 O *Ijexá* é uma referência da cultura africana no Brasil, e refere-se ao ritmo que acompanha a dança de Oxum. A palavra se origina do vocábulo *ijèsá*, uma subdivisão da etnia iorubá e o nome da cidade nigeriana onde se cultuava o orixá Oxum.

7| MARILENE FELINTO

Atravessei o mar
Um sol da América do Sul
me guia
Trago uma mala de mão
Dentro uma oração
Um adeus.
Eu sou um corpo
Um ser
Um corpo só
Tem cor, tem corte
e a história do meu lugar.
Eu sou a minha própria embarcação
A minha própria sorte.
Je suis ici, ainda que não queiram não
Je suis ici, ainda que eu não queria mais
Je suis ici
Agora
Cada rua dessa cidade cinza sou eu
Olhares brancos me fitam
Há perigo nas esquinas
E eu falo mais de três línguas
E a palavra amor, cadê?
– Luedji Luna, "Um corpo no mundo" –

7.1| Cartografia Interior da Protagonista Negra

"O couro que me cobre a carne não tem planos".
– Luiz Melodia, "Ébano" –

As mulheres de Tijucopapo (1982) é o livro de estreia de Marilene Felinto, publicado pela editora Record[144], à altura de seus vinte e cinco anos, quando era uma estudante de letras na USP.

Este foi o primeiro romance de autora negra brasileira traduzido para outros países (inglês, 1994; francês, 1998; holandês, 1999; catalão, 2000). Antes dela, apenas *Quarto de despejo* (1960), de Carolina Maria de Jesus (traduzido para 13 línguas) havia perfurado a barreira do idioma. Barreira, diga-se de passagem, extremamente ostensiva: no caso do *corpus* aqui em análise, somente o romance de Felinto e o de Conceição Evaristo foram publicados fora do Brasil. Um problema amplo que se alastra para outras formas, evidenciando o silenciamento da escritora negra brasileira na circulação global de discursos[145].

Entre os romances do *corpus,* observa-se que *As mulheres de Tijucopapo* é o primeiro romance totalmente construído em torno da interioridade de uma mulher negra, isto é, voltado para processos, paisagens e declives interiores de um *eu* particular, em construção e à procura de si: toda a ficção verte os pensamentos, afetos e rancores de Rísia, que narra seus fragmentos de memórias em uma primeira pessoa que desafia ferozmente a possibilidade da escuta, e da própria fala.

Do interior dos fluxos subjetivos da personagem, a ficção arregimenta o histórico, o social e o político, em toda a complexidade de uma primeira pessoa que se enuncia através de suas fraturas e ruínas. A narrativa acompanha o ritmo do fluxo mental da personagem, resultando em indiferenciação entre os tempos da experiência, da reflexão e da memória da experiência.

---

[144] *As mulheres de Tijucopapo* ganhou o prêmio Jabuti de autor revelação de 1982. Em 1992 sai a 2ª edição, Editora 34; em 2004, é lançada a 3ª edição. Neste trabalho utilizo a segunda edição, de 1992. A autora tem ainda mais um romance publicado: *O Lago Encantado de Grongonzo* (1987); 1992 (2ª ed.); uma novela, *Obsceno Abandono* (2002); e o livro de contos *Postcard* (1991).

[145] A questão, evidentemente, ultrapassa a produção das mulheres negras, pois atinge também os autores, e não se restringe à escrita literária: de modo geral, o pensamento produzido por pessoas negras que escrevem em português não circula.

Rísia é narradora, protagonista e a plataforma posta em debate no texto: a ficção responde ao ato de mergulhar em sua própria constituição, inscrevendo o sujeito na intersecção de raça, gênero, classe, etnia – isto é, a experiência histórica de ser mulher negra pobre e, no caso de Rísia, nordestina migrante, vivendo as engrenagens da colonialidade.

As Mulheres de Tijucopapo articula uma voz narrativa dilacerada, isenta de certezas, em crise, em processo. Rísia inicialmente não nutre pertencimento prévio a nenhum grupo, embora projete uma comunidade de destino. O coletivo se perdeu, assim como todos os seus territórios de afeto, mas ela está partindo rumo ao solo das mulheres de Tijucopapo – tomadas como símbolo e potência de liberdade aos olhos da personagem: uma possibilidade de encontro com enredos de feminilidades combativas, aguerridas – representando o oposto ao entendimento que nutria sobre sua mãe, sua matriz.

> Foi em Tijucopapo que minha mãe nasceu. Embora tudo se esconda de mim. Mas sendo que sei sobre o que ela me contou em acessos de um desespero triste, e sobre o que sei que sou e que é dela e que escutei no bucho dela e que está traçado na testa dela e no destino nosso, meu e dela (FELINTO, 1992, p. 12).

A narrativa acontece durante a travessia da narradora protagonista de São Paulo de volta ao Recife natal. Evitando a via central da estrada, sem companhia além dos próprios pensamentos e das elaborações sobre si e sobre a própria história, ela vai costurando conjecturas enquanto caminha. Um longo caminho, por sinal, percorrido arduamente sob o sol escaldante, sob o chão das memórias, das "esculhambações" históricas – vestígios do passado vivo no presente. O caminhar de Rísia tem chão o bastante para um renascimento: dura nove meses.

A travessia tem uma direção determinada (Tijucopapo), um método definido (evitar a estrada principal, "que leva carros de São Paulo e traz carros de São Paulo"), e segue um percurso linear. Mas a narrativa se atém nos pensamentos da personagem durante a travessia, em suas paisagens interiores, e esse atravessamento altera o ritmo do compasso, principalmente porque toma por guia as memórias da infância. Não se trata, porém, de um tempo passado ao qual a memória resgata ou recria, mas sim de um tempo presente, que ainda incide sobre o hoje, sobre a fala: "Tudo aconteceu mesmo num tempo de menina. O resto, a vida, é redundância" (FELINTO, 1992, p. 100).

O tempo, filtrado pela subjetividade da personagem narradora, é um dos temas centrais da ficção. Passado e presente surgem como temporalidades amalgamadas, espirais, medi(a)das pelo sentimento, e pelos próprios fantasmas.

O romance de Felinto conversa com a História desde a referência estampada no título. Tijucopapo é um território historicamente marcado por uma sublevação feminina que remete ao episódio da batalha de 1646[146], protagonizada pelas mulheres vitoriosas do vilarejo contra os

---

[146] "Em 1646, o ano do acontecimento, o distrito possuía apenas uma rua larga, quase uma praça, ladeada por casas simples, destacando-se ao final dela a Igreja de São Lourenço de Tejucupapo, de arquitetura jesuítica, como acontecia com as igrejas erguidas no início da colonização. Mesmo não se conhecendo com exatidão a data real de sua construção, os indícios existentes remontam a meados do século XVII, sabendo-se, com segurança, que em 1630 ela já existia. Naquele ano os holandeses já haviam praticamente perdido o domínio que durante algum tempo mantiveram sobre quase todo o território pernambucano, e como se encontravam cercados e necessitando desesperadamente de alimentos, cerca de 600 deles, saídos por mar do forte Orange, na ilha de Itamaracá, sob o comandado do almirante Lichthant, tentaram ocupar Tejucupapo, onde esperavam encontrar a farinha de mandioca e o caju que as circunstâncias do momento haviam transformado em produtos pelo qual valia a pena arriscar-se em combate. Segundo os historiadores, eles escolheram justamente o domingo para realizar a investida porque era nesse dia que os homens do vilarejo costumavam ir ao Recife, a cavalo, para vender nas feiras da capital os produtos da pesca. Sendo assim, a localidade estaria menos protegida, acreditavam os holandeses. Mas foram frustrados em sua intenção porque, segundo alguns relatos, a informação de que se aproximavam iniciou a reação da pequena e valente população local, que tendo à frente quatro mulheres - Maria Camarão, Maria Quitéria, Maria Clara e Joaquina - lutou bravamente contra os invasores, enquanto os poucos homens que haviam permanecido na localidade ocupavam-se em emboscar os assaltantes, atacando-os à bala e não lhes dando sossego. Os registros informam que elas ferveram água em tachos e panelas de barro,

holandeses, que tentaram invadi-lo. A esse local a personagem atribui uma possibilidade de recomeço, porque nele quiçá encontraria um fio de sua origem.

Origem desejada e auto atribuída, que não corresponde ao local real do nascimento de Rísia e de sua mãe, mas é reivindicada como matriz. Dessa forma, a herança histórica que o sujeito em travessia está buscando é mais definida que a geografia do território para o qual ela retorna: "Já sei que vou parar muitas vezes antes de continuar. Pois os fatos não são um só. Tijucopapo desemboca na rua onde vivi lá em Recife" (p. 17).

As mulheres de Tijucopapo é um romance sobre a solidão de uma mulher negra a quem foram rompidos os espelhos que lhe deveriam ser familiares e, sem conexões que lhe pudessem assegurar um solo afetivo de referências de sua ancestralidade, sai em busca de um enredo para sua origem.

> Era a Poti, uma vila-lua onde nasci e onde sei que meu avô foi índio. Às vezes eu me olho no espelho e me digo que venho de índios e negros, gente escura, e me sinto como uma árvore, me sinto raiz, mandioca saindo da terra. Depois me lembro que não sou nada. Que sou uma pessoa com ódio, quase Severina Podre, lunática, enluarada, aluada, em estado de porre sem nunca ter bebido. Aí eu me retiro do espelho e sei que sou uma pessoa atacada por lembranças atormentadoras (FELINTO, 1992, p. 35).

Neta de um avô índio e de uma avó negra, do ponto de vista de Rísia a ancestralidade lhe oferendaria a segurança para ser e estar, mas ela se en-

---

acrescentaram pimenta, e escondidas nas trincheiras que haviam cavado, atacavam os holandeses com a mistura jamais esperada por eles. Seus olhos eram os principais alvos, e a surpresa o melhor ataque. Como saldo da escaramuça, mais de 300 cadáveres ficaram espalhados pelo vilarejo, sobretudo flamengos. A batalha durou horas, mas naquele 23 de abril de 1646 as mulheres guerreiras do Tejucopapo saíram vitoriosas".
V. Brasil Arqueológico e Wikipédia, verbetes Pernambuco e Goiana.

contra absolutamente distante de uma memória afetiva familiar positiva, ou mesmo do conhecimento sobre os seus antepassados.

> Era a Poti, a vila-lua onde eu nasci e onde nasciam essas mulheres doidas como tia, ou essas pobres mulheres como mamãe, que eram dadas numa noite de luar, por minha avó, uma negra pesada, e que depois seriam mulheres sem mãe nem irmãos, desgarradas, mulheres tão sem nada, mulheres tão de nada. Era a Poti, e minha mãe era filha adotiva de Irmã Lurdes, a mãe de tia. Minha mãe tinha perdido todos os contatos com o verdadeiro de si mesma. O último originário de mamãe se apagou com os raios da lua na noite de luar em que ela foi dada. Tudo de mamãe é adotado e adotivo. Minha mãe não tem origens, minha mãe não é de verdade. Eu não sei se minha mãe nasceu (FELINTO, 1992, p. 34).

Da ótica da filha, a única que fala no romance, a mãe não tem origens, não tem um passado que a pertença: foi apartada de qualquer conexão com a própria história pregressa. Esse ponto é tão incisivo para Rísia que a existência ou inexistência materna é um signo indefinido.

A mãe nasceu em um tempo distante para a jovem, tão distante que sua imaginação não alcançava: "Bem, mas antes minha mãe nascera. E fora em Tijucopapo. Era 1935 e nem imagino como poderia ser, como se poderia ser, como se podia nascer. Como se podia ser em 1935?" (p. 18). Recém-nascida, a mãe de Rísia foi dada para adoção pela sua mãe, uma mulher negra pobre que não a podia criar porque mal podia sustentar os outros vários filhos. Considerando a data de nascimento da mãe, pressupõe-se que a avó de Rísia tenha feito parte da primeira geração nascida livre depois da abolição da escravidão. Um dado relevante, já que o laço familiar é rompido justamente em razão das condições materiais precárias em que estava submetida devido a uma ordem social que a sobrepujava.

> Mas é, minha mãe existe. Era 1935, todos os raios da lua escapuliam do céu preto alumiando o caminho num atalho de serra por onde o jegue vinha empinando os caçuás. Minha avô nem sequer açoitava o bicho; vinha pachorrenta, os cabelos entronchados em cocó nas costas. Minha vó era tão negra que se arrastava. Ela levava minha mãe, a que seria dada. Minha mãe veio num caçuá. Minha foi dada numa noite de luar. Minha vó não podia. Era o seu décimo e tanto filho. Não podia matar mais um daquela fome que era toda de farinha e charque e falta d'água. Minha mãe seria dada (FELINTO, 1992, p. 19).

A des-raiz do útero mais o caráter passivo tornam a mãe um lugar de não referência para Rísia, uma zona de desconforto e estranheza. A irmã adotiva da mãe, a tia Ilsa, é outra referência feminina com a qual Rísia precisa romper, causando-lhe mais um desencontro afetivo determinante em sua trajetória. "Tive de ir-me embora de casa. Não sei por que vou aqui afora. Mas acho que é para ver se faço alguma coisa de minha vida, que foi marcada por fatos assim de tia e papai traírem mamãe. Mas acho que é para ver o que me sobra disso que já fui – eu menina, a rua onde vivi, as lembranças atormentadoras" (p. 33).

A avó, a mãe e a tia representam feminilidades nas quais Rísia não se reconhece e com as quais estabelece conflito.

> Diria medonha essa coisa de tia e papai... Tia e papai, não sei como, não sei se na cama, traíram mamãe, a tola. Tia era Ilsa. Que quando menina foi tão ruim que comeu sal de castigo, até a boca estourar em bolha e o estômago rachar. Porque foi pega fumando. Era a Poti, a vila-lua onde nasci e nasciam essas coisas doidas como tia. Diria que fica difícil pensar nela, nessa Ilsa, pois que hoje ela anda bêbada por aí doméstica na casa dos ricos, uma selvagem doméstica, uma gota d'álcool, um copo de vinho, uma risada em soluço –

> e eu não posso fazer nada por ela. Além de que... Tia traiu mamãe e isso é uma merda. Uma merda porque... Isso é uma merda porque eu amava tia. Eu amei tia quase com força que não amei mãe. Eu ia, toda tarde, esperar tia na esquina, esperar que ela passasse lá por casa voltada da Casa de Lanches da Varig onde ela trabalhava. Sempre tia trazia um doce, um salgado, dos lanches do avião. Dos lanches do avião... pois uma vez, eu jantava no avião indo em viagem para Recife e me lembrei assim de tia e eu menina e as lágrimas caíram em bagas (...) Então, eu sou, hoje, quem anda a comer os lanches do avião da Casa de Lanches da Varig, aqueles que tia preparava. E ela é, hoje, tia, uma selvagem alcoólatra domesticada na casa dos ricos sem que eu nada possa fazer a não ser olhá-la impossibilitada e dizer o que sobra de tudo: – Você, então, traiu mamãe (FELINTO, 1992, pp. 33, 34).

Embora estas passagens façam referência a acontecimentos da infância, o fluxo de pensamento-memória é produzido desde as permanências desse tempo no presente, de modo que mesmo a mudança de classe social da personagem, que agora (no presente da narração) anda de avião – enquanto passara a infância desejando tomar "um guaraná inteiro" sem ter condições para – é representada em contraposição ao lugar social subalterno da tia. Assinalando, em outras palavras, que os afetos, rancores e frustrações da protagonista passam pela sua localização na esfera das relações de gênero, raça e classe social.

A racialidade assinala profundamente os contornos dos seus traumas. E a memória destaca da infância duas passagens centrais em que a protagonista experimentou momentos de ofensa e forte agravo, que ela chama de "esculhambações" de si. O primeiro desses momentos ocorre no espaço escolar. Na época da escola, Rísia descobre "sua diferença" (como também consta na narrativa de Bitita, de Carolina Maria de Jesus), resultante da intersecção de gênero, raça e classe constituindo os lugares de poder e privilégio:

> Em Majopi eu soube de minha diferença – meus cabelos eram cordas duma força amaciada de brilhantina que mamãe passava e o sol derretia ao meio-dia. Meus cabelos não eram lisos como os de Libânia ou de Maísa. Eu tinha cabelo duro. (...) Além disso, as meninas eram filhas de sargentos ricos. Eu era bolsista na minha classe de meninas gordas rosadas (...). (FELINTO, 1992, p. 70).

Nesse contexto, o feminino branco e o feminino negro estão em polos hierárquicos, representados por Libânia e Luciana:

> Eu gostava de Libânia porque ela era tão limpa e bonita, e o cabelo dela era liso e o meu era crespo, e, Libânia tinha uma calma que eu não tinha. Era como se eu quisesse ser um pouco Libânia. Eu queria ser como Libânia. Enquanto Luciana me dava asco com aquela docilidade toda que eu não queria ter porque não podia ter. Libânia era individual. (FELINTO, 1992, p. 27).

Luciana busca a amizade de Rísia e lhe escreve uma carta amorosa, mas o afeto a agride, porque "Luciana era um pedido. E eu não gosto das pessoas que pedem. Eu gosto das pessoas que conseguem. Era assim que eu era naquela vida de escola" (p. 27). Luciana "era somente uma dócil que gostava de mim. E gostava assim, por nada. (...) . E só sabia gostar e ser dócil. E veio a mim como quem gosta mesmo, assim, dizendo: – Eu gosto. E eu não suportei, não suportei, não suportei. Desconfiei e não acreditei. (...) Eu estava acostumada era com asperezas de alma" (p. 26). Então, Rísia responde com uma carta raivosa, agressiva, que Luciana mostra para a professora. "Desde o dia em que Dona Penha pegou esta carta, meu coração aprendia um outro jeito de bater. Um jeito sufocado. Um jeito tão ruim. Mas eu era tão menina. Dona Penha me marcava. Só podia ser" (p. 28). A descoberta da carta pela professora torna público o ódio que Rísia sentia, um ódio reativo, consequencial: "importante é que eu precisei descontar em Luciana e descontei. Não digo que fiz mal. Me fez mal. Isso sim. Me faz mal. Porque parece que várias vezes na vida desconto com ódio o amor que me oferecem. (...) Luciana foi a minha primeira entrada na esculhambação de mim mesma." (p. 29).

O segundo momento de forte abalo ocorre também agenciado pela hierarquia racial informando as diferentes feminilidades, dessa vez, entre a mãe e a amante do pai, Analice. Em razão de seu comportamento adúltero diante da mãe, o pai é alvo de seu profundo rancor desde a infância. Analice, a amante de seu pai, representa uma memória amarga e incontornável para Rísia.

> Nema me chamava e me avisava sempre que eu era menina. Até o dia em que nos encontramos, Analice e eu. Papai comprara um açougue. Várias vezes até, por essa época, eu tive sonhos com papai pendurado nos ganchos a ser vendido: lombo, bucho, tripas, rabo. Eu era sanguinária. Mas eu era tão menina. Quando cheguei ao açougue com mamãe, Analice estava sentada no caixa. Mamãe e eu a reconhecemos pelos cabelos loiros. De Analice só sabia-se que era loira. E foi o que vimos. Analice era loira e até hoje não aguento cabelos loiros. Meu coração disparou em batidas quando eu percebi a grande possibilidade de aquela ser, então, Analice, a loira, a de pele branca, a de cara pintada, a de batom, a cosmética. Meu coração disparou como um relógio despertando zero hora, o encontro marcado entre o dia e a noite. O onde se cruzam claro e escuro. Meu coração disparou por mamãe. (...) Quando apareci na rua depois daquele dia, as mulheres caçoaram de mim, mangaram abertamente, as mulheres me esquartejaram com foices e machados. Pois eu tivera medo, então, da loira? Foi o segundo dia de maior vergonha de minha vida. Foi a segunda esculhambação de mim (FELINTO, 1992, p. 38).

Ao reconhecer Analice, que se distinguia pela sua brancura, o coração da protagonista "disparou como um relógio despertando zero hora, o encontro marcado entre o dia e a noite. O onde se cruzam claro e escuro" (p. 38). A metáfora das cores para marcar a diferença entre as mulheres (a mãe negra e a amante branca) salienta os termos da disputa. Quando acontece essa segunda ofensa, Rísia amanhece gaga.

> Estou morro não morro com essas coisas que eu descubro sobre a vida. No dia da segunda esculhambação de mim mesma, o dia em que não matei Analice, amanheci gaga. E durante muito tempo em menina fui gaga e magra. A história de minha gagueira é longa e triste. É muito ruim ser pobre porque pode-se súbito ser um gago ou um magro. (...) Agora eu já não gaguejo mais, agora ou eu emudeço de vez ou falo direto em língua estrangeira. Ou vou-me embora. Mas, não poder falar, ser gaga, é um verdadeiro corte, é o sinal mesmo da ruptura, é o espanto maior de todos. Ser gaga, então, me calava muito. Eu já fui uma verdadeira muda. (FELINTO, 1992, p. 40, grifos meus).

As condições precárias que a sociedade lhe impunha ascendem no discurso de Rísia como explicação limite para aquilo que a oprime e agride no íntimo. Ser pobre, comer pouco, não se enxergada no padrão de beleza que faz com que ela "marche com um sentimentozinho frustrado de não poder ter sido a baliza" (p. 32) no desfile do sete de setembro, pois este lugar estava reservado para as meninas brancas. A dor, a raiva e a angústia que marcam a experiência da personagem são motivadas por questões que atravessam o sujeito e permeiam o social, impondo caracteres políticos ao discurso subjetivo.

Em meio à infância turbulenta, Rísia muda-se com a família para São Paulo, e a questão do território passa a ser outro ponto sensível em sua configuração subjetiva e na sua condição social. A condição de sujeito migrante e as mudanças desencadeadas com a alternância de geografia irão demarcar a fundo a sua constituição. Aos olhos de Rísia, o ato de se ter desterrado está o tempo inteiro vívido na memória.

Desgraça. Em 1969, Natal, nós nos retiramos das praias ainda maravilhosas de Boa Viagem. Boa Viagem da incendiada e alagada Recife de entre-rios. Da Recife coitada. Nós batemos em retirada no meio de porcos e galinhas e pedaços de tapioca amanhecida, entre catabios e sacolejos de um pau-de-arara, pra um hotel imundo no Brás de São Paulo enquanto papai, o louco, alugava um porão qualquer onde nos socar. E isso não é apenas mais uma história. Isso não é porra nenhuma de somente mais uma história. Nós retiramos das praias ainda maravilhosas de Boa Viagem para o Brás apodrecendo de São Paulo, repito. Repito que foi coisa de deixar a paisagem que é um mar para bater os olhos nos fundos dum hotel no Brás onde um homem se masturba num tanque de lavar roupa. Primeiro foi isso, então, um sujeito esfregando o pau contra o tanque no pátio do hotel. Eu já vi tanto sexo no fundo dos quintais. Depois foi a plaqueta com o preço da maçã numa barraca das ruas do Brás. Nem mesmo a maçã. A maça que se dizia haver em São Paulo como só há no paraíso. Nem a maçã eu provaria. Em Recife não havia maçã para pobre. Só nas oferendas do Passarás que a gente brincava. Maçã ou pêra? (...) Mas São Paulo jamais seria o paraíso dos panfletos que distribuíam sobre ela lá na coitada Recife (FELINTO, 1992, p. 73).

A família migra para buscar outra saída diante da condição de pobreza que viviam, mas, na metrópole, a luta pela sobrevivência e a desigualdade se mantém, sustentada nas mesmas hierarquias sociais. As condições sociais opressoras, constituídas sob hierarquias de classe, gênero e raça, influem/inflamam a arquitetura afetiva da personagem.

> Eu sou pobre de pai e mãe. Pobre, pobre. É justo? Eu me pergunto se é justo perguntar se é justo. (...) Eu me pergunto caminhando pela ponte a ver os esmoleres. É justo? O que pode ser considerado justo? Eu caminho pela ponte e há esmoleres margeando meu caminho. E há ladrões e prostitutas. Não me identifico portanto. E me identifico. Eu os fito sem me achar na pupila dos olhos deles. E me acho. Eles não refletem, eles não são o espelho claro e límpido. Eu me vejo. O que são eles? Devem ser algo, já que algo refletem. Mas o que é? É aquilo que é o injusto. A coisa injusta. É aquilo que me faz chorar de culpa sobre os pãezinhos do lanche do avião da Varig (FELINTO, 1992, p. 72).

Em São Paulo Rísia se torna adulta e perde os laços com qualquer vestígio de comunidade.

> Sai de casa porque a presença de papai atenazava minha vida. Também não pude mais com o chamego abusado dos meus irmãos, que chegavam tarde da noite fazendo zoada no quarto onde eu tentava dormir me debatendo em pulgas. (...) Eu tinha o salário mais alto. E isso era ruim porque eu passava a odiá-los. Sou de uma família muito pobre e vou levar a vida a tentar descobrir porque essa injustiça. É muito ruim ser pobre. Você passa a odiar seus irmãos porque eles não deixam comida para você e porque você dorme no quarto onde eles chegam pra dormir fazendo zoada. Eu venho de uma família muito pobre. Quando fez dois anos que estávamos em São Paulo, papai foi preso por contrabando. Papai também é um herói. É muito ruim ser pobre – você tem vontade de matar seu pai, você não ama sua mãe (FELINTO, 1992, p. 88, grifos meus).

A posição econômica torna Rísia a "chefe" da casa, mas a ordem (machista) de gênero a amiúda: "Saí de casa porque a comida era comprada com meu dinheiro e meus irmãos não deixavam jantar para mim" (p. 74). Contudo, a grande pobreza está na insalubridade dos afetos: "Saí de casa por vários motivos. Porque as pessoas ou brigavam ou não se falavam. Porque havia rancores, porque..." (p. 74). À parte da família, Rísia também não se encontra em outras fontes possíveis de relação, nas quais ela pudesse ser humana. Mais uma vez, as distâncias são medidas pela sua localização nas relações de poder:

> Eu saí de São Paulo porque houve um homem que se morreu de mim e porque lá eu morava no subúrbio enquanto todos os meus amigos estavam bem estabelecidos no Higienópolis paulista. Então, muitas vezes os contatos eram impossíveis porque eu não tinha telefone. Eu nunca era avisada da morte de alguém, por exemplo. Os contatos ficavam difíceis. O Higienópolis paulista é onde se bebem os guaranás inteiros. E o onde estão as pessoas que já leram os livros que eu já li. E é isso que me dana. (...) É essa gente que depois discutirá a goles de coca-cola inteira no Higienópolis paulista. (...) Quando eu chegar lá, vou contar a Nema dos mil nomes científicos e não científicos que eles arranjaram para me definir e para provar a inocência deles na minha retirada. (...) Nema, você pensa que em São Paulo há um poema que rime com Nema? Não, lá é tudo dissonância (FELINTO, 1992, pp. 91, 92. Grifos meus).

Pela vida afora, em Recife ou em São Paulo, na infância ou na idade adulta, Rísia constata que o afeto é também atravessado pelo poder e requentado no caldo das diferenças, demandando negociações constantes com as forças que estabelecem identificação entre partes dessemelhantes (a raça, a classe social, a topografia, etc.). Desse modo, não há como se conectar com as pessoas que já leram os mesmos livros que ela, porque existe um nítido abismo social separando a cidade cosmopolita – divisão já anteriormente nomeada por Carolina Maria de Jesus como "cidade de cetim" e "quarto de despejo da cidade".

> E agora eu preciso inventar o sonho que vou sonhar amanhã. (...) Nema, é assim que eu faço agora, aqui, para aguentar o meio-dia. Eu saio em sonho ao meio-dia. Sabe quando foi que primeiro eu sonhei? Quando era 1969 e eu pisei em São Paulo. Lá nessa cidade eu passei a precisar inventar sonhos. Passei a precisar que o mundo se acabasse. (...) Nessa cidade de onde saio, essa cidade tão enorme de prédios e pessoas e carros e lixo passando e vida de cidade, as pessoas são jeitos perdidos. As coisas acontecem, as histórias se fazem aos milhares, mas as histórias se perdem também aos milhares, morrem onde nascem. Cada pessoa é uma história perdida (FELINTO, 1992, p. 66)

Sem conexões (telefônicas), sem afeto, Rísia novamente vive o lugar da não fala, do silenciamento, dessa vez imposto a ela pela falta de interlocução, pela ausência da escuta. Nessa arena, as distâncias também são politizadas, e Tijucopapo lhe parece mais próxima que a avenida Paulista. Então, depois de perder o amor de um homem – o último laço afetivo que tornava a cidade possível aos seus olhos – ela decide sair e partir de volta para Pernambuco, fazendo o caminho de retorno pelas margens da BR, até chegar ao destino definido: Tijucopapo, onde tudo é pulsão de revolução.

Depois dessa longa travessia, Rísia assume a condição de (re)formular sua identidade. Planeja invadir a Avenida Paulista em busca das luzes que brilham lá para redistribuí-las nos postes incompletos das ruas de sua infância. Não se trata, contudo, da erupção de uma heroína. Antes, de um sujeito altamente reflexivo que reconhece a dor do abandono, da falta de pertencimento, das fronteiras socioculturais inerentes a uma sociedade desigual, e parte, qual caçadora de si, rumo à própria travessia, durante a qual faz um doloroso inventário de sua vida para acertar contas com o passado – que ainda produz seu presente e fecha os fios do futuro.

> É difícil até acreditar que serei capaz de ir até o fim. Pouca gente foi. E isso torna tudo mais árduo. Além de que, essa pouca gente que foi não deixou passos, uma trilha feita. Mas nenhuma trilha feita me serviria também. Devo abrir a cortes minha própria linha na mata, devo fazê-la eu só. Trilha nenhuma outra me serviria. E isso torna tudo mais árduo. O sol derrete sobre minha cabeça, minha pele escurece a mais e mais, chegarei negra em Tijucopapo [...]. (FELINTO, 1992, p. 94).

7.2 | Mudez na Língua Nacional e Silenciamentos Rompidos

> *"Só uma palavra me devora*
> *Aquela que meu coração não diz"*
> *– Sueli Costa e Abel Silva –*

A escolha por viajar pela margem da estrada, e nunca pela BR central, aponta um primeiro elemento do olhar crítico da personagem frente à nação, entendida e representada por meio do contraste entre o nordeste do país (Recife) e o sudeste (São Paulo). A esse elemento irá se somar a questão da fala em português e a busca/encontro com partes selecionadas da História do Brasil que representam momentos de enfrentamento, advindos da região nordeste: principalmente o episódio de Tijucopapo mas também a referência a Lampião, com quem ela se conecta intensamente.

Rísia vive a experiência da gagueira depois de um acontecimento limítrofe para sua dignidade: o encontro com amante "branca e loura" do pai, que fez sua mãe quedar a seus pés. Depois, a perda da voz é vivida novamente quando ela se depara com outra realidade linguística, ao mudar-

-se de Pernambuco para a maior metrópole do país e ser exposta a outro sotaque: "Em São Paulo eu só encontrei palavras em língua estrangeira. Ou numa mudez impressionante. Em São Paulo eu quase perdi a fala" (FELINTO, 1992, p. 81).

A experiência da gagueira ecoa em sua memória, lembrando-a que quem não pode falar é e será, sem dúvida, subalterno. "Mas sinto que preciso deixar de besteira, porque ficar me lembrando de mim gaga é besta e feio; deixando, pois, de besteira, pois que todo indivíduo gago é um magricela fraco demais, e eu não suporto mais gente tão fraca assim, deixando de besteira, falarei, Nema, sobre como são os domingos em São Paulo" (p. 40).

Por fim, a experiência da interrupção da voz passa a outro grau quando a personagem não encontra segurança para inscrever o seu íntimo em língua portuguesa e elege o inglês como idioma possível: "Agora eu já não gaguejo mais, agora eu emudeço de vez ou falo direto em língua estrangeira. [...] Eu já fui uma verdadeira muda" (p. 57).

Rísia projeta uma comunidade linguística fora do eixo nacional, pois o português a emudecera, porque ela não construíra afetos em português. Nessa outra língua, na pura exterioridade, ela planeja escrever uma carta em que documentaria suas circunstâncias e razões íntimas e subjetivas. Uma carta que pretende ser um contato, mas que já pressupõe a distância, em razão do idioma.

Assim, Rísia planeja a dissidência da língua pátria e parte para um código, segundo ela, global – um código de guerra – o inglês: "Essa carta que eu vou mandar, eu queria que fosse em língua estrangeira, assim as pessoas não entenderiam exatamente. E assim os fatos seriam mais mundiais, não é? Código de guerra. Me disseram que eu vivo é em guerra" (p. 16). Os falantes do português não entenderiam, mas a fala seria global, como se na própria matriz da linguagem a verbalização do conflito, do estado de guerra, não estivesse disponível ou acessível na gramática do Brasil.

Dispostos esses elementos, apreende-se que a ficção reflete sobre a comunicabilidade possível para um sujeito marcado desde sempre pelo silenciamento.

> Vou ver se a carta pode ser em inglês. Em inglês sairia mais fácil, há lugares e nomes mais famosos de casas e gentes em inglês, coisa de filme em cinema. Não sei direito porque vou aqui, caminho afora. Parece que fiz comparações e não serviram (FELINTO, 1992, p. 13).

A busca pela linguagem é antes a busca pela possibilidade de traduzir-se, não necessariamente comunicar: "Inglês é de um material estrangeiro que me fascina e me separa dessa proximidade toda de enviar uma carta de mim na língua das minhas pessoas, a minha língua. Não quero que saibam de mim assim, tão proximamente. Quero que não me entendam. Inglês me dá distância" (p. 64).

O processo complexo de agenciamento/gerenciamento da voz experimentado por Rísia toca em um ponto histórico nuclear da construção literária de autoras negras dentro do nosso contexto nacional, feito de silenciamentos discursivos sistemáticos.

> Ah, se eu tivesse em mim não falar sobre nada. Eu queria poder me calar por dias e mais dias. Ah, se pelo menos eu pudesse falar em língua estrangeira. Ah, se eu pudesse somente grunhir. Ah, se eu pudesse ser um bicho. Se eu pudesse ser um bicho eu seria uma égua (...). Hoje eu sou, entre outras coisas, uma mulher que tentou ser égua e não conseguiu (FELINTO, 1992, p. 35).

Mas então, ocorre que, depois de completada a travessia por dentro do país e por dentro de si, Rísia finalmente chega em Pernambuco, e essa chegada deflagra o primeiro diálogo da ficção – que transparecera, até este momento, exclusivamente o universo de pensamentos da protagonista, refletindo reiteradamente sobre o seu emudecimento.

> Eu estava mantendo um diálogo com um homem. Fazia tanto tempo. Eu olhava como se ele fosse somente uma boca a mexer-se, a falar comigo. Desde que eu

deixara São Paulo não falara com ninguém. Desde que eu deixara São Paulo eu só falara comigo mesma (FELINTO, 1992, p. 115).

A partir desse primeiro diálogo de Rísia no romance, isto é, da irrupção de sua fala em um contexto de conversação e não de solidão, a narrativa muda o tom, e transforma-se em ação.

A transformação do silêncio em linguagem e em ação, tradução do título em inglês de Audre Lorde (2007), diz muito do difícil transcurso de reivindicação da fala para escapar da inexistência social.

> In becoming forcibly and essentially aware of my mortality, and of what I wished and wanted for my life, however short it might be, priorities and omissions became strongly etched in a merciless light, and what I most regretted were my silences. Of what had I ever been afraid? To question or to speak as I believed could have meant pain, or death. But we all hurt in so many different ways, all the time, and pain will either change or end. Death, on the other hand, is the final silence. And that might be coming quickly, now, without regard for whether I had ever spoken what needed to be said. (...) And of course I am afraid, because the transformation of silence into language and action is an act of self-revelation, and that always seems fraught with danger (LORDE, 2007, pp. 41, 42)[147].

---

147 Apresentação lida no painel sobre Lesbianismo e Literatura, da Associação de Língua Moderna, em Chicago, Illinois, 28 de dezembro de 1977, publicada pela primeira vez em 1978, no volume 6 de *Sinister Wisdom*, revista de feminismo radical. "Ao tomar forçadamente consciência de minha própria mortalidade, do que desejava e queria de minha vida, durasse o que durasse, as prioridades e as omissões brilharam sob uma luz impiedosa, e do que mais me arrependi foi de meus silêncios. O que me dava tanto medo? Questionar e dizer o que pensava podia provocar dor, ou a morte. Mas, todas sofremos de tantas maneiras todo o tempo, sem que por isso a dor diminua ou desapareça. A morte não é mais do que o silêncio final. E pode chegar rapidamente,

Na ficção de Felinto, o ato de fala repercute em dois processos imediatos que modificam inteiramente a condição da personagem. Primeiro, desencadeia um contato humano primário, o sexo: "Hoje meu corpo precisou de um homem. Meu corpo estava ensolarado e labiríntico, meu corpo estava bêbado. Eu queria ser seduzida. Então, dos verdureiros que cruzam comigo de madrugada, eu falei a um jovem másculo montando um jegue. Não sei se falei coisa com coisa. Só sei que ele me seduziu" (p. 111, grifos meus). Ela continua, "hoje fez uma noite de raríssimo luar melado de luz porque o sol queimara fogo o dia todo. A cor do céu estava negra. Minha cor estava negra. (...) eu senti que, com aquele homem, eu viera com todos os atos e aquele meu ato eu sentia que seria quase a perfeição" (p. 112). Depois do ato, o diálogo, que lhe sugere, finalmente, um rumo a seguir:

– São terras pernambucanas? Perguntei.
– Sim, pernambucanas.
– E essa zoada?
– Para além daquela serra começa uma guerra.
– Uma guerra? Mas que guerra? Sentei-me surpresa e incrédula.
– A guerra que descerá em direção ao sul pela BR que leva carros de São Paulo e traz carros de São Paulo.
– Mas que guerra? Não acredito nisso que diz. Então eu não sabia dessa guerra? Essa foi a BR por onde vim pensando... Essa BR, não sei de nada disso..., ergui-me procurando as roupas.
– Tome primeiro um banho e acalme-se. (...) Vou lhe contar o que acontece. Se veio pela mata por muito tempo, não pode mesmo saber. Para onde segue?
– Para Tijucopapo, disse eu saindo hesitante atrás do homem.

agora mesmo, mesmo antes de que eu tenha dito o que precisava dizer. (...)E, certamente tenho medo, porque a transformação do silêncio em linguagem e em ação é um ato de auto-revelação, e isso sempre parece estar cheio de perigos". (Tradução de Tatiane Nascimento dos Santos, publicada na Herética edições Lesbofeministas Independentes, 2012).

> – Tijucopapo... o melhor lugar; vai exatamente para o lugar onde se levantou o motim. As mulheres de Tijucopapo são o primeiro grupo feminino armado que conseguimos montar... vou lhe contar... (...)
> – Então, essa é uma guerra de conquista. (...) caminharemos em massa pelo asfalto negro da BR que conduz a São Paulo. Bloquearemos a estrada; todas as tropas de bloqueio se juntarão em Tijucopapo depois de amanhã para a descida em massa (FELINTO, 1992, p. 114).

Uma guerra dentro do Brasil. Uma guerra contra o que? Ela pergunta. "Quem andou em São Paulo pela Avenida Paulista moderníssima, riquíssima, onde os prédios já estão todos prontos, armados contra você, prédios invadindo o espaço como goiabeira carregada, gengiva exposta, carne viva, boca aberta, sabe. Quem andou pela Avenida Paulista sabe" (p. 117). A grande avenida da maior metrópole nacional é alçada na ficção a símbolo do centro do poder, dos poderosos, dos ricos, brancos e bem acomodados em si mesmos e nos outros, enfim, da minoria privilegiada. "Mas que guerra é essa? Quem conquista o que? Será a Avenida Paulista o alvo? É guerra de conquista?" (p. 118). Uma guerra baseada nas desigualdades e diferenças, que localiza o centro do poder como o alvo.

> Eu vim pelos verdes vales das fazendas dos outros até que o que eu achasse fossem flores. A paisagem duma ida são ventos e o sol de muitos dias de solidão. A paisagem que eu trouxe pintada na folha em branco virou revolução. Vim fazer a revolução que derrube, não o meu guaraná no balcão, mas os culpados por todo desamor que eu sofri e por toda a pobreza que eu vivi (FELINTO, 1992, p. 136).

O homem que Rísia encontrou no caminho e com quem fez contato (sexo-ato-palavra) se chama Lampião. Lampião a convida para a guerra e a cura do seu estado de "morre não morre", vivido durante todo o percurso: "Quando eu me refiz, aos cuidados de um homem que eu começava a amar, quando eu me refiz, pois é amando de novo que se refaz, que se continua, quando eu me refiz eu disse sim a Lampião" (p. 133). Rísia diz sim para o amor e para "uma causa justa" (p. 137).

Partindo da subjetividade da protagonista, a ficção resgata o histórico como quem alcança uma porta de saída que a liberte dos descompassos do presente. Dois símbolos de protagonismo popular que significaram atos contestatórios contra a ordem dominante dialogam no espaço ficcional. O primeiro, o episódio de Tijucopapo, ocorrido no começo da colonização brasileira e baseado na agência de mulheres em defesa pelo seu território. Mulheres que fazem parte de um passado histórico, requisitadas como devir, como projeção. "O que eu faço é um pensamento. As mulheres de Tijucopapo devem ser como eu fazendo sombra no chão. Eu sou uma mulher de Tijucopapo" (p. 93). Assim, da lama do negro tijuco, a personagem molda a si mesma, seu passado e seu futuro.

O segundo símbolo de contestação popular, também vinda da região agreste do país, é o próprio Lampião, "rei do cangaço" e par de Maria Bonita, arregimentado por Rísia em todo o seu significado histórico e político para representar a sua própria transformação na narrativa. Com ele, ela se cura pelo amor, e encontra um destino objetivo de luta.

A explicação que Rísia procura resvala nas interrogações que ela deixa durante toda a narrativa. Um questionamento intermitente, gerado na tessitura subjetiva e direcionado ao poder e à dominação, que atravessam o sujeito e os seus afetos. Destarte, da plataforma subjetiva a voz interpela a sociedade, pois o poder vem constituído na intersecção de raça, classe social, gênero, localidade – lugares onde se formulam os embates, a diferenciação. A resposta é encontrada através do retorno instrumental ao passado: enquanto narradora e protagonista da própria história, ela põe o passado para funcionar em favor de si mesma, possibilitando, dessa forma, a construção de um futuro.

O romance *As mulheres de Tijucopapo*, de Marilene Felinto, tangencia alguns aspectos particularmente relevantes para pensar a escrita de autoria negra. (1) A politização do afeto, no sentido de problematizar os atravessamentos da ordem social no âmbito afetivo. (2) A experiência da gagueira, da mudez, tocando na questão do silenciamento, imposto à voz em razão de elementos exteriores ao sujeito, e que o constrangem a um lugar de subalternidade. (3) Do emudecimento, a protagonista parte para a necessidade de ser/expressar em outra língua e em outra linguagem, enunciando aí o não reconhecimento de sua subjetividade na gramática nacional. (4) A busca por uma origem que se vai construindo na própria procura – uma origem mais rizoma e menos raiz – à margem e desviando da estrada central. (5) A retomada de posse da História: não linear e baseada em citações de experiências combativas dentro da conformidade nacional: Lampião e o cangaço, as mulheres guerreiras. (6) A espiral de temporalidades, que torna passado e presente fios contínuos de um emaranhado único, com o qual o sujeito tece um caminho. O passado é reelaborado pela memória e emerge no pensamento fabricado durante a travessia do presente. O histórico, por sua vez, é moldado pela subjetividade de quem narra, e torna-se produtivo para os movimentos do sujeito no futuro.

8| CONCEIÇÃO EVARISTO

"Como o corpo fosse documento".
– Beatriz Nascimento –

8.1| Escrevivência como Contramemória Colonial

Conceição Evaristo é uma escritora polígrafa (poeta, ficcionista, ensaísta), Doutora em Literatura Comparada e uma voz central na literatura contemporânea escrita em língua portuguesa. Autora de poesia, conto, romance, histórias e conceitos acerca do fazer literário de autoria negra; de sua escrita e pensamento emerge um postulado cada vez mais presente nas discussões em torno da produção literária de autoria negra – a *escrevivência*.

Trata-se de uma autora que tem disputado espaços no *centro* literário de forma crescente. Sua produção discursiva, de modo geral, questiona a grave lacuna existente no Brasil entre representação nacional e representatividade negra – uma equação histórica que resulta na permanência de uma literatura brasileira majoritariamente produzida por autores brancos.

Conceição Evaristo escreve desde que é criança[148], mas sua primeira publicação só aconteceu em 1990, quando estreou com um poema na antologia *Cadernos Negros*. Sua primeira obra individual, o romance *Ponciá Vicêncio*, veio a público apenas em 2003, à altura dos seus 57 anos de idade e com edição financiada pela própria autora. Esse imenso intervalo corresponde à concretude do silenciamento historicamente imposto à voz autoral da mulher negra; silenciamento que Evaristo transforma em

---

[148] Segundo depoimentos, ainda menina, na quarta série primária, ela recebeu um prêmio literário por uma redação cujo tema era "por que eu me orgulho de ser brasileira?" Ver: entrevista a CARTA CAPITAL, "Conceição Evaristo: "nossa fala estilhaça a máscara do silêncio" (2017).

revide, ao decantá-lo no texto através de uma estética de existência auto afirmativa:

"A nossa escrevivência não pode ser lida como história de ninar os da casa-grande, e sim para incomodá-los em seus sonos injustos".

Eis a frase-manifesto que sintetiza o conceito de escrevivência enquanto plataforma enunciativa em riste, anunciando-se como contramemória colonial diante dos "da casa-grande" – metonímia dos signos coloniais ainda operantes na lógica do nosso tempo, atravessando o direito de falar (para uns) e o poder de impor o silêncio (aos outros).

O conceito de *escrevivência* foi formulado pela autora inicialmente como método de trabalho e instrumento cognitivo para a leitura de seus próprios textos. "Escrevivência" refere ao processo duplo – político e epistemológico – de "tomar o lugar da escrita como direito, assim como se toma o lugar da vida" (EVARISTO, 2007). A partir de tal orientação, assume-se no texto a experiência vivida como fonte de construção literária, e, ao mesmo tempo, assume-se que a vivência, embora parta da realidade, é elaborada/tecida/significada no ato da escrita.

A escrevivência articula em seu bojo uma dialética estratégica entre escrita e experiência. Estratégica, justamente porque se destina a enunciar tessituras de sujeitos que têm sido mantidos em silêncio, e cujas experiências não são vertidas em arquivo – permitindo o sono tranquilo dos "da casa-grande". E também porque gera um espaço de reflexão sobre o fundamento da escrita na organização subjetiva das mulheres negras.

Trata-se de um conceito que alça a escrita como uma performance da retomada de posse da própria vida e da história, e, por estes motivos, se aproxima e conversa com inúmeras produções literárias de mulheres negras que tem articulado **escrita e poder** em múltiplas localidades do globo.

Às vezes eu temo escrever.
A escrita adentra o medo,
Para que eu não possa escapar de tantas
Construções coloniais.
Nesse mundo,

Eu sou vista como um corpo que
Não pode produzir conhecimento.
Como um corpo fora do lugar.
Eu que, enquanto escrevo,
Cada palavra escolhida por mim
Será examinada
E, provavelmente, deslegitimada.
Então, por que eu escrevo?
Eu tenho que fazê-lo
Eu estou incrustada numa história
De silêncios impostos,
De vozes torturadas,
De línguas interrompidas por
Idiomas forçados e
Interrompidas falas.
Estou rodeada por
Espaços brancos
Onde, dificilmente, eu posso adentrar e
Permanecer.
Então, por que eu escrevo?
Escrevo, quase como na obrigação,
Para encontrar a mim mesma.
Enquanto eu escrevo
Eu não sou o Outro
Mas a própria voz
Não o objeto,
Mas o sujeito.
Torno-me aquela que descreve
E não a que é descrita
Eu me torno autora,
E a autoridade
Em minha própria história
Eu me torno a oposição absoluta
Ao que o projeto colonial predeterminou

Eu retorno a mim mesma
Eu me torno. (Grada Kilomba, "While I Write")[149].

O conceito de escrevivência dispõe de um pensamento sobre a potência gerada na inscrição da mulher negra na autoria da ficção, produzindo narrativas que buscam fazer elos de ligação numa história fragmentada e transatlântica, como disse Beatriz Nascimento em seu *Orí*. Elos que podem criar discursividades variadas de sujeitos negros vivendo diferentes experiências nacionais. Em si mesma, a escrevivência pressupõe um aporte conceitual interno forjado numa sensibilidade cultural, estética e histórica que não se limita à fronteira e à língua nacional, mas que é supra e transnacional.

Por trazer para o centro do escrito reflexões sobre os silenciamentos impostos à voz, a metalinguagem é um recurso muito presente nos textos de autoras negras contemporâneas. No caso da escrevivência em particular, a produção ficcional de Conceição Evaristo se empenha na chave da "metanarrativa", isto é, faz-se do romance plataforma para a construção de uma narrativa para a própria vida a partir da organização de fragmentos perdidos de histórias que são suas e também são pregressas, coletivas, históricas. Uma narrativa para si (mulher negra) constituída na encruzilhada entre o pessoal–biográfico–autoral e o político–comunitário–social.

Por ser forjada nessa encruzilhada, a escrevivência revisita, sob novos vieses, as fronteiras entre real e ficção.

Silviano Santiago, debruçado sobre a "Prosa literária no Brasil atual" (2002), reflete sobre os movimentos que podem ser gerados na escrita a partir da mediação declarada da pessoa que escreve:

A experiência pessoal do escritor, relatada ou dramatizada, traz como pano de fundo para a leitura e discussão do livro problemas de ordem filosófica, social e política. Não há dúvida de que, no palco da vida ou da folha de papel, o corpo do autor continua e está exposto narcisisticamen-

---

[149] (Tradução livre do texto "WHILE I WRITE" de Grada Kilomba, feito por Anne Caroline Quiangala (UNB). Disponível em: www.youtube.com/watch?v=UKUaOwfmA9w)

te, mas as questões que levanta não se esgota na mera autocontemplação do umbigo. (...) A narrativa autobiográfica é o elemento que catalisa uma série de questões teóricas gerais que só poderiam ser colocadas corretamente por intermédio dela. (SANTIAGO, 2002, p. 36)

É o caso da proposta da escrevivência, enquanto escrita que arregimenta e catalisa "uma série de questões teóricas" – em torno da construção da memória coletiva da nação; da dinâmica de poder colonial reconfigurada em hierarquias de raça, gênero e classe; do negro na formação do Brasil; da nação como dispositivo que hierarquiza as falas e os silêncios, etc. – "que só poderiam ser colocadas corretamente por intermédio dela".

Ainda nessa chave, relembro a análise da poética autobiográfica de Carlos Drummond de Andrade feita por Antonio Candido:

> A experiência pessoal se confunde com a observação do mundo e a autobiografia se torna heterobiografia, história simultânea dos outros e da sociedade; sem sacrificar o cunho individual, filtro de tudo, o narrador poético dá existência ao mundo de Minas no começo do século (CANDIDO, 1989, p. 56).

Da mesma forma, sem sacrificar o cunho individual, filtro de tudo, as autoras analisadas nesta tese narram uma parte da história do Brasil, do poder, das relações sociais, evidenciando que determinadas questões e problemáticas só assomam à superfície do texto nacional por meio da emergência dessa pessoa "heterobiográfica" no discurso – mulher negra, sujeito de experiências silenciadas. Em suma, conforme venho destacando nesta tese, a autoria da mulher negra na ficção brasileira produz significados na ordem discursiva e epistêmica que apontam a *insurgência de sensibilidades descolonizadas* (HALL, 2006).

Não obstante, o fato de a escrevivência posicionar abertamente um sujeito social (a mulher negra) como sujeito da fala (do texto literário) – ou seja, visibilizar a autora negra produzindo abertamente seu universo ficcional assentada sob o chão da sua experiência (que é pessoal, mas também histórica, política, coletiva, como a de todos os indivíduos em sociedade) – resvala em uma recepção que, no limite, é capaz de ler os textos fora da condição de ficcionalidade, gerando um universo interpretativo muitas vezes centrado em abordagens sociológicas do texto literário, que trabalham os textos como "categorias explicativas de análise, como ferramentas que sirvam apenas para elucidar um problema maior", como se elas em si já não "se constituíssem em problemáticas historicamente consistentes" (SILVA, 2013, p. 32).

As sutilezas entre o universo biográfico e o universo de criação literária já foram expostas por Conceição Evaristo em mais de um momento. Por exemplo, no prefácio de *Becos da memória* (2017), ela diz: "Já afirmei que invento sim e sem o menor pudor. As histórias são inventadas, mesmo as reais, quando são contadas. Entre o acontecimento e a narração do fato, há um espaço em profundidade, é ali que explode a invenção" (EVARISTO, 2017, s/p). Mas, não se trata de uma questão facilmente resolvida, pelo contrário, são recorrentes as leituras em que se toma a ficção (de autoria negra) como pura e simples autobiografia.

> Desafio alguém a relatar fielmente algo que aconteceu. Entre o acontecimento e a narração do fato, alguma coisa se perde e por isso se acrescenta. O real vivido fica comprometido. E, quando se escreve, o comprometimento (ou o não comprometimento) entre o vivido e o escrito aprofunda mais o fosso. Entretanto, afirmo que, ao registrar estas histórias, continuo no premeditado ato de traçar uma escrevivência (EVARISTO, 2007, p. 9).

Na mesma direção de Evaristo, Marilene Felinto revela o seguinte sobre a publicação do seu romance:

> O que aparece no meu texto sou eu, o meu jeito de pensar, a minha opção político-ideológica. Sou indignada, revoltada. Tudo isso aparece ali sinceramente. Não consigo mentir quando escrevo, não consigo

pousar de escritora, de jornalista, ou ser absolutamente neutra como um grande jornalista deve ser. (...) Quando publiquei meu primeiro livro, um romance que conta uma história fictícia mas que é a minha história pessoal, de uma mulher que veio do Nordeste para São Paulo etc., é um livro que tem um tom de revolta e de uma indignação absurdas, que envolvem minha família. Quer dizer, pessoas conhecidas, minha mãe ficou uma semana sem falar comigo, minha vó me proibiu de pisar na casa dela um ano. (FELINTO, 2001, pp. 31, 32, grifos meus).

Sobre isso, já dizia Bakhtin, para quem "a consciência de si é sempre verbal" (1980, p. 183), que "se eu conto [...], enquanto eu conto [...] eu me encontro já fora deste espaço-tempo em que o acontecimento ocorreu. Identificar o seu 'eu' com o 'eu' que conto é tão impossível quanto tentar erguer-se a si mesmo pelos cabelos" (BAKHTIN, *apud* TODOROV, 1981, pp. 82-83).

Com efeito, o fato da literatura de autoria negra assumidamente problematizar-se diante de uma realidade que é da ordem da experiência (histórica, coletiva) antecipa um horizonte de expectativas que, no limite, pouco considera a mediação da linguagem, isto é, da criação de realidades textuais, que intercepta no texto de autoria negra apenas a representação mimética, pressupondo que a matéria prima da escrita será, irredutivelmente, extensão/expressão denotativa de quem escreve, tomando autor, tema e composição textual como instância única. Esse aspecto diz respeito ao fato de que paira sob a literatura de autoria negra a colagem total entre a voz narrativa e a pessoa física que escreve, como se (mesmo na ficção) não houvesse a mediação da linguagem e a própria imaginação criadora formando universos textuais representativos – mas apenas biografia, desabafo.

São problemas diferentes daqueles destacados na poética autobiográfica de Drummond pela análise de Candido, ou na leitura que Silviano Santiago faz de um conjunto de romances de autores brancos. Nestes casos, mesmo assumindo-se o viés autobiográfico dos textos, eles são lidos como literários, ou seja, o caráter biográfico não engendra o mesmo efeito encontrado nos romances de autoras negras. No texto de Santiago (2002), inclusive, ele lamenta que "não haja exemplo convincente de romance negro no presente momento" (p. 42). Para ele, "a questão das minorias apresenta uma dupla configuração", é "histórica, no momento em que se ativam as forças centralizadoras ou recalcadas pela sociedade branca e patriarcal brasileira. E atual, quando deixa vir à tona os temas ligados às microestruturas de repressão moderna (SANTIAGO, 2002, p. 41). Pois bem, estes aspectos têm sido retidos pelos romances de autoras negras desde o século XIX, e eles se realizam justamente através da forma romance, ou seja, na matriz da ficção.

Justamente porque inscreve na ficção uma perspectiva pautada na vivência da mulher negra, a escrevivência promove um esgarçamento dos limites imaginativos que o realismo – como elaboração literária da realidade – sempre atingiu. Nesse sentido, faz-se necessário insistir que os limites do imaginário é que são alargados com estes romances, pois o realismo nem sempre assumiu no discurso a variedade de experiências que articulam o real. Dessa forma, a noção de realismo se amplia, da mesma forma que é ampliado o alcance da ficção, e também do nosso conhecimento de experiências históricas que, ao serem enunciadas na literatura, também expandem o alcance da História enquanto organização de arquivos (mutáveis) do pretérito.

Em suma, o fato de a escrevivência se localizar num intermédio entre realidade e elaboração literária não reduz o caráter e o alcance ficcional dos textos, pelo contrário, amplia seu espectro. Por outro lado, ao articular a enunciação da mulher negra como narradora e protagonista da história, que, por sua vez, narra os processos fragmentados que envolvem a retomada do protagonismo sobre a própria vida, a escrevivência insurge como possibilidade narrativa de produzir futuros para as mulheres negras, ampliando, neste ato, a imaginação constituinte (VEYNE, 1984) do nosso tempo.

8.2| Espiral-*Plantation* e a Escrita como Raiz do Futuro

"Enquanto o desejo do sujeito feminino subalterno – paixão, amor e consentimento (ou falta dele) – não pode ser articulado no texto que (re)produz sua sujeição, sua posição silenciosa não é irrelevante. Toda e qualquer leitura do contexto significante de seu apagamento deveria focalizar os seus efeitos produtivos. Se não o faz, atuará no sentido de seu apagamento, que, no caso do Brasil, articula o desejo de apagamento de cerca de metade da população".

– Denise Ferreira da Silva –

Ponciá Vicêncio (2003), em termos da cronologia de romances publicados por autoras negras, é a obra com a qual entramos no século XXI. Assim como observado em todas as demais obras, a ficção aqui também se constrói sobre a experiência negra articulada e articulando o pretérito no presente. Por meio dos caminhos da personagem, a narrativa alinhava continuidades e permanência de círculos:

> Ponciá Vicêncio sabia que o sobrenome dela tinha vindo desde antes do avô de seu avô (...). O pai, a mãe, todos continuavam Vicêncio. Na assinatura dela, a reminiscência do poderio do senhor, de um tal coronel Vicêncio. O tempo passou deixando a marca daqueles que se fizeram donos das terras e dos homens. (EVARISTO, 2003, p. 29, grifos meus).

A narrativa em terceira pessoa acompanha a trajetória de Ponciá em seus processos de ida e retorno pelo tempo (do presente ao passado) e pelo espaço (do povoado à cidade, de volta ao povoado e posterior retorno à cidade). Assim como ocorre com Bitita, Rísia e Kehinde, a narrativa a segue desde a infância até a maturidade, acompanhando a *formação* da menina à mulher. Mas, diferente do *bildungsroman* clássico, a narrativa não demarca o desenvolvimento do indivíduo em sua jornada rumo ao crescimento pessoal, pelo contrário, o roteiro e o percurso da mulher negra protagonista é entremeado por heranças, resíduos e ruínas de experiências e traumas de um passado coletivo do negro, que a atravessa, e se renovam nela.

Esses atravessamentos ampliam a dimensão do *eu* (do sujeito que sai em jornada em busca do seu desenvolvimento enquanto indivíduo, do romance de formação) porque dizem respeito a um corpo coletivo.

O roteiro de Ponciá compõe um texto não linear, onde o ontem e o hoje formam a mesma substância.

A história da moça começa com o avô, que foi escravo e principiou a família: casou-se e teve um filho. Um dia, de Vô Vicêncio irrompeu um ato limítrofe: libertando de si a revolta diante da escravidão, matou a esposa, tentou se matar e ao seu filho. A esposa morreu, o velho ficou deformado, o filho escapou mas nunca se recuperou de todo. Desde então, até a morte, Vô Vicêncio viveria perdido em um entre-lugar: entre o riso e o choro, a revolta e a covardia, a loucura e a sanidade.

O pai de Ponciá era livre, de acordo com o novo ordenamento nacional que aboliu a escravidão em 1888 sem que isso houvesse alterado a condição social do negro (e do branco). O roteiro da personagem, nesse sentido, corresponde a experiência do pós-abolição no Brasil.

> Aprendera ler as letras numa brincadeira com o sinhô-moço. Filho de ex-escravos, crescera na fazenda levando a mesma vida dos pais. Era pajem do sinhô-moço. Tinha a obrigação de brincar com ele. Era o cavalo onde o mocinho galopava sonhando conhecer todas as terras do pai. Tinham a mesma idade. Um dia o coronelzinho exigiu que ele abrisse a boca, pois queria mijar dentro. O pajem abriu. A urina do outro caía escorrendo quente por sua goela e pelo canto da boca. Sinhô-moço ria, ria. Ele chorava e não sabia o que mais lhe salgava a boca, se o gosto da urina ou se o sabor de suas lágrimas. Naquela noite teve mais ódio ainda do pai. Se eram livres, por que continuavam

ali? Por que, então, tantos e tantas negras na senzala? (EVARISTO, 2003, p. 17).

Quando o pai de Ponciá perguntou ao seu pai a razão de não irem embora dali, a resposta não veio, ficou interdita em um tempo contínuo de silêncio: "O homem não encarou o menino. Olhou o tempo como se buscasse no passado, no presente e no futuro uma resposta precisa, mas que estava a lhe fugir sempre" (EVARISTO, 2003, p. 18). A resposta foge porque não há, para o velho, nenhuma diferença entre os tempos, impossibilitando até mesmo a imaginação de uma vida diferente. A terceira geração da família Vicêncio, os irmãos Luandi e Ponciá, cresceram no mesmo lugar e no mesmo regime. Ele trabalhando com o pai "nas terras dos brancos", ela, artesã, moldando o barro com sua mãe.

Desde o nascimento, Ponciá carrega no gesto e no destino essa herança do avô, que morreu quando ela era criança de colo.

> De todas as pessoas, Ponciá ouviu a mesma observação. Ela era a pura parecença com Vô Vicêncio. Tanto o modo de andar, com o braço para trás e a mão fechada como se fosse cotó, como ainda as feições do velho que se faziam reconhecer no semblante jovem da moça. A neta, desde menina, era o gesto repetitivo do avô no tempo. Escutou também, por diversas vezes, a história dolorosa, que ela já sabia, da morte da avó pelas mãos do avô. Relembravam o desespero e a loucura do homem. Falavam também do ódio que o pai dela tinha por Vô Vicêncio ter matado a mãe dele. Ponciá sabia dessas histórias e de outras ainda, mas ouvia tudo como se fosse pela primeira vez. Bebia os detalhes remendando cuidadosamente o tecido roto de um passado, como alguém que precisasse recuperar a primeira veste para nunca mais se sentir desesperadamente nua. (EVARISTO, 2003, p. 63).

Como o corpo fosse documento (NASCIMENTO, 2018) Ponciá carrega em sua memória e em sua corporalidade (semelhante ao avô) o acúmulo da experiência negra colonial, sofrida por homens e mulheres. Por isso, vive em constante travessia entre o agora e o antes. Como acontece com a personagem Dana, na obra Kindred da romancista afro-americana Octavia Butler, que vivendo no século XX atravessa o tempo e acaba vivenciando a experiência da escravidão, Ponciá também se ausenta de si própria e mergulha no subsolo colonial, armazenado na memória ancestral que com ela vem à tona.

> Nas primeiras vezes que Ponciá Vicêncio sentiu o vazio na cabeça, quando voltou a si, ficou atordoada. O que havia acontecido? Quanto tempo tinha ficado naquele estado? Tentou relembrar os fatos e não sabia como tudo se dera. Sabia apenas que, de uma hora para outra, era como se um buraco abrisse em si própria, formando uma grande fenda, dentro e fora dela, um vácuo com o qual ela se confundia. Mas continuava, entretanto, consciente de tudo ao redor. Via a vida e os outros se fazendo, assistia aos movimentos alheios se dando, mas se perdia, não conseguia saber de si. No princípio, quando o vazio ameaçava encher a sua pessoa, ela ficava possuída pelo medo. Agora gostava da ausência, na qual ela se abrigava, desconhecendo-se, tornando-se alheia de seu próprio eu (EVARISTO, 2003, p. 45).

A fenda em que Ponciá se abriga, entre o agora e a escravidão, é a memória que também fala pelo seu corpo: o braço cotó, uma herança vivificada – que demarca o momento em que seu ascendente se revolta e diz não à vida escrava. O mesmo gesto de recusa de Sethe, no romance *Amada*, de Toni Morrison: assim como a filha morta que retorna, o sofrimento/resistência de vô Vicêncio se faz vivo no destino da neta. Novamente, a ficção se encontra com o conjunto (de romances de autoras negras brasileiras) pois se volta para a chave das continuidades e permanências, que constitui a colonialidade como sistema nacional durável.

Assim como nos demais romances do *corpus*, a memória, no romance *Ponciá Vicêncio*, articula experiências históricas coletivas, tencionando o silêncio que mantém o passado recalcado. O futuro está interdito enquanto o passado permanecer produzindo o presente. Foi assim com seu avô e com seu pai. Por isso Ponciá não pode dar continuidade ao clã Vicêncio: sete vezes engravida e aborta espontaneamente sete vezes, passa o tempo olhando o tempo e dando volta em círculos em torno de si própria.

O tempo no romance é dimensionado através das vidas do avô e da neta – o primeiro viveu o tempo escravo, a segunda está vivendo na terceira geração depois da escravidão. Não sabemos em que ano Ponciá está, mas apenas em que momento ela se posiciona diante de uma história de continuidades. O romance também não localiza precisamente o espaço, que junto ao tempo, formam dimensões difusas no texto. Sabemos apenas que a personagem saiu de "vila Vicêncio", um povoado afastado, e chegou à "cidade" de trem. Os espaços não são específicos, representam antes a divisão entre periferia e centro. A ficção, dessa forma, constrói uma espacialidade que poderia significar qualquer lugar onde existiu a *plantation*, pois não pertence a uma geografia particular e sim à cartografia colonial.

> Quando Ponciá Vicêncio resolveu sair do povoado onde nascera, a decisão chegou forte e repentina. Estava cansada de tudo ali. De trabalhar o barro com a mãe, de ir e vir às terras dos brancos e voltar de mãos vazias. De ver a terra dos negros coberta de plantações, cuidadas pelas mulheres e crianças, pois os homens gastavam a vida trabalhando nas terras dos senhores, e depois a maior parte das colheitas ser entregues aos coronéis. Cansada da luta insana, sem glória, a que todos se entregavam para amanhecer cada dia mais pobres, enquanto alguns conseguiam enriquecer-se a todo dia.

> Ela acreditava que poderia traçar outros caminhos, inventar uma vida nova (EVARISTO, 2003, p. 33).

A esperança em uma vida nova depositada no ato de migrar representa o impulso necessário para sair, mas, assim como ocorreu com Rísia e Bitita, a mudança de localidade não irá repercutir em transformações profundas na vida do sujeito, ao contrário, tudo gira em torno das mesmas desigualdades, e a esperança desemboca na distopia.

> Quando Ponciá Vicêncio, depois de muitos anos de trabalho, conseguiu comprar um quartinho na periferia da cidade, retornou ao povoado. O trem era o mesmo, com as mesmas dificuldades e desconforto. Descia-se na entrada do povoado e caminhava todo o resto, horas e horas a pé. Atravessava as terras dos brancos, viam-se terrenos de lavouras erguidas pelos homens que ali trabalhavam longe das famílias (...). Atravessou, depois, as terras dos negros e apesar dos esforços das mulheres e dos filhos pequenos que ficavam com elas, a roça ali era bem menor e o produto final ainda deveria ser dividido com o coronel. Há tempos e tempos, quando os negros ganharam aquelas terras, pensaram que estivessem ganhando a verdadeira alforria. Engano. Em muito pouca coisa a situação de antes diferia da do momento. As terras tinham sido ofertas dos antigos donos, que alegavam ser presente de libertação. E, como tal, podiam ficar por ali, levantar moradias e plantar seus sustentos. Uma condição havia, entretanto, a de que continuassem todos a trabalhar nas terras do Coronel Vicêncio. O coração de muitos se regozijava, iam ser livres, ter moradia fora da fazenda, ter as suas terras e os seus plantios. Para alguns, Coronel Vicêncio parecia um pai, um senhor Deus. O tempo passava e ali estavam os antigos escravos, agora libertos pela "Lei Áurea", os

> seus filhos, nascidos do "Ventre Livre" e os seus netos, que nunca seriam escravos. Sonhando todos sob os efeitos de uma liberdade assinada por uma princesa, fada-madrinha, que do antigo chicote fez uma varinha de condão. Todos, ainda, sob o jugo de um poder que, como Deus, se fazia eterno. Depois de andar algumas horas, Ponciá Vicêncio teve a impressão de que havia ali um pulso de ferro a segurar o tempo. Uma soberana mão que eternizava uma condição antiga (EVARISTO, 2003, pp. 48-9, grifos meus).

Ponciá migra, buscando romper o círculo fechado que mantinha os negros circunscritos à mesma condição de subalternidade definida pelos antigos papéis do senhor e do escravo. Mas, na grande cidade, as dificuldades de sobrevivência repetem a condição de subcidadania alargada depois da abolição.

A primeira noite ela passa ao relento, nas escadarias da igreja junto aos moradores em situação de rua. Na manhã seguinte, reúne toda sua coragem e aborda as senhoras elegantes e bem arrumadas que saem da missa, perguntando-as se poderiam lhe dar emprego. Depois de ouvir muitos nãos recebe um sim, e torna-se empregada doméstica.

Depois de muitos anos de trabalho duro, Ponciá consegue comprar "seu quartinho na periferia da cidade" (p. 48). Mas, embora tenha realizado uma das conquistas mais profundas do sujeito que migra – a posse de um pedaço de chão no solo da nova cidade, que lhe fosse morada e não des(p)ejo[150] – "lá estava ela agora (...) sem ter encontrado um modo de ser feliz" (p. 54).

Casou-se com um homem com quem compartilhava o quartinho, uma lata de goiabada onde faziam as refeições, e nenhum afeto. Ambos sofriam as opressões antigas de todo dia. "Nas manhãs, quando o homem de Ponciá saía para a lida diária, ela olhava para ele descendo o morro e seu coração doía. Não, ele também não estava feliz" (p. 55). Da

---

[150] Carolina Maria de Jesus mostra nas narrativas *Diário de Bitita* e *Quarto de despejo, diário de uma favelada* que esse desejo (utopia) é convertido depois em despejo (distopia).

perspectiva da protagonista, a opressão racial histórica não os atingia de modo igual, mas os igualava, não obstante a diferença de gênero.

> Às vezes, ficava matutando para quem a vida se tornava difícil. Para a mulher ou para o homem? Lembrava-se do pai, da história do pai dele, o Vô Vicêncio, do irmão dela que trabalhava desde cedo nas terras dos brancos e que nem tempo de brincadeiras tivera. E acaba achando que, pelo menos para os homens que ela conhecera, a vida era tão difícil quanto para a mulher (EVARISTO, 2003, p. 55).

Como os demais romances do *corpus*, a narrativa trabalha seus significados através da intersecção de gênero, raça e classe, por isso, a relação entre Ponciá e seu marido é marcada pela hierarquia de gênero, ainda que ambos compartilhem no cotidiano o substrato da pobreza. Não obstante, por ser mulher Ponciá vive violências direcionadas. Ela é agredida moralmente porque não consegue tornar-se mãe, devido aos abortos sequentes, e porque – em razão dos longos intervalos em que jazia perdida em reminiscências do passado – mal realizava as atividades domésticas que lhe eram incumbidas, limpar a casa, cozinhar, etc. Dessa forma, por não ser mãe nem desempenhar o papel de dona de casa, existe uma cobrança também por parte da comunidade, personificada nos vizinhos que estranham e censuram o seu comportamento. Nas palavras de Henrietta Moore, "a experiência do gênero, de ser um sujeito marcado por gênero, recebe significado no discurso e nas práticas que esse discurso informa" (MOORE, 2000, p. 26), assim, tanto o marido quanto a comunidade exigem de Ponciá uma "posição de sujeito fundada no gênero" específica: aquela que cabia ao papel tradicional de esposa, mãe e dona de casa. Essa expectativa, contudo, é frustrada, e, por isso, a violência física não causa espanto aos vizinhos.

> Houve época em que ele bateu, esbofeteou, gritou... Às vezes, ela se levantava e ia arrumar a comida, outras vezes, não. Um dia ele chegou cansado, a garganta

> ardendo por um gole de pinga e sem um centavo pra realizar tão pouco desejo. Quando viu Ponciá parada, alheia, morta-viva, longe de tudo, foi preciso fazê-la doer também e começou a agredi-la. Batia-lhe, chutava-a, puxava-lhe os cabelos. Ela não tinha gesto de defesa. Quando o homem viu o sangue escorrer-lhe pela boca e pelas narinas, pensou em matá-la, mas caiu em si assustado. Foi ao pote, buscou uma caneca d'àgua e limpou arrependido e carinhoso o rosto da mulher. (...) E desde esse dia, em que o homem lhe batera violentamente, ela se tornou quase muda. (EVARISTO, 2003, p. 96, grifos meus)

Depois de apanhar do marido, Ponciá "se tornou quase muda. Falava somente por gesto e pelo olhar. E cada vez mais ela se ausentava". E o homem, tão sozinho quanto ela, por falta de interlocução também silencia. Desde então, "ele fazia o café, arrumava a própria marmita, deixando um pouco de comida para ela. Ponciá comia um tiquinho de nada, bebia muito água porém. Fitava o homem, mas pouco se podia ler em seu olhar. Nem ódio nem carinho. Ele ficou com o remorso guardado no peito" (p. 96-7).

A perda da fala diante de processos traumáticos é um tema central na narrativa de Rísia em *As mulheres de Tijucopapo*, mas, no caso do romance de Evaristo, a mudez é o ápice de um *processo contínuo da perda da capacidade de construir uma narrativa para a própria vida*, em razão disso, Ponciá permanece morta-viva, paralisada no entre-lugar do passado-presente.

Assim, se as gerações que vieram antes dela (o avô e o pai) vivem num tempo contido onde tudo é igual e repete o passado (escravo), quando chega a vez de Ponciá ela simplesmente não pode continuar: o passado se torna tão ostensivo que paralisa seu presente e seu corpo.

De fato, as experiências coloniais que atravessam sua constituição familiar a sequestram do agora, mas, se de um lado elas mantém o corpo presente de Ponciá inerte, por outro, movimentam uma série de estruturas opressivas que jazem escondidas na memória. É a ação de reelaborar tais memórias, expondo-as, que representa uma possibilidade de novos inícios.

Durante o tempo em que a protagonista vive na cidade não há contato nenhum com sua mãe e irmão. Eles também saíram do povoado no encalço da coragem que Ponciá teve de sair. O irmão foi tentar a vida na cidade, aprendeu a ler e se empregou numa delegacia, sonhando em ser soldado para assim ocupar um lugar de autoridade acessível aos negros. A mãe saiu de casa para reencontrar os filhos, perdidos de sua vista. O romance vai apresentando ao leitor o roteiro individual de cada um em capítulos de beleza e tristeza pungente. Assim como também nos sensibiliza para o marido de Ponciá, que igualmente responde a anos de opressão acumuladas. Dessa forma, uma rede de vidas vai sendo entrelaçada na ficção, todas marcadas pela sua localização nas relações coloniais de poder: mulheres e homens, todos negros e pobres, vivendo sob o jugo de uma sociedade desigual.

Luandi realiza seu sonho de ser soldado, mas, já nessa condição percebe sua pequenez ao viver a dor de ter perdido a mulher que amava, Bilisa. Essa personagem faz contraponto a Ponciá por ser uma mulher negra que traça outros roteiros na experiência de vida na cidade. Através de Bilisa, a ficção adentra as relações hierárquicas continuadas de dominação, interseccionando a sexualidade na chave colonial.

Também migrante, inicialmente Bilisa trabalha como empregada doméstica em casas de família, onde esforça-se muito para juntar algum dinheiro "com o propósito de voltar à casa dos pais para buscá-los e os irmãos" (p. 98). Mas um dia, o dinheiro guardado com tanta dificuldade desaparece do seu quarto, e, nesse momento, "Bilisa se desesperou. Ninguém entrava em seu quarto a não ser, de vez em quando, o filho da patroa. Sim, ele era o único que entrava lá, às vezes, quando dormia com ela" (p. 97). Mas a patroa não gostou da suspeita recaindo sobre seu filho. "Quanto a dormir com a empregada, tudo bem. Ela mesma havia pedido ao marido que estimulasse a brincadeira, que incentivasse o filho à investida. O moço namorava firme uma colega de infância, ia casar em breve e a empregada Bilisa era tão limpa e parecia tão ardente" (p. 98). Depois do roubo, "Bilisa não encontrou o dinheiro e nunca mais viu o filho da patroa".

Esse episódio desnuda as falsas relações familiares e sociais: enquanto Bilisa encontrava o filho da patroa em silêncio não havia problemas. Quando o roubo acontece, a explicitação do envolvimento traz à tona a quebra da moral e dos bons costumes da família patriarcal. Destarte, o problema reside não nas ações, mas em posicionar essas ações no plano público, como faz Bilisa, ameaçando todo um sistema de aparências.

Em seu texto *Racismo e sexismo na cultura brasileira* (1980), Lélia Gonzalez estabelece um fio histórico entre a doméstica e a mucama, problematizando as continuidades entre opressões raciais e sexuais que a sociedade brasileira impugna às mulheres negras: "os termos mulata e doméstica são atribuições de um mesmo sujeito. A nomeação vai depender da situação em que somos vistas" (GONZALEZ, 2018, p. 196). Para Lélia, "o engendramento da mulata e da doméstica se fez a partir da figura da mucama" (p. 198): a doméstica nada mais é do que "a mucama permitida", uma função que articula a divisão racial e sexual do trabalho conectando os tempos através da manutenção da subalternidade da mulher negra.

A patroa de Bilisa, tal e qual a sinhá de outros tempos, é quem a posiciona na categoria da "mucama permitida", e aqui o romance reescreve mais uma vez as hierarquias de raça e classe no interior do gênero configurando a colonialidade.

Cansada dos anos de trabalho e humilhação para juntar uma pouca economia que foi usurpada junto com a sua dignidade, Bilisa resolve trilhar um novo caminho em busca de sua independência financeira: passa a viver da prostituição do seu corpo.

É nesse contexto que ela e Luandi, irmão de Ponciá, se conhecem. Mas a sexualidade da moça novamente é controlada, dessa vez, pelo Negro Climério, cafetão que "era protetor dela e de outras" (EVARISTO, 2003, p. 99). Bilisa e Luandi se apaixonam e fazem planos de casamento, por essa razão, Bilisa é morta: sua busca por um relacionamento amoroso implicaria no abandono da profissão, ameaçando a fonte de renda de seu cafetão e assassino. Este, por sua vez, sustentava uma relação de posse sobre o corpo dela, exercendo a violência física como forma de demarcar o seu poder.

Quando Luandi reencontra Ponciá, ambos haviam falhado em suas tentativas de conexão. Mas no caso dele, ainda vigorava uma fantasia de poder:

> Para Luandi, na medida em que o seu maior desejo estava se realizando, os dias futuros seriam de um tempo bem-vindo, queria ele acreditar, apesar da dor. Agora ele era um soldado. Tinha o poder de mandar. Tudo seria mais fácil, até para procurar a irmã. Fardado, com a roupa do poder, entraria em qualquer lugar, seria respeitado por todos. (...) E entregue aos seus pensamentos, no labor de seus futuros mandos, antegozando o prazer que sentiria por ter suas ordens ouvidas e cumpridas, Luandi correu os olhos pelo espaço de exercício de seu poder. Precisava descobrir alguma coisa que necessitasse de sua energia, de sua fala. Precisava inaugurar sua autoridade (EVARISTO, 2003, p. 122-3).

Na rodoviária, esperando para exercer qualquer gesto que correspondesse ao seu posto de soldado, Luandi reconhece a irmã. "Apesar da estação ser muito pequena, a Luandi pareceu que uma distância de séculos se impunha entre ele a mulher-miragem" (p. 123).

> O nome de Ponciá Vicêncio ecoou na estação como um apito de trem e ela nem prestou atenção alguma ao chamado. Andava, chorava e ria, dizendo que queria voltar ao rio. Luandi acercou-se carinhoso da irmã, dizendo-lhe que sabia o caminho do rio e que haveria de levá-la. Ponciá Vicêncio levantou os olhos para ele, mas não se podia dizer se ela o havia reconhecido ou não. Abriu, porém, a trouxa, tirou o homem-barro e perguntou ao irmão se ele se lembrava de Vô Vicên-

cio. Ele, que até então, à custa de muito esforço, tinha o pranto preso, abraçou chorando a irmã (EVARISTO, 2003, p. 123).

A memória soterrada – metaforizada pelo boneco-avô de barro – faz sofrer e interfere diretamente no presente da personagem. Precisa vir à tona, para apontar futuros. O começo do redesenhar de uma outra história chega para Ponciá quando a voz narrativa decanta a colonialidade a qual sua coletividade está submetida a muito tempo:

> De que valera o desespero de Vô Vicêncio? Ele, num ato de coragem-covardia, se rebelara, matara uns dos seus e quisera se matar também. O que adiantara? A vida escrava continuava até os dias de hoje. Sim, ela era escrava também. **Escrava de uma condição de vida que se repetia**. Escrava do desespero, da falta de esperança, da impossibilidade de travar novas batalhas, de organizar novos quilombos, de inventar outra e nova vida (EVARISTO, 2003, p. 83, grifos meus).

"O que adiantara o sofrimento do avô" em seu ato de tentar romper a escravidão na própria vida e na de sua família, diante de um sistema que se retroalimenta das mesmas estruturas de subalternização, violência e opressão vigentes desde lá? Depois que essa pergunta é posicionada pela voz narrativa, o texto toma outro rumo, e um aceno para produzir um futuro fora do mesmo círculo começa a se desenhar. A resposta é dada por Luandi, que vivendo também seu roteiro de agruras na busca por sair da condição de vida precária imposta a ele por ser um homem negro e pobre, só compreende de fato o sentido de sua condição – ao ponto de poder transformá-la – quando encontra a irmã, em seu *visível* sofrimento.

Ao constatar que ela tinha os traços e os modos de Vô Vicêncio, "não estranhou a semelhança que se fazia cada vez maior. Bom que ela se fizesse reveladora, se fizesse herdeira de uma história tão sofrida", pois a única forma de haver um futuro é resolvendo aquilo que o passado produz no presente: "**enquanto o sofrimento estivesse vivo na memória de todos, quem sabe não procurariam, nem que fosse pela força do desejo, a criação de um outro destino**" (p. 126).

Esta frase de Luandi se destaca no romance como um momento de catarse que ultrapassa o personagem, podendo ser tomada como um modo de articular o *corpus*: a contramemória (porque produzida contra o pagamento) vigora em todas as obras, em todas, o retorno ao passado, performa a reescrita da história, posto que a história, para existir, precisa ser enunciada.

Nessa chave, a ficção de Conceição Evaristo trabalha a perspectiva de desenterrar o que nunca esteve morto de fato, mas que precisa estar visível para ser encarado. A escrita, aqui, alcança em grau performático o *pensamento partilhado* pelos romances de autoras negras brasileiras – ilumina o que ficara apagado pelo texto nacional (histórico, ficcional) canônico, trazendo o centro da narrativa para a dicção do interdito, do silenciado, mostrando que o tempo se constitui por ruínas, e não por rupturas, posto que o presente seja ainda configurado por meio dos mesmos lugares de poder do passado: razão maior para trazer o pretérito à tona desde o ponto de vista do sujeito negro.

> [Luandi] que queria tanto ser soldado, mandar, bater, prender, de repente descobria de que nada valia a realização de seus desejos, se fossem aqueles os sentidos de sua ação, de sua vida. (...) Foi preciso que a herança de Vô Vicêncio se realizasse, se cumprisse na irmã para que ele entendesse tudo. (...) Compreendera que sua vida, um grão de areia lá do fundo do rio, só tomaria corpo, só engrandeceria, se se tornasse matéria argamassa de outras vidas. Descobrira também que não bastava saber ler e assinar o nome. Da leitura era preciso tirar outra sabedoria. Era preciso autorizar o texto da própria vida, assim como era preciso ajudar a construir a história dos seus. E que era preciso continuar decifrando nos vestígios do tempo os sentidos

> de tudo que ficara para trás. E perceber que, por baixo da assinatura do próprio punho, outras letras e marcas havia. A vida era um tempo misturado do antes-agora-e-do-depois-ainda. A vida era a mistura de todos e de tudo. Dos que foram, dos que estavam sendo e dos que viriam a ser. (EVARISTO, 2003, p. 126, 127).

Junto a tudo mais que está soterrado, o passado guarda principalmente os gestos de resistência e revolta como os de Vô Vicêncio, que precisam ser aceitos, interpretados e assimilados por quem somos hoje, já que o hoje é também o resultado do acúmulo de experiências passadas. Somente depois de dar margem ao que estava soterrado é que o futuro realmente se abre como possibilidade de algo ainda não experimentado.

9| ANA MARIA GONÇALVES

"Era preciso autorizar o texto da própria vida, assim como era preciso ajudar a construir a história dos seus. E que era preciso continuar decifrando nos vestígios do tempo os sentidos de tudo que ficara para trás".
– Conceição Evaristo, "Ponciá Vicêncio" –

9.1| Circulação de Mundos no Romance

"Oh paz infinita poder fazer elos de ligação numa história fragmentada. Eu sou Atlântica. O que é a civilização africana e americana? É um grande transatlântico. Ela não é uma civilização atlântica, ela é transatlântica."
– Beatriz Nascimento, "Ori" –

Um defeito de cor (2006)[151] é um romance escrito como uma busca, uma "tentativa de encontrar caminhos", revirando ruínas históricas e ruínas internas. Segundo Ana Maria Gonçalves, "é sobre como, a partir do momento em que nossos ancestrais atravessaram esta porta em África, a Porta do não Retorno, sob a qual deveriam abandonar todas as memórias, passamos todos a habitar um não lugar". Deste "não-lugar" configurando sua condição de ser da diáspora, a única escolha que lhe cabia, diz a autora, era "olhar pra trás para saber de onde vinha"[152]: gesto que gera o romance.

Um romance confeccionado com a tecnologia de abrir pontes entre <u>temporalidades,</u> entre experiências históricas, entre potências do femini-

[151] Utilizo aqui a 10ª edição do romance, de 2014.
[152] GONÇALVES, Ana Maria. "Uma ficção à procura de suas metáforas", para todas as citações do parágrafo.

no negro. Narrativa que reconta o passado forjado no Atlântico, desde a perspectiva de quem foi retido e sentiu a "pior de todas as sensações, mesmo não sabendo direito o que significava, a de ser um navio perdido no mar, e não a de estar dentro de um" (GONÇALVES, 2014, p. 61).

Ainda segundo a autora, trata-se de um romance de construção da sua própria identidade, pois foi no processo de escrita que ela se descobriu e entendeu negra. Um romance de formação da autora – em sentido estrito[153].

Vencedor do Prêmio cubano Casa de Las Américas de 2007 na categoria "literatura brasileira", o livro costuma ser comparado ao clássico romance *Negras Raízes* (1976), de Alex Haley, que narra a genealogia de uma família afro-americana por meio da experiência do africano Kunta Kinte na escravidão e resistência negra secular nos Estados Unidos.

Composto por dez capítulos e quase mil páginas de texto, *Um defeito de cor* é resultado de uma pesquisa profunda acerca da sociedade brasileira escravista do século XIX, indo, sobretudo, em direção às pessoas negras que foram forçadas a vir para o Brasil e aqui construíram novos enredos. Como resultado, o próprio romance se substancializa como suporte de pesquisa, no sentido de abrigar uma infinidade de conteúdos que dão vida, pela ficção, a um repertório imenso de referências culturais, religiosas, históricas, geográficas, políticas, afetivas, etc., envolvendo a experiência negra na diáspora brasileira.

Ao final do livro a autora avisa que a obra mistura ficção e realidade e "para informações mais exatas e completas sobre os temas abordados",

---

[153]"Nascida de mãe negra e pai branco, sou daqueles seres cujo corpo e mestiçagem foram e continuam sendo usados para defender o que não se sustenta: a inexistência de racismo. Racismo que está na própria raiz da minha existência ao ter sido inventado para justificar o envio de corpos negros como força motriz na construção do Mundo Novo. Tive então, como mestiça, o privilégio de não ter que me pensar negra, de não ter que me pensar como fruto de um projeto de dominação até bastante tarde na vida, quando o livro já começava a fazer parte dela. Foi o meu mapa. Foi o meu guia por entre as ruínas internas de onde brotavam vozes, histórias, segredos, lamentos, risos, resquícios de outros mapas cujas línguas e símbolos fui aprendendo a interpretar" (GONÇALVES, 2017, p. 3).

sugere uma bibliografia de obras literárias e da história e sociologia, além de referir fontes primárias consultadas em arquivos históricos – materiais a partir dos quais o leitor poderá fazer sua própria pesquisa. Dessa forma, o romance insere o leitor em um universo de conhecimento no qual ele pode tornar-se também um leitor-pesquisador em busca pelo entendimento da matéria histórica da qual se parte para construir a ficção. A mesma busca, em essência, que guia a autora na construção do romance.

Narrando a trajetória da busca do enredo para sua ficção, Ana Maria Gonçalves nos conta, no prólogo, do projeto de escrever sobre o levante dos Malês, ocorrido em Salvador, em 1835, por agência de negros mulçumanos que objetivavam libertar os escravizados e tomar o poder local. Esse projeto a fez mudar para a capital baiana e, segundo ela conta, resultou em um encontro casual com um manuscrito em português arcaico esquecido a muitos anos.

A autora apresenta o romance como uma *tradução livre* desse manuscrito autobiográfico, escrito por uma africana que foi escravizada, tornou-se livre e morreu na velhice. Afirma que "apenas alguns trechos" do romance são ficção e foram escritos para cobrir partes perdidas do "original". Diz ela: "Acredito que poderia assinar este livro como sendo uma história minha, toda inventada – embora algumas partes sejam mesmo, as que estavam ilegíveis ou nas folhas perdidas (...). Se eu me apropriasse da história, provavelmente a autoria nunca seria contestada" (p. 16).

O prólogo do romance, assinado pela própria Ana Maria Gonçalves, atribui o conteúdo da narrativa a um manuscrito "originário" imaginário. Por conseguinte, a autora formaliza, nesse engenho, um ato de ficcionalização do próprio processo de composição do texto. Posto que "a ficção pode reivindicar um valor de verdade" (GOODY, 2009, p. 38), se constrói, no prefácio, uma categoria de verdade testemunhal, que através de memórias ficcionais, deslinda aspectos da História.

Isso significa que a autora constrói um pré-texto que já inscreve na matriz da história a mulher negra como sujeito da ação e da fala – como se, num gesto performático, pudéssemos voltar no tempo e arrancar a máscara da princesa Anastácia para que suas palavras ecoassem sem obstáculos: Ana Maria Gonçalves constrói um recurso ficcional que dá palavra contra o silêncio a que a História relegou as mulheres negras.

Durante algum tempo, a autora precisou insistir em declarações que confirmavam a ficcionalidade da história, pois muitos creditaram ao prólogo o valor de uma descoberta documental de proporções monumentais, afinal, fontes históricas que registraram a vida dos negros no passado são raras e escassas, principalmente escritas pelos próprios sujeitos negros[154].

O artifício do manuscrito imaginário é uma metáfora da própria construção de uma narrativa (da experiência história negra) que jaz(ia) submersa no esquecimento, apagada pela História. A ficção assume a potência de criar um mundo, um tempo e uma comunidade, indo de encontro às lacunas e silenciamentos que modulam aquilo que a nação sustenta como passado. É também metáfora das continuidades, que liga ancestralidade às buscas, perguntas e demandas da mulher negra no tempo contemporâneo: antes da primeira palavra da primeira pessoa que narra, incorpora-se um texto anterior, como pegadas na areia de "passos que vem de longe", enunciando os vestígios de outro sujeito e outro tempo. No prólogo-performance, a autora sugere que o manuscrito teria sido produzido por Luiza Mahin – referência fundamental reivindicada pelo pensamento feminista negro brasileiro[155].

Nesse ato, a narrativa compõe uma história para Luiza Mahin, a quem João José Reis definiu como "um misto de realidade possível, ficção abusiva e mito libertário" (REIS, 2003, p. 303). Aqui, *Um defeito de cor* estabelece seu intertexto fundamental, qual seja, Luiz Gama, responsável pela primeira menção documentada de Luiza Mahin: a carta que escreveu para o jornalista e amigo Lúcio de Mendonça, na qual reivindica a africana como sua mãe e fornece as primeiras referências sobre ela (como nome, descrição física, temperamento, etc.). Segundo a leitura de Ligia Ferreira (2001), nessa carta Luiz Gama desenha uma figura lendária.

---

[154] Nesse ponto, remeto à primeira nota de rodapé desta tese, na qual menciono a preciosa grafia de Rosa Maria Egipcíaca da Vera Cruz (1719-1778), que nos deixou, salvo engano, o mais antigo texto escrito por um ex-escravizado no Brasil.

[155] Sobre isso, consultar: LIMA, D. (2011).

> Sou filho natural de uma negra, africana livre, da Costa Mina, (Nagô de Nação) de nome Luíza Mahin, pagã, que sempre recusou o batismo e a doutrina cristã. Minha mãe era baixa de estatura, magra, bonita, a cor era de um preto retinto e sem lustro, tinha os dentes alvíssimos como a neve, era muito altiva, geniosa, insofrida e vingativa. Dava-se ao comércio - era quitandeira, muito laboriosa, e mais de uma vez, na Bahia, foi presa como suspeita de envolver-se em planos de insurreições de escravos, que não tiveram efeito. Era dotada de atividade. Em 1837, depois da Revolução do Dr. Sabino, na Bahia, veio ela ao Rio de Janeiro, e nunca mais voltou. Procurei-a em 1847, em 1856, em 1861, na Corte, sem que a pudesse encontrar. Em 1862, soube, por uns pretos minas, que conheciam-na e que deram-me sinais certos que ela, acompanhada com malungos desordeiros, em uma "casa de dar fortuna", em 1838, fora posta em prisão; e que tanto ela como os seus companheiros desapareceram. Em opinião dos meus informantes que esses "amotinados" fossem mandados para fora pelo governo, que, nesse tempo, tratava rigorosamente os africanos livres, tidos como provocadores. Nada mais pude alcançar a respeito dela. (GAMA, 1880. Apud: FERREIRA, 2011, pp. 199-204).

Luiz Gama escreveu essa carta quando estava no auge do seu prestígio na sociedade paulistana, um pouco antes de sua morte, motivada pelos agravamentos do seu estado diabético. A carta, portanto, foi composta à beira de seus últimos dias. Disso, como chama atenção Dulcilei da Conceição Lima (2011), o romance *Um defeito de cor* fará citação direta, pois também ali, Kehinde, à beira da morte e cega, acometida pela mesma doença do poeta, dita a carta remetida ao seu filho à sua companheira de viagem na travessia derradeira que faz de volta ao Brasil, em busca do primogênito perdido. Assim, se a carta escrita por Luiz Gama representa o primeiro índice de existência da africana insurreta através do tratamento dado pelo poeta à figura materna, a carta de Kehinde vai na direção da resposta: uma carta de mãe para filho[156].

Essa narrativa, que aponta para um é carta-testamento destinada a ser herança de seu filho perdido, e posiciona Luiz Gama como narratário do texto[157]. Antes, a presença do autor é invocada já no título do romance, que toma sua origem a um poema de Gama[158].

Tais componentes pré-textuais (o título, o prólogo) são a porta de acesso ao universo pulsante de Ana Maria Gonçalves, já apresentando o procedimento do romance de forma compactada: tomar a ficção como meio de tornar o passado contingente. Desde o processo de composição, a obra busca uma enunciação coletiva, visto que diversos documentos como cartas de alforria, anúncios de compra e venda e anúncios de fugas de escravos publicados nos jornais do período de escravidão serviram de fonte e de matéria prima para a construção das personagens. Estes anúncios traziam poucos detalhes sobre a vida dos escravizados, em geral informavam a região de onde provinham, algumas características físicas, habilidades que tinham. Ana Maria Gonçalves adentrou a pesquisa por estes vestígios para que sua protagonista possuísse voz capaz de aproximar-se de uma tradução da experiência negra feminina colonial. Assim, a montagem com diversos fragmentos de histórias de mulheres que vi-

---

[156] Acerca da maternidade como potência da narrativa, consultar: SILVA, Fabiana Carneiro da. "Maternidade negra em Um defeito de cor: história, corpo e nacionalismo como questões literárias". Tese de doutorado, Letras, USP, 2018.

[157] De acordo com o *E-Dicionário de Termos Literários*, o narratário é uma entidade da narrativa a quem o narrador dirige seu discurso. Não deve ser confundido com o leitor virtual ou ideal, pois "o narratário é uma entidade fictícia, um 'ser de papel' com existência puramente textual, dependendo diretamente de outro 'ser de papel'". (BARTHES, 1966). Nesse caso, Luiza Mahin e Luiz Gama são narradora e narratário de uma comunicação possível apenas nas malhas da ficção, ou seja, enquanto "seres de papel".

[158] *Em nós, até a cor é um defeito. / Um imperdoável mal de nascença, / o estigma de um crime. / Mas nossos críticos se esquecem / que essa cor, é a origem da riqueza / de milhares de ladrões que nos / insultam; que essa cor convencional / da escravidão tão semelhante / à da terra, abriga sob sua superfície / escura, vulcões, onde arde / o fogo sagrado da liberdade* (GAMA, 1859).

veram em tempos aproximados ao período de vida de Luiza Mahin foi fonte de construção de Kehinde.

Esse procedimento tem duas funções na economia do texto: primeiro, alinha a matéria histórica à tessitura narrativa, alimentando o "real" da obra com índices documentais; segundo, retira os homens e mulheres dos anúncios da condição de objeto e lhes dá uma história, tornando-os sujeitos – com nome próprio, laços familiares, pertencimentos afetivos, projetos, biografia. Amplia-se, nesse gesto, o ato primeiro de Maria Firmina dos Reis, que em seu romance, no século XIX, inscrevera o negro como sujeito pela primeira vez na ficção brasileira.

Visto ainda por outras camadas de significação, ao inventar um manuscrito para sustentar a veracidade de sua história, a autora nos leva a pensar nos frágeis limites documentais (isto é, de arquivo) nos quais repousa a experiência histórica negra no Brasil. E, por outro lado, responde com engenho e arrojo à lógica colonial de tomar construções racistas como postulados científicos e documentais que, por mais ideológicos que pudessem ser, eram insuspeitos, devido à autoridade dos seus enunciadores.

Uma reflexão sobre isso já se encontra na tensão primordial da obra de Lima Barreto frente às teorias raciais vindas da Europa e adaptadas ao contexto local como verdades absolutas:

> Vai se estendendo, pelo mundo, a noção de que há umas certas raças superiores e umas outras inferiores, e que essa inferioridade, longe de ser transitória, é eterna e intrínseca à própria estrutura da raça. Diz-se ainda mais: que as misturas entre essas raças são um vício social, uma praga e não sei que coisa feia mais. (...) Os séculos que passaram não tiveram opinião diversa a nosso respeito – é verdade; mas, desprovida de qualquer base séria, as suas sentenças não ofereciam o mínimo perigo. Era o preconceito; hoje é o conceito. Esmagadoras provas experimentais endossam-no (BARRETO, 1956, pp. 110-1).

Observando a partir deste ponto de vista, o manuscrito imaginário de Gonçalves não é mais ficcional que diversos documentos que contam a história do pensamento no Brasil. O que está em causa, nessa ótica, é a *autoridade* (mesma raiz da palavra *autor*) de quem enuncia, e o mundo que representa.

Isto posto, desde o prólogo o romance já revela que ficção e História serão tomadas como pontes para construir acessos à existência do negro, solicitando para tal as mesmas formas narrativas (o romance, a escrita da História) nas quais o Brasil o manteve como ausência.

Por intermédio do recurso à carta, a história da protagonista é enunciada através da memória. *Um defeito de cor* narra a trajetória de Kehinde desde o nascimento, em 1810, até a sua morte, aos oitenta e oito anos de idade. A longevidade da vida da personagem, portanto, abrange quase a totalidade do século XIX. A história começa na África, narrando a infância de Kehinde no reino de Daomé junto à sua família e comunidade.

Para contar a sua história, Kehinde conta, sempre, a história de quem veio antes e de quem está ao seu redor. Nesse gesto, vários tempos e experiências vão se somando e misturando no narrado, do qual emergem referências de múltiplas coletividades. Ao apresentar sua avó, por exemplo, ela menciona mitos de origem que deram início ao "grande império do povo iorubá" (p. 20). Assim, na narrativa da história de seus familiares conectam-se outras histórias, temporalidades, reinos, mitos, guerras, estruturas sociais, etc., que vão compondo uma cartografia complexa da África.

Nesse aspecto reside um ato a ser destacado na ficção, que o conecta às memórias de Susana, personagem de Maria Firmina dos Reis, no século XIX. Em *Úrsula*, a narrativa de memórias de Susana inscreve pela primeira vez na ficção brasileira o sujeito negro inserido em seu sistema de mundo antes da invasão europeia às terras da África. Ainda que seja uma África idealizada, as lembranças da velha negra a constitui como pessoa parte de um universo que envolvia uma cultura local, códigos sociais, família, comunidade, trabalho. Em *Um defeito de cor*, o leitor já é introduzido na história – que também é uma narrativa de memórias – no sítio local da protagonista, onde um mundo inteiro acontecia em suas próprias dinâmicas e conflitos internos. Assim, no romance de Firmina, a África consta como parte do arquivo mental e afetivo de Susana, e a sua rememoração clareia (para o leitor da época) o entendimento da barbaridade da interrupção do seu sistema de vida com a captura e a escravização. Na narrativa de Ana Maria Gonçalves, toda uma lógica em funcionamento na África é enunciada, inserindo a trajetória de Kehinde no sistema moderno colonial, no qual a África é parte constituinte.

Desde a primeira à última página, somos inseridos em uma tessitura narrativa que promove e conforma uma circulação de mundos no romance. Assuntemos seu início.

A avó de Kehinde era membro da corte de Abomé e vodúnsi, nome dado às sacerdotisas de Dan, dentre as quais a mais poderosa era a Rainha Agontimé. Quando Adandozan[159] subiu ao trono proibiu o culto aos Voduns, "que eram os espíritos dos antigos reis e de sua família – a família Danbirá, assim como o culto a Xelegbatá, o Vodum mais temido pelos reis" (p. 131).

> A rainha Agontimé era conhecida em Abomé pelas histórias que contava sobre o seu povo e sobre a fé, a força e a importância dos ancestrais. Adandozan ficou com medo de que isto alimentasse as antigas crenças então proibidas e resolveu mantê-la isolada. Mais tarde, vendo que isso não mais bastava, ele a acusou de feitiçaria e a vendeu aos mercadores de escravos para que a levassem para longe do Daomé, fazendo o mesmo com várias pessoas da família real (GONÇALVES, 2014, pp. 131-132)

---

[159] Adondozan governou o Abomey entre 1797 e 1818, quando foi deposto por um golpe de estado. Quando era rei, vendeu como escrava Ná Agontimé, que era viúva do rei Agonglo e mãe do rei Ghezo. Conta-se que seu filho teria enviado algumas missões ao Brasil na tentativa de reencontrar a mãe, sem sucesso. Ná Agontimé costuma ser apontada como fundadora da Casa das Minas, no Maranhão (FERRETI, 1996, p. 102).

A avó de Kehinde fugiu da perseguição religiosa e estabeleceu-se em Savalu com sua família. Lá viveu até o dia em que "sentada sob o iroco, (...) fazia um tapete" quando cinco homens, que ela reconheceu serem "guerreiros do rei Adandozan, por causa das marcas que tinham nos rostos", (p. 21) apareceram. "Eu falava iorubá e eve, e eles conversavam em um iorubá um pouco diferente do meu, mas entendi que iam levar as galinhas, em nome do rei". Mas o tributo não é o problema: "Os guerreiros já estavam de partida quando um deles se interessou pelo tapete da minha avó e reconheceu alguns símbolos de Dan. Ele tirou o tapete das mãos dela e começou a chamá-la de feiticeira, enquanto outro guerreiro apontava a lança para o desenho da cobra que engole o próprio rabo que havia, mais sugerida do que desenhada, na parede acima da entrada da nossa casa" (p. 21). A identificação do pertencimento ao culto proibido pelo rei resulta numa longa sequência de grande violência e crueldade, que começa com os soldados assassinando seu irmão Kokumo, e segue pelo estupro coletivo e morte de sua mãe. A avó e as duas meninas gêmeas sobreviventes partem da região, dando início à sequência de deslocamentos forçados que Kehinde fará durante toda a sua vida.

Uidá, onde passam a viver, é uma cidade litorânea e bastante movimentada, onde diversas culturas, línguas e comunidades se cruzam, havendo também ali ricos "comerciantes que vendiam gente e moravam do outro lado da cidade" (p. 33). Por ser um grande centro comercial, em Uidá havia muitos brancos, "que não eram apenas viajantes; a maioria morava na cidade ou nas vizinhanças e tinha bastante dinheiro" (p. 34). Havia também um forte comandado pelo Chachá, que era "quase branco de tão majestoso, seguido por muitos escravos, músicos, cantores, bufões e uma guarda formada por mulheres" (p. 37). Um dia, "o mercado estava quase vazio, porque as pessoas tinham ido para perto do forte português depois de ouvirem que um navio acabara de chegar do estrangeiro". As irmãs Kehinde e Taiwo também foram até lá, "mas ela queria voltar para casa, com medo de que nos perdêssemos ou fôssemos capturadas, pois havia muita gente ao nosso redor, inclusive alguns brancos". Por serem ibejis, rapidamente chamam atenção de um branco, que se comunica com o Chachá e "imediatamente um dos seus pretos já estava nos segurando pelos braços. (...) fomos então levadas para o forte e colocadas dentro de um barracão muito grande, onde já havia várias pessoas deitadas ou sentadas no chão" (p. 38). A avó, ao perceber que as netas haviam sido capturadas, implora para ser levada junto com elas, e então, a vida das três mulheres, uma velha e duas meninas, muda para sempre. No barracão, Kehinde observa que "todos os dias chegava mais gente capturada em muitos lugares da África, falando línguas diferentes e dando várias versões sobre o nosso destino" (p. 38).

Essa abertura do romance nos posiciona enquanto leitores numa tessitura social, econômica e política intrincada ocorrendo na África, que vivia suas próprias disputas e hierarquizações internas. Pouco idealizada, e mais complexa, a narrativa apresenta africanos inclusive como agentes do sistema, articulando seus próprios interesses diante dos colonizadores europeus com os quais negociavam no comércio de pessoas para a escravidão.

Muitas páginas escritas são dedicadas a narrar a experiência da travessia no tumbeiro, que levou meses, e a vida da família de Kehinde. No navio morre a sua irmã Taiwo, sua metade, e a ficção gera nessa morte uma metáfora: parte da vida e da alma que saiu da África ficou no caminho, no entre lugar entre a morte e a vivificação no símbolo – Kehinde "teria que mandar fazer um pingente que representasse a Taiwo" e trazê-lo sempre consigo, pois "precisava dela sempre por perto para continuar tendo a alma por inteiro. Depois da morte dela, o único jeito de isso acontecer é por meio da imagem em um pingente benzido por quem sabe o que está fazendo" (p. 60). No navio também sucumbiu a avó, mas não sem antes "terminar de dizer o que podia ser dito" a Kehinde, única pessoa que restava viva em sua família:

> Durante dois dias ela me falou sobre os voduns, os nomes que podia dizer, as histórias, a importância de cultuar e respeitar os nossos antepassados. Mas disse que eles, se não quisessem, se não tivessem quem os convidasse e colocasse casa para eles no estrangeiro, não iriam até lá. Então, mesmo que não fosse através dos voduns, disse para eu nunca me esquecer da

nossa África, da nossa mãe, de Nana, de Xangô, dos Ibêjis, de Oxum, do poder dos pássaros e das plantas, da obediência e respeito aos mais velhos, dos cultos e agradecimentos (GONÇALVES, 2014, p. 61).

Sem sua metade e sem sua mais velha, mas conhecendo a força da representação simbólica (o pingente) e os ensinamentos ancestrais transmitidos por um arquivo de memória (da avó), a menina sobrevive à travessia.

Ainda no mar, Kehinde avista (e mostra ao leitor) *o território nacional a partir do navio negreiro,* lugar donde primeiro ela o identifica: "(...) Da parte de cima do tumbeiro já era possível enxergar a terra de um lugar chamado Brasil" (p. 61). Esse ponto de vista deflagra a perspectiva a partir da qual se fala – um local que articula um entendimento, que forja uma inteligibilidade atlântica, constituída pelo que ficou para trás, no continente africano; pelo que veio do continente africano nos corpos individuais; e pelo enredo escrito no território-cais onde o navio atracou.

De dentro do navio – nem na África, nem ainda nas terras do Brasil – deflagra-se o prenúncio do sujeito diaspórico: "Ao subir as escadas do porão e ver o primeiro céu azul, depois a luz do sol quase me cegando (...) tive vontade de nascer de novo naquele lugar e ter comigo os amigos de Uidá. (...) Nascer de novo e deixar na vida passada o riozinho de sangue do Kokumo e da minha mãe, os meus olhos nos cegos olhos da Taiwo, o sono da minha avó" (p. 62). Nascer de novo para outra experiência, trazendo em si sua ancestralidade, é um desejo que a personagem enuncia desde o lugar da fronteira, representada aqui pelo navio no mar[160].

O navio atraca na Ilha dos Frades, mas, antes de pisar em terras brasileiras, a personagem pula no mar, escapando ao ato que introduz o sujeito africano à condição de escravo no Brasil: o batismo católico e a proibição do nome próprio.

---

[160] O olhar diaspórico emerge da fronteira. Nas palavras de Homi Bhabha: "A fronteira é um lugar do qual algo começa a se fazer presente em um movimento não dissimular ao da articulação ambulante, ambivalente" (BHABHA, 2003, p. 24). Da fronteira, o sujeito se recria e se reconhece no novo.

Quando eu disse que me chamava Kehinde, o nosso dono pareceu ficar bravo, e um dos empregados perguntou novamente, em iorubá, que nome tinham me dado no batismo. Eu repeti que meu nome era Kehinde e não consegui entender o que diziam entre eles, enquanto o empregado procurava algum registro na lista dos que tinham chegado no dia anterior. O que sabia iorubá disse para eu falar o meu nome direito porque não havia nenhuma Kehinde, e eu não poderia ter sido batizada com este nome africano, devia ter um outro, um nome cristão. Foi só então que me lembrei da fuga do navio antes da chegada do padre, quando eu deveria ter sido batizada, mas não quis que soubessem dessa história. A Tanisha tinha me contado o nome dado a ela, Luísa, e foi esse que adotei. Para os brancos fiquei sendo Luísa, Luísa Gama, mas sempre me considerei Kehinde. O nome que a minha mãe e a minha avó me deram e que era reconhecido pelos voduns, por Nanã, por Xangô, por Oxum, pelos Ibêjis e principalmente pela Taiwo. Mesmo quando adotei o nome de Luísa por ser conveniente, era como Kehinde que eu me apresentava ao sagrado e ao secreto (GONÇALVES, 2014, pp. 72-3).

Apartada de sua terra, sua família, seu nome, suas crenças, sua língua e da própria condição de pessoa – já que fora escravizada – assim que desembarca no cais-Brasil, a personagem experimenta o violento processo de apartamento do corpo negro da condição de sujeito, para transformá-lo em corpo-mercadoria, corpo-coisa, corpo-moeda (MBEMBE, 2014). A narradora retrata este primeiro rito de desterritorialização ao descrever os procedimentos iniciais aos quais os africanos eram submetidos assim que desembarcavam do navio negreiro, como o batismo cristão forçado e a substituição do nome próprio por outro português, assim como a ordem compulsória de aprendizagem da língua portuguesa. Dentro desse regime forçado, o movimento primeiro de Kehinde é de resistência: salta do navio e mergulha nas águas do mar para escapar ao batismo católico. Luísa é o nome que ela escolhe, o mesmo dado a uma mulher "muçurumin" que conhecera no navio e com a qual se afeiçoara. Nesse pequeno detalhe, já a sugestão de Luíza Mahin, cuja atuação ter-se-ia feito junto aos escravizados islâmicos.

A enunciação de Kehinde dá vida a uma rede interminável de relações, pois o romance apresenta uma população de centenas de personagens, da qual emerge uma rede de comunidades que se cruzam, formando um tecido intrincado de culturas de várias partes da África encontradas no Brasil. A colonização, dessa forma, é retratada qual fosse fenômeno de globalização, no sentido de encruzilhar uma série de mundos diferentes em um mesmo território — reverso de um território nacional cuja racionalidade concebia apenas o uno.

Kehinde atravessa mundos e linguagens sem, para isso, apagar suas referências ancestrais. No Brasil, ela dialoga com povos de culturas variadas da África, muçulmanos, malês, angolas, etc., ainda menina, aprende a ler em português com o Fatumbi, o mestre de letras islâmico professor da sinhazinha, através do qual, anos mais tarde, ela irá se envolver na trama que organizou o levante Malê. Tempos depois, na condição de "escrava de ganho", ela aprende a fazer os *cookies* ingleses, que viriam a se tornar uma fonte de acesso ao dinheiro independente da gerência do senhor. Ao trabalhar na casa dos ingleses, rapidamente compreende e interage com seus códigos e modos de vida, muito diferente dos portugueses que ela conhecia.

> Eu estava ganhando um bom dinheiro com os *cookies* e o *rice pudding*, e já não me interessava muito fazer as entregas nas casas, o que tomava muito tempo e não dava tanto lucro, então contratei o Tico e o Hilário. Eles, que já adoravam andar pela cidade, ficaram felizes com um motivo para isso, ainda mais porque viram nas entregas uma oportunidade de travar conhecimento com os escravos dos estrangeiros. Eram escravos mais reservados, como eu já disse, talvez por

falarem outra língua e se julgarem superiores aos escravos dos brasileiros, assim como seus donos também se julgavam melhores que os brancos da terra (GONÇALVES, 2014, p. 291).

Além de hábitos, culturas e línguas, Kehinde também experimenta uma diversidade de práticas religiosas, sempre focando o protagonismo do feminino negro, articulado na ficção através de diversos ângulos. Por exemplo, a protagonista se desvencilha da condição escrava através de um signo forte, uma Oxum de madeira, recheada de pedras preciosas, presente de Agontimé, que compra sua alforria e alguma segurança. Signo forte pelo ouro, a madeira e a Oxum, mas também por ser esta a entidade do panteão africano que rege as águas do amor; uma matriz, portanto, das técnicas africanas de auto-cuidado e cuidado com o outro. É justamente Oxum, o símbolo do amor e da fertilidade que permite a libertação da sua filha.

Outras insígnias das religiosidades negras são reivindicadas por ela, sempre ligadas a lugares da autoridade feminina. Assim, ela conhece – e nos permite conhecer – diversas maneiras de viver o sagrado negro através das associações de mulheres negras, as chamadas confrarias, mas que "também podia ser chamada de junta, cooperativa, irmandade ou sociedade" (GONÇALVES, 2014, p. 297). Nessa confraria, "qualquer pessoa podia se inscrever, mas estavam dando preferência às mulheres, já que as outras confrarias eram formadas por muitos homens, e as mulheres tinham algumas ideias diferentes, preocupações bastante próprias, como o cuidado com o futuro dos filhos" (p. 297).

Quando Kehinde se associa a uma irmandade, ela passa a ter outro conhecimento sobre a agência dos sujeitos negros nos processos de construção da liberdade: "Eu me surpreendia com os arranjos que se podia fazer para conseguir a liberdade, e nem imaginava que naquela época ainda não sabia de quase nada, ainda não tinha tomado conhecimento de um mundo às escondidas vivido pelos pretos e crioulos, forros ou não" (p. 297). Aqui, nota-se a marcação enfática enunciando a igualdade entre os lugares sociais nos quais as pessoas negras eram alocadas no século

XIX: pretos, crioulos, alforriados e escravizados: todos sujeitos negros em luta contra a ordem colonial escravocrata.

Através de uma diversidade de experiências, a trajetória da protagonista vai-se constituindo inteiramente no trânsito – desde a primeira infância no Daomé, até os roteiros vividos pela Bahia, Maranhão, Rio de Janeiro, São Paulo, África do Sul, voltando para outros lugares do continente africano e retornando novamente pelo Atlântico para o Brasil – a personagem é constituída pelo signo da itinerância. O romance projeta, a seu modo, um *afropolitanismo*[161] na escrita.

> Visto a partir da África, o fenômeno da circulação dos mundos possui ao menos duas faces: aquela da dispersão e aquela da imersão. Historicamente, a dispersão das populações e das culturas não foi somente o fenômeno de vinda de estrangeiros para se instalar em nossa casa. Na verdade, a história pré-colonial das sociedades africanas foi, de ponta a ponta, uma histó-

---

161 *Afropolitanismo* é conceito cunhado inicialmente pela escritora britânica de origem ganesa Taiye Selasi, e faz referência a uma cultura negra pós-moderna, derivada tanto dos processos migratórios que atingiram as populações negras em função da colonialidade; quanto da própria imbricação de culturas de base africana com as realidades europeias. A identidade afrodita entende que há um Outro além daquilo que se entende como "pessoa negra", sintonizando às novas demandas tanto da identidade nacional quanto da identidade mais específica em termos raciais. A palavra aponta ainda para uma concepção de África diversa do vínculo geográfico e pautada na ideia de que a África é um capital simbólico supra e transnacional, assim como a identidade negra (afrodita). (SELASI, 2005). Para Achille Mbembe, "O afropolitanismo não é o mesmo que o pan-africanismo ou a Negritude. O afropolitanismo é uma estilística, uma estética e uma certa poética do mundo. É uma maneira de ser no mundo que recusa, por princípio, toda forma de identidade vitimizadora, o que não significa que ela não tenha consciência das injustiças e da violência que a lei do mundo infringiu a esse continente e a seus habitantes. É igualmente uma tomada de posição política e cultural em relação à nação, à raça e à questão da diferença em geral. Na medida em que nossos Estados são invenções (além do mais, recentes), eles não têm, estritamente falando, nada em sua essência que nos obrigaria a lhes render um culto – o que não significa que nós sejamos indiferentes ao seu destino." (MBEMBE, 2015, pp. 70-71).

ria de povos incessantemente em movimento através do conjunto do continente. Trata-se de uma história de culturas em colisão, tomadas pelo turbilhão das guerras, das invasões, das migrações, dos casamentos mistos, de religiões diversas que são apropriadas, de técnicas que são trocadas e de mercadorias que são vendidas. A história cultural do continente praticamente não pode ser compreendida fora do paradigma da itinerância, da mobilidade e do deslocamento. (...) A consciência dessa imbricação do aqui e do alhures, a presença do alhures no aqui e vice-versa, essa relativização das raízes e dos pertencimentos primários e essa maneira de abraçar, com todo conhecimento de causa, o estranho, o estrangeiro e o distante, essa capacidade de reconhecer sua face no rosto do estrangeiro e de valorizar os traços do distante no próximo, de domesticar o in-familiar, de trabalhar com aquilo que possui aspecto de ser contrário por completo – é precisamente essa sensibilidade cultural, histórica e estética que o termo "afropolitanismo" indica. (MBEMBE, 2015, p. 69-70).

O princípio da circulação por cartografias múltiplas forma a personagem, tangenciando diversos aspectos de sua experiência – como o religioso, o cultural, o linguístico, o afetivo e o político.

Na diáspora, os encontros e encruzilhadas constituem o plural, multiplicam os centros, desconstruindo qualquer ideia de matriz una, conforme enseja a imagem eurocêntrica. Kehinde partilha experiências com uma pluriversalidade (RAMOSE, 2011) de culturas negras em todo seu percurso, assim como também adentra o universo branco por diversas vias, inclusive pela via afetiva da amizade, através de sua duradoura relação com a personagem Maria Clara, filha do Sinhô. O exemplo abaixo é um dentre vários a ilustrar a fertilidade dos encontros que permeiam toda a trajetória da protagonista.

> No dia em que me mudei para a loja, eu vivia uma situação que acabou me acompanhando pelo resto da vida, mesmo depois de voltar à África: eu não sabia a quem pedir ou agradecer acontecimentos. Se não tivesse saído de África, provavelmente teria sido feita vodúnsi pela minha avó, pois respeitava muito os voduns dela. Mas também confiava nos orixás, herança da minha mãe. Porém, cozinhava na casa de um padre e estava morando em uma loja onde quase todos eram muçurumins. A família do alufá Ali era responsável pela loja perante o senhorio e ocupava todo o andar térreo, sendo que a Khadija ainda tinha uma irmã chamada Euá, bem mais nova que ela, que dormia em um dos quartos do primeiro andar, junto com uma cabinda liberta, já bem avançada em anos, chamada Vicência (GONÇALVES, 2014, p. 261).

Nessa ótica, subvertendo o princípio da fronteira, a personagem promove uma "circulação de mundos" em sua narrativa. Essa circulação de mundos é tão intensa que, anos depois, de volta à África, ela se define e é identificada pelos africanos como brasileira. Na África, ela se torna empresária no ramo de edificações, construindo casas e sobrados como as que conhecera no Brasil.

O romance constrói uma narrativa para o cotidiano de uma mulher negra em suas relações, negociações, buscas, frustrações, alegrias, amores, enfim, enquanto sujeito que vive e resiste à morte (do corpo, da memória e da agência). Escrava, alforriada, fugida e livre, Kehinde experimentou todos os estados em que no passado se categorizou a vida da pessoa negra, e em todo eles produziu saídas e vias de existência.

9.2| Colonialidade Nacional Prescrita na Narrativa da Experiência Histórica Negra

> *"Todo um arquivo internamente estruturado é construído a partir da literatura que pertence a essas experiências."*
> – Edward Said –

Por meio do seu intenso e longo fluxo narrativo, o romance *Um defeito de cor* possibilita uma experiência de pensamento e acesso a um arquivo, um mundo de conexões, representações e imagens sobre a escravidão; sobre a modernidade vista da diáspora; sobre a colônia; as relações sociais (entre homens e mulheres, negros e brancos, adultos e crianças, brasileiros e estrangeiros, livres, libertos e escravizados), entre outros pontos. O romance é potencializado como cognição, cuja cognoscibilidade produz, no ato da leitura, um conhecimento do passado que reverbera no nosso presente.

O romance *Um defeito de cor* tem sido lido como gênero híbrido (devido ao entrelaçamento que estabelece entre ficção e História) nos trabalhos que conformam sua fortuna crítica, posto que o ato de se apropriar da história[162], enunciada na escrita da mulher negra, é a grande marca que o diferencia na literatura brasileira. Em razão disso, não verterei aqui demasiadas linhas acerca desse ponto basilar, e já sustentado. Não obstante, buscando alcançar uma formulação que contemple o romance e ilumine ainda seu diálogo com as demais obras do *corpus*, remeto rapidamente ao ensaio *Mal de arquivo, uma impressão freudiana* (2001), de Derrida.

A palavra "arquivo", lembra Derrida (2001), remete a *arkhé*, e condensa um duplo significado: o de *começo* e o de *comando*:

> Este nome coordena aparentemente dois princípios em um: o princípio da natureza ou da história, *ali onde* as coisas *começam* – princípio físico, histórico ou ontológico –, mas também o princípio da lei **ali onde** os homens e os deuses *comandam*, **ali onde** se exer-

---
[162] Esse aspecto é longamente discutido por SILVA, A. M. (2014).

ce a autoridade, a ordem social, *nesse lugar* a partir do qual a *ordem* é dada – princípio nomológico. *Ali onde*, foi o que dissemos, e *nesse lugar*. Como pensar esse *ali*? E como pensar este *ter lugar* ou este **tomar o lugar** do *arkhé*? (DERRIDA, 2001, p. 11, grifos do autor).

O arquivo pode ser entendido como um conjunto de documentos que remetem a diversos *acontecimentos* ocorridos numa dada ordem social. Porém, tais documentos recobrem os tratamentos prévios de decantação e de classificação, implicando no agenciamento realizado pelo poder propriamente dito. Seria este, na sua autoridade e pela força que dispõe, que indicaria um *lugar* e um *domicílio* (DERRIDA, 2001, pp. 12-13, grifos do autor) para o arquivo, nos quais algo da ordem do *segredo* seria cultuado e preservado. Por conseguinte, o conjunto de documentos seria objeto de uma *consignação* (p. 14, grifos do autor), que classifica e ordena os signos e os enunciados ali presentes. Exigindo, portanto, a ação de um agente específico, que seria, ao mesmo tempo, um *guardião* e um *intérprete* (DERRIDA, 2001, pp. 12-13, grifos do autor) do arquivo, isto é, um *arconte*, exercendo a sua autoridade no espaço da *arkheîon* (pp. 39-41).

No discurso freudiano, interlocutor de Derrida no texto, a hipótese da pulsão de morte constatou que existiria algo no psiquismo que apagaria marcas e traços (pp. 23-29), ou seja, como potência de produção do silêncio, a pulsão de morte, enunciada por Freud como pulsão de destruição, apagaria as marcas e os traços arquivados. Para Derrida, a pulsão de morte é repensada como mal de arquivo, pois seria aquela que possibilitaria tanto o esquecimento quanto a renovação do arquivo pelas novas consignações que seriam, portanto, a condição de possibilidade de acrescentar novos arquivamentos (pp. 23-29). A pulsão de morte é denominada por Derrida como arquiviolítica, apagando traços inscritos e possibilitando que novas inscrições pudessem ser realizadas no arquivo. "Com isso, o arquivo seria necessariamente marcado na sua materialidade discursiva pelo mal de arquivo, pelo apagamento e esquecimento promovido pela pulsão de morte. Enfim, o mal de arquivo seria necessariamente o outro lado do arquivo, frente e verso de uma mesma superfície de inscrições, onde se realizariam as trocas e as circulações discursivas" (BIRMAN, 2008, p. 118).

A problemática do arquivo é alçada à questão fundamental na medida em que a *tradição* se constitui sobre e com o arquivo, pelos arquivamentos promovidos pelo poder e pelo *arconte* (DERRIDA, 2001, pp. 12-13, grifos do autor). Portanto, empreender a leitura crítica do arquivo e propor a sua desconstrução, que já se realiza efetivamente no campo da história contemporânea pela abertura dos múltiplos *arquivos sobre o mal*, implica não apenas uma interpretação do passado da tradição ocidental, mas principalmente na sua possível abertura para o futuro (BIRMAN, 2008).

Em sua leitura deste texto de Derrida, Joel Birman destaca que, nada seria mais enganoso do que acreditar que o arquivo se pudesse constituir por uma massa documental fixa e congelada, "tendo no registro do passado a sua única referência temporal, sem que os registros do presente e do futuro estejam efetivamente operantes no processo de arquivamento" (BIRMAN, 2008, p. 109). Tal engano, segundo ele, pretende que o arquivo seja constituído por documentos patentes, isto é, tudo aquilo que de fato ocorreu de importante no passado estaria efetivamente arquivado sem *rasuras* e sem *lacunas*, ou seja, sem que estivesse em pauta qualquer *esquecimento* (DERRIDA, 2001, pp. 24-26 e pp. 49-54, grifos do autor). Nessa suposição clássica, portanto, não existiriam arquivos *virtuais* (pp. 102-107, grifos do autor). Assim, para Derrida, colocar em questão a concepção clássica de arquivo significa interpelar a oposição teórica, estabelecida pela metafísica aristotélica, entre *potência* e *ato* (pp.102-107, grifos do autor), entendendo, pelo oposto, que o arquivo tem uma potência efetiva na sua virtualidade e tal potência é efetivamente ato (pp. 102-107).

Repensar o arquivo desdobra numa leitura sobre o *tempo*, operante no processo de arquivamento. Esse tempo se realizaria sempre no *presente*, numa temporalidade que se ordena em três direções concomitantes, quais sejam, "o presente *passado*, o presente *atual* e o presente *futuro*. A temporalidade presente no arquivo, nessa tripla direção, configuraria a dimensão da *finitude*, que lhe marcaria necessariamente. Em contrapartida, seria ainda essa mesma finitude que, como condição de possibilidade, delinearia a infinitude do processo de *repetição* do ato arquivante" (BIRMAN, 2008, p. 110). O arquivo enquanto tal implicaria, fundamentalmente, a perspectiva do futuro e a sua insistente abertura para o *vir-a-ser* (DERRIDA, 2001, pp. 83-102).

Embora o texto de Derrida possua um pano de fundo específico, qual seja, os debates em torno dos testemunhos da Shoá e do Holocausto, seus questionamentos, conforme o exposto, são de grande valor para pensarmos o romance *Um defeito de cor*, e o sentido de *esquecimento* ainda presente no horizonte do arquivo acerca do negro no Brasil.

Conforme acena o prólogo do livro, o ímpeto (declarado) do romance é justamente o de tomar um arquivo virtual, imaginário (o manuscrito de Luíza Mahin) como ato enunciativo gerador de um arquivo disponível (o romance), que elabora narrativamente a experiência do negro no Brasil do século XIX. Ressaltando, no mesmo ato, que este arquivo se constitui de forma liminar, isto é, atravessa os silenciamentos que foram selecionados para formar o arquivo que a literatura brasileira (canônica) constantemente reitera.

O significado deste arquivo ficcional (o romance) só pode ser capturado em sua grandeza objetiva quando partimos do presente para articular o passado e o futuro. Nesse sentido, Kehinde é uma personagem que se realiza no trânsito entre tempos: por um lado, ela tangencia realidades vividas/sentidas/imaginadas no século XIX que não chegaram até nós, porque foram apagadas do texto nacional enquanto arquivo. Por outro, este ato de suspensão do apagamento através da narrativa responde às urgências e agendas do presente no qual a mulher negra figura como sujeito político protagonista de seus enredos e significações – dessemelhante, portanto, das imagens que os *arcontes* do passado produziram. Por conseguinte, um presente-futuro se anuncia, armado de palavra viva e possibilidades.

É nesse âmbito que a inscrição da experiência histórica negra na ficção de Gonçalves confronta a colonialidade nacional, perpetuada, no campo das representações, nos diferentes níveis em que a raiz "colonial" do termo alude à situações de opressão diversas, definidas a partir de fronteiras étnico-raciais, que, por sua vez, informam opressões de gênero e classe.

A *colonialidade do poder* é um conceito desenvolvido originalmente por Aníbal Quijano (1989) para basicamente exprimir que as relações de colonialidade nas esferas econômica e política não findaram com a destruição do colonialismo. A proposição, por um lado, denuncia "a continuidade das formas coloniais de dominação após o fim das administrações coloniais, produzidas pelas culturas coloniais e pelas estruturas do sistema-mundo capitalista moderno/colonial" (GROSFOGUEL, 2008, p. 126). Por outro, o conceito é dotado de uma capacidade explicativa que atualiza e contemporiza processos que supostamente teriam sido apagados, assimilados ou superados pela modernidade (BALLESTRIN, 2013, p. 100).

O romance de Gonçalves organiza no universo discursivo a perspectiva do confronto à manutenção desse sistema de dominação, porque retira os sujeitos negros escravizados da órbita do silêncio, restituindo, na ficção, nomes, cotidiano, pertencimentos afetivos, planos insurretos, organização coletiva, genealogia, etc.; retira-os, portanto, dos emparedamentos da representação colonial e se aproxima mais do real histórico ao lhes conferir agência, determinação e devir, fraturando a razão escravocrata, para a qual estes homens, mulheres e suas culturas e pensamentos eram considerados coisas, sem racionalidade, sem valor.

No século XIX, Maria Firmina dos Reis afirmava seu romance contra tal lógica, dizendo que *a mente ninguém pode escravizar*. Essa afirmação insubmissa encontra, no século XXI, o romance de Ana Maria Gonçalves, que constrói uma malha representacional complexa e multifacetada, sob a qual somos interpelados a conhecer um novo mundo.

Por meio dos passos e caminhos de Kehinde reconhecemos uma estrada que nos acolhe, composta de intermitente resistência, sabedoria, estratégia e laços comunitários. E também, igualmente perfilada de toda a violência, negação e racismos que marcam a nação brasileira desde o seu nascimento à sua continuidade.

Subjazendo a trajetória completa da vida de uma mulher negra, o fluxo narrativo, filtrado pela primeira pessoa em sua localidade epistêmica, espelha a escrita da História como **retomada de posse**, da qual emerge um arquivo que nos reorienta diante do passado e do presente. Um arquivo cuja materialidade ressignifica tudo aquilo que na literatura brasileira representa os *arquivos do mal*, abrindo-a por dentro de suas frestas as brenhas de um futuro possível.

Nesse aspecto, para finalizar, tomo de empréstimo as palavras que Jeanne Marie Gagnebin empenhou para pensar as teses de Walter Benjamin "Sobre o conceito de história" em uma teoria da narração benjaminiana[163], objetivando ressaltar como no romance de Gonçalves a narrativa da memória rearticula a História por meio de uma,

> (...) preocupação de salvar o passado no presente graças à percepção de uma semelhança que os transforma os dois: transforma o passado porque este assume uma forma nova, que poderia ter desaparecido no esquecimento; transforma o presente porque este se revela como sendo a realização possível dessa promessa anterior, que poderia ter-se perdido para sempre, que ainda pode perder-se se não a descobrirmos, inscritas nas linhas do atual (GAGNEBIN, 1994, p. 16).

Kehinde realiza a promessa fundadora que Susana pela primeira vez articulou. As duas, mulheres africanas que viveram a maternidade interrompida, se mantiveram vivas diante de toda opressão colonial e transmitiram seus arquivos de memória no discurso (que é curto fragmento, em *Úrsula*; e longa extensão, em *Um defeito de cor*) de uma vida. Susana, a mais velha, como Nanã moldando o barro, cria a matéria-prima que depois será água corrente e abundante via Kehinde, guardiã da palavra como Oxum, de quem é filha.

---

[163] V. GAGNEBIN, J. M. (1994).

EPÍLOGO

Você pode me riscar da História
Com mentiras lançadas ao ar.
Pode me jogar contra o chão de terra,
Mas ainda assim, como a poeira, eu vou me levantar.
Minha presença o incomoda?
Por que meu brilho o intimida?
Porque eu caminho como quem possui
Riquezas dignas do grego Midas.
Como a lua e como o sol no céu,
Com a certeza da onda no mar,
Como a esperança emergindo na desgraça,
Assim eu vou me levantar.
Você não queria me ver quebrada?
Cabeça curvada e olhos para o chão?
Ombros caídos como as lágrimas,
Minh'alma enfraquecida pela solidão?
Meu orgulho o ofende?
Tenho certeza que sim
Porque eu rio como quem possui
Ouros escondidos em mim.
Pode me atirar palavras afiadas,
Dilacerar-me com seu olhar,
Você pode me matar em nome do ódio
Mas ainda assim, como o ar, eu vou me levantar.
Minha sensualidade o incomoda?
Será que você se pergunta
Porquê eu danço como se tivesse
Um diamante onde as coxas se juntam?

Da favela, da humilhação imposta pela cor
Eu me levanto
De um passado enraizado na dor
Eu me levanto
Sou um oceano negro, profundo na fé,
Crescendo e expandindo-se como a maré.
Deixando para trás noites de terror e atrocidade
Eu me levanto
Em direção a um novo dia de intensa claridade
Eu me levanto
Trazendo comigo o dom de meus antepassados,
Eu carrego o sonho e a esperança do homem escravizado.
E assim, eu me levanto
Eu me levanto
Eu me levanto.

- Maya Angelou – "Still I Rise" –
(Traduzido para o português como 'Ainda assim eu me levanto')

Rotas Encruzilhadas e Caminhos Abertos

Susana, Efigênia, Kehinde, Bitita, Maria Vitória, Rísia, Ponciá. Pensando cada uma dessas mulheres negras de papel, vou imaginando conversas: ler é um ato vivo. Susana, a mais velha da roda, tem memórias intensas de sua vida na África, antes dos bárbaros a capturarem para ser escravizada no Brasil. Ela narra, sob o fluxo da água saindo dos olhos, aquelas outras águas, que lhe atravessaram quando sob elas passou dentro de um navio negreiro. Ela narra. E leitores do século XIX escravocrata e do século XX silenciador puderam escutar: Silêncio! *"Vou contar-te o meu cativeiro"*. A partir desse momento, um universo representativo foi instaurado na ordem discursiva, em língua portuguesa. Susana carrega o fogo, a memória é arma e escudo.

Afiando suas facas, ainda sob o peso do colonial que empareda, Efigênia é só escuta e espera. Sua trajetória no enredo de Anajá nos permite refletir sobre o sentido ainda quimérico de igualdade, desde o pós-abolição. Poder, desejo, negociação, hierarquia: Efigênia quiçá navegue na órbita de Xica da Silva, uma mulher e tanto. Mas ainda não: Efigênia é uma denúncia sem alarde, melancolicamente lúcida, machadiana.

Ponciá, gestando tantos elos, faz a ponte entre os tempos idos e as dores que paralisam hoje: há consequências para aqueles que não encaram suas feridas históricas, feridas que precisam virar fratura exposta para serem vistas, e, depois de vistas, finalmente, dar lugar à pele nova do futuro. Ponciá pertence ao séquito de Sethe, Dana e Akua – personagem de "O caminho de casa", de Yaa Gyasi, mulheres que atravessam os tempos nos caminhos do território da dor para nos restituir a vida, inteira, libertada, continuada.

Rísia andou por nove meses à margem da BR 101, que liga São Paulo a Recife, procurando, no passado, um futuro para nascer de novo, mas agora na placenta da revolução. Rísia é uma provocação: dentro do Brasil existe uma guerra, sabia? Tem conflito, emudecimento, morte: as principais palavras chave da História da *nação:* uma palavra que guarda em si tanto a palavra *não*, quanto a palavra *ação*. Ora, uma guerra precisa ser enunciada para se dar crédito a ela, e Rísia põe o português no registro do sequestro.

Sob o som do Ijexá, inventando espaços no imaginário para a existência plena, eis que surge misteriosamente na roda Maria Vitória lá da ilha de Aleduma, um quilombo na Terra projetado por negros vindos de um planeta imaginário. Uma mulher que toma a intuição como conhecimento tão legítimo quanto qualquer outro, em seus ouvidos, a intuição se revela uma ciência afrofuturista.

Kehinde, filha de Oxum astuta e criativa, vem na roda mostrar que diáspora e fronteira não cabem na mesma épica de seus caminhos atlânticos. Desenredando parcimoniosamente a história abafada em alçapões do discurso, ela nomeia, conecta e amplifica o primeiro ato de Susana, no século XIX, reverberando não apenas outro conhecimento de experiências históricas que se fazem cognoscíveis através da escrita, mas a própria sustentabilidade arquivística do romance, essa forma necessária.

Susana conta sua história, e ao fazê-lo, inquire a História, exige outra história. Ana Maria Gonçalves toma posse da História, recontando-a pelo fluxo da vida de uma mulher negra. De uma ponta a outra, o círculo harmoniza a imagem do futuro que relê o passado e o *liberta* da colonialidade, oferecendo a subjetivação pela escrita no mundo moderno, como pensou Conceição Evaristo no enredo de Ponciá Vicêncio, que nos ensina que é "preciso autorizar o texto da própria vida, assim como era preciso ajudar a construir a história dos seus. E que era preciso continuar decifrando nos vestígios do tempo os sentidos de tudo que ficara para trás" (EVARISTO, 2003).

Firmina, Ruth, Carolina, Anajá, Aline, Marilene, Conceição, Ana Maria. A roda será muito maior nas novas pesquisas que virão, pois as reflexões sobre o romance de autoria de mulheres negras brasileiras apontam para rotas encruzilhadas e caminhos abertos, à espera de muitas outras leituras.

A roda nos abre caminhos. De entender e se movimentar. Cada personagem, tessituras cujos sentidos dialogam com o real – e com os imaginários – que nos atravessa(m) agora. A roda não é de hoje, e só aumenta quando entramos nela. A roda (em movimento) articula uma inteligibilidade insubmissa: torna visível e supera a tradição da colonialidade brasileira, por meio da escrita ficcional da mulher negra.

Um corpo do qual emerge um pensamento que nos atualiza acerca do conhecimento do passado, pois a memória é um chão comum nas ficções, nos levando de volta à cena liminar da escravidão (Maria Firmina dos Reis, Anajá Caetano e Ana Maria Gonçalves – aqui poderia ser acrescentado também *O crime do cais do Valongo*, de Eliane Alves Cruz, 2018), à cena difusa do pós-abolição (Ruth Guimarães, Carolina Maria de Jesus, Conceição Evaristo), à cena fractal do contemporâneo permeado de fantasmas do pretérito (Aline França, Marilene Felinto – aqui poderia ser acrescentado também *Assim na terra como embaixo da terra*, de Ana Paula Maia, 2017).

A narrativa de Kehinde é gerada por memórias que ela dita já no fim da vida a uma ouvinte que as passa para a longa carta destinada a seu filho, perdido dos roteiros da mãe por ter sido vendido como escravo pelo pai. Ponciá Vicêncio caminha entre memórias ocultadas, que até assomarem à superfície, lhe impedem o movimento da vida. Rísia caminha sob o chão das memórias até que a travessia produza condições para serem expurgadas todas as perguntas guardadas. Em *A mulher de Aleduma*, a memória adquire traços afrofuturistas ao redimensionar outros pontos de origem para a mesma partida, ligando os habitantes da ilha ao planeta raiz por meio da conexão guardada na mente, no corpo e em documentos escritos. Anajá Caetano produz memória ao ficcionalizar os intervalos entre o documentado e o interdito, dando corpo e ação a personagens e episódios históricos que se relacionam com a escravidão. Carolina Maria de Jesus retoma a cena senhorial recortando dela memórias que sugerem um tempo de constância para os brancos da elite, rapidamente alterado pela experiência extrínseca que a protagonista viveu quando foi pobre. Em *Água funda*, a memória vem pela voz narrativa que conta a história sempre em dois tempos, sendo que aquilo que se lembra de um tempo, altera aquilo que se sabe do outro. Finalmente, Maria Firmina dos Reis assoma com as memórias de Susana revivendo sua saída forçada, a travessia no navio, e a condição sub-humana da escravidão.

O discurso da memória atravessa o *corpus* assumindo a forma da espiral: linha curva que, sem se fechar, vai dando voltas em torno de um ponto e afastando-se dele de forma progressiva. O ponto de onde se parte é a escravidão, e aquilo que dela resta em resíduos coloniais alimenta as voltas de cima na espiral, no tempo presente.

No *corpus* de romances, abre-se uma via narrativa que nos localiza diante da colonialidade que constitui a nação brasileira em seu amplo espectro de desigualdades, e, justo por isso, a colonialidade é confrontada de forma aberta, pois as ficções alçam à superfície discursiva o que restava soterrado, e é enunciado nas ficções a partir do lugar de resistência.

Antes de tudo, portanto, este corpo vivo de romances suspende o silenciamento que conforma o arquivo textual nacional enquanto *mal arquivo* – que ou apaga ou fixa uma imagem enviesada para o negro.

Após a leitura comparada, foi possível perceber que os romances se movimentam em torno de uma espiral-*plantation* – formulação baseada em dois aspectos localizados no *corpus*, mas que também o ultrapassa e percorre outras obras de autoria negra. Tais como: a modelação constante do tempo que retorna através da memória, isto é, retorna já sendo outro; a capacidade de rearticular significados para o poder estruturado sobre a desigualdade racial que não interessa à elite, enquanto centro, formular. Espiral encrespada e propositiva, que nos leva ao epicentro daquilo que o texto nacional vem tentando apagar desde antes da polêmica fogueira em que Rui Barbosa queimou os documentos referentes à escravidão, indo até exemplares da literatura brasileira que saudosamente evocam o engenho. Desse epicentro, a espiral salienta as continuidades filtradas na narrativa da experiência histórica. Continuidades em dupla via, tanto de um olhar que destaca a manutenção de lugares de poder sustentados pela mesma lógica que permitia/produzia o senhor como masculinidade hegemônica com autoridade de reduzir a vida ao redor; quanto de resistência historicamente continuada frente às dinâmicas de destruição.

Por isso, a espiral espelhada no corpo ficcional rearticula os sentidos da *plantation*, pensada aqui como ponto de convergência que intersecciona tempo, território, subjetividade, violência e esquecimento na configuração do poder, das subjetividades e da comunidade partilhada (nação). Espiral-*plantation* visível, salientando a continuidade entre passado e presente que nos situa hoje enquanto sociedade, iluminando, pela ficção, o social e o político.

Essas continuidades plasmam nos romances por meio da dinâmica colonial conservada na articulação histórica de alguns fatores, por exemplo: a) na manutenção do poder no círculo da elite – como observamos nos romances *Água funda, Pedaços da fome, Negra Efigênia, As mulheres de Tijucopapo, A mulher de Aleduma, Ponciá Vicêncio, Um defeito de cor*; b) na concepção de que, no Brasil, *a raça molda o gênero*. Por isso, a figura da *sinhá* é constantemente retomada nas ficções para salientar as dinâmicas hierárquicas que agem no interior do gênero, moldando a agência das feminilidades negras e brancas. Isso se destaca nos romances *Água funda, Pedaços da fome, Negra Efigênia, As mulheres de Tijucopapo;* c) na identificação do homem branco com o *ethos* do senhor, no lugar do mando sobre a vida e a morte, cujo necropoder (Mbembe) subalterniza a todos, mas de forma hierárquica. Este aspecto é identificado em todos os romances.

A escrita dessas continuidades articula estes textos num nexo enunciativo que abrange quase três séculos de confronto às narrativas que moldam a face da literatura brasileira sem dinamizar nela o seu trauma colonial. Isto é, afrontam a seletividade dos arquivos discursivos com os quais se tem imaginado a nação, porque impõe à essa imaginação o componente fundante que, contraditoriamente, é mantido soterrado (na literatura canônica): a experiência histórica do negro.

Através dessa espiral temporal, as ficções dialogam com a História, interpelando-a como citação, como digressão e como recodificação. *Citação*, como faz, por exemplo, Marilene Felinto, ao citar o episódio da batalha de Tijucopapo como referência da busca identitária travada pela personagem, uma gênese baseada na agência de mulheres sobre o próprio território. E ainda, quando cita Lampião, articulador de uma contestação popular contra a ordem estabelecida, o cangaço. Os signos citados (a batalha, Lampião) são referências que remetem a acontecimentos históricos citados na ficção para significar os processos que assolam a personagem em seu próprio presente. Assim, é no caminho até o tijuco que ela vai construindo saídas para seus dilemas e para seus traumas. Por seu turno, Lampião, qual corisco, clareia a possibilidade da fala e da interlocução: a partir do encontro de Rísia com Lampião, a narrativa muda de ritmo, deixa de ser espelho das memórias conturbadas e passa a fruir uma tomada de ação da personagem. Dessa forma, a História é citada como referência de novos arranjos no destino da personagem, apontando para construção de futuros.

Digressão, como vemos, por exemplo, em *Negra Efigênia, paixão do senhor branco*. Neste romance, o enredo reescreve a escravidão construindo a narrativa a partir do deslocamento de determinados signos. Personagens históricos e episódios documentados são revisitados, mas a narrativa os vai articulando de forma a construir outros arranjos para narrar o mundo escravo, por exemplo, trazendo passagens em que se revaloriza o cotidiano por meio de sondagens ao trabalho técnico desempenhado, respondendo, dessa forma, à ideia de que o negro não foi assumido pelo mundo do trabalho após o término da escravidão em razão de não constituir mão de obra qualificada. A digressão leva o leitor a cena do dia 13 de maio de 1888 localizando nela as novas ingerências que viriam a se sobrepor aos negros no pós-abolição.

Recodificação, caso do romance *Um defeito de cor*, que retoma a história do século XIX por meio da inscrição da mulher negra diaspórica como narradora e protagonista da ficção. Essa obra dispõe de uma infinidade de detalhes sobre a vida e o mundo dos negros no Brasil do século XIX, produzindo uma experiência de acesso no leitor, capaz de recodificar o seu entendimento e a sua imaginação sobre o passado. Principalmente por meio da condição itinerante da protagonista, nos conectamos a inúmeras formas de pensar a diáspora negra e a circulação de mundos desde a África.

Pela citação, a digressão e a recodificação o *corpus* dialoga com a História e, nesse diálogo, todos nós aprendemos algo, posto que o recorte das narrativas privilegia justamente, volto a dizer, o que a História, como projeção das elites, tem ocultado.

Nesse sentido, muito antes do nascimento do termo "colonialidade", palavra-chave inserida no léxico político contemporâneo[164], os roman-

---

[164] O significado que orbita este conceito se reconhece em muitos autores e autoras negras em diversas épocas e localidades (podemos citar, por exemplo, W. E. B. Du Bois, Frantz Fanon, Lélia Gonzalez, Ângela Davis, Beatriz Nascimento, Machado de Assis, Zora Neale Huston, bell hooks, etc). Por seu turno, articulação desta ideia – já

ces de autoras negras brasileiras já combatiam na arena de sentidos que subjaz o termo, por meio da insistência em retomar a História na escrita, recompondo seus silêncios em fala; pelos atravessamentos de gênero e raça configurando as hierarquias, e, também, as resiliências; pela possibilidade de inscrever na ficção uma comunidade entre discurso e vida; pela amplificação da voz da mulher negra em amplos e multifacetados pontos sensíveis da experiência de ser.

Dessa forma, pelos seus conteúdos, o pensamento produzido no corpo de romances nos atualiza também sobre o contemporâneo, ao apontar de forma variada a concepção de que no Brasil há uma lógica de poder que sustenta as tradições com mais força do que promove rupturas. Mas, se uma das ferramentas mais importantes da manutenção do *status quo* é o esquecimento seletivo de determinadas fendas, a sua enunciação na narrativa rompe o silêncio, propõe linhas de fuga, constrói a ruptura.

Por fim, persiste nas obras também a conformação de um espaço enunciativo no qual sobressai a visão interseccional como dicção histórica da mulher negra. Desde *Úrsula*, no século XIX, a *Um defeito de cor*, no século XXI, essa visada possibilita um olhar mais amplo sobre o mundo narrado porque não soterra a alteridade, ao contrário, a representa em interação com as dinâmicas de poder e silenciamento que espelham o jogo de forças da sociedade. Por essa razão, esses romances não falam apenas sobre o negro, ao contrário, suas representações constroem leituras da nação, do moderno, das cidades, da elite, das feminilidades e masculinidades brancas, hegemônicas ou não; constituindo dessa forma, cartografias complexas e multifacetadas.

Ao mapear a inscrição da mulher negra em um gênero propício à produção de leituras sobre as sociedades e sobre as subjetividades, adentramos um roteiro de encruzilhadas e caminhos abertos, onde o que foi silenciado toma a cena central, e o que foi esquecido emerge em memórias insubmissas. Lido de forma comparada, o *corpus* produz um entendi-

---

identificada com o conceito de colonialidade – foi formulada de maneira explícita por Immanuel Wallerstein (1992). Na sequência, o conceito de Wallerstein foi retomado por Anibal Quijano, que passou a nomeá-lo como colonialidade do poder (BERNARDINO-COSTA e GROSFOGUEL, 2016).

mento sobre o tempo que precisa estar visível e em comunicação para ser assimilado ao pensamento crítico do presente. O corpo de romances de autoras negras brasileiras **visível e em circulação** nos permite decantar um entendimento raro, que tem sido cultivado por mulheres negras há muito tempo: *para saber para onde vais, olha para trás e saibas de onde veio,* pois *nossos passos vêm de longe...*

BIBLIOGRAFIA

- Corpus

CAETANO, Anajá. **Negra Efigênia: paixão do senhor branco**. São Paulo: Ed. Edicel, 1996.

EVARISTO, Conceição. **Ponciá Vicêncio**. Belo Horizonte: Mazza, 2003.

FELINTO, Marilene. **As mulheres de Tijucopapo**. 2ª ed. Rio de Janeiro: Editora 34, 1992.

FRANÇA, Aline. **A mulher de Aleduma**. Salvador: Clarindo Silva & Cia, 1981.

REIS, Maria Firmina dos. **Úrsula**. 6. ed. Belo Horizonte, Ed. PUC Minas, 2017.

GONÇALVES, Ana Maria. **Um defeito de cor**. 10ª ed. Rio de Janeiro: Record, 2014.

GUIMARÃES, Ruth. **Água Funda**. 3ª ed. São Paulo: Ed. 34, 2018.

JESUS, Carolina Maria de. **Pedaços da fome**. São Paulo: Ed. Áquila, 1963.

REFERÊNCIAS BIBLIOGRÁFICAS

ABRANTES, Elizabeth Sousa. "*A educação do bello* sexo em São Luís, na segunda metade do século XIX". Comunicação. **XXII Simpósio Nacional de História da ANPUH.** João Pessoa: ANPUH, 2003. Disponível em http://encontro2014.rj.anpuh.org/resources/anais/anpuhnacional/S.22/ANPUH.S22.207.pdf, acesso em 23/07/2017.

ADICHIE, Chimamanda Ngozi. **O perigo de uma história única**. Conferencia TED. 2009. Disponível em https://www.ted.com/talks/chimamanda_adichie_the_danger_of_a_single_story?language=pt-br, acesso em 28/04/2018.

ADLER, Dilercy Aragão. **Maria Firmina dos Reis: uma missão de amor**. São Luís: Academia Ludovicense de Letras, 2017.

ALBUQUERQUE, Wlamyra. "Movimentos sociais abolicionistas". In: SCHWARCZ, Lilia Moritz e GOMES, Flávio dos Santos (Orgs.). **Dicionário da escravidão e liberdade**: 50 textos críticos. São Paulo: Companhia das Letras, 2018.

ALENCASTRO, Luiz Felipe de. "Vida privada e ordem privada no Império". In: _____(org.). **História da vida privada no Brasil**, v. 2. Império: a Corte e a modernidade nacional. São Paulo: Companhia das Letras, 1997. p.11-96.

ALGRANTI, Leila Mezan. **O feitor ausente: estudo sobre a escravidão urbana no Rio de Janeiro, 1808 – 1822.** Petrópolis, Vozes, 1988.

ALVES, Miriam. **BrasilAfro autorrevelado – literatura brasileira contemporânea.** Belo Horizonte, ed. Nandyala, 2010.

AMARAL, Aracy. **Tarsila, sua obra e seu tempo**. Editora 34/EDUSP: São Paulo, [1975] 2003.

AMBRÓSIO, António. **Subsídios para a História de S. Tomé e Príncipe**. Lisboa: Horizonte, 1984.

ANDERSON, Benedict. **Comunidades imaginadas, reflexões sobre a origem e a difusão do nacionalismo**. Tradução: Denise Bottmann. São Paulo: Companhia das Letras, 2008.

ARRUDA, Aline Alves. **Carolina Maria de Jesus: projeto literário e edição crítica de um romance inédito.** (Tese de Doutorado). Belo Horizonte: UFMG, Programa de Pós-graduação em Literatura Comparada, 2015.

ARRUDA, Eunice. Orelha. In: CAETANO, Anajá. **Negra Efigênia, paixão do senhor branco**. São Paulo: Edicel,1966.

AZEREDO, Sandra. **Teorizando sobre gênero e relações raciais**. Revista Estudos feministas, p. 203-216, 1994.

AZEVEDO, Célia Marinho de. **Onda negra, medo branco: o negro no imaginário das elites**. Rio de Janeiro: Paz & Terra, 1987.

BAILEY, Cristina Ferreira-Pinto. **Female Agency, Eroticism, and Pornography: Reading Marilene** Felinto's As mulheres de Tijucopapo **Twenty Years Later**. Comunicação ao AATSP Anual Meeting, Rio de Janeiro, 2002.

BAILEY, Cristina Ferreira-Pinto. **Gender, Discourse, and Desire in Twentieth-Century Brazilian Women's Literature**. West Lafayette: Purdue University Press, 2004.

BAKHTIN, Mikhail. **Estética da criação verbal**. São Paulo: Martins Fontes, 1992.

BAKHTIN, Mikhail. **Le freudisme.** Lausanne: L'Age d'Homme, 1980.

BAKHTIN, Mikhail. **Questões de literatura e de estética: a teoria do romance**. São Paulo: Hucitec, 1988.

BALLESTRIN, Luciana. América Latina e o giro decolonial. **Revista Brasileira de Ciência Política**, nº11. Brasília, 2013, pp. 89-117.

BARBOSA, J. A. **Opus 60: ensaios de crítica,** São Paulo, Duas Cidades, 1980.

BARBOSA, Maria José Somerlate. "A narrativa de Conceição Evaristo e Marilene Felinto". Comunicação. **VII Congresso Internacional.** Rio de Janeiro: PUC-Rio, 2004. (mimeo.).

BARRETO, Lima. **Diário íntimo.** São Paulo: Brasiliense, 1956.

BASTIDE, Roger. **Estudos afro brasileiros**, São Paulo: Perspectiva, 1973.

BAUGHER, Joyce. **Language and the path unknown: An analysis of the work of Marilene Felinto.** (Dissertação de mestrado). New Orleans: Tulane University, 2001.

BENJAMIN, Walter. **Obras escolhidas, v. I: magia e técnica, arte e política.** 7ª ed. São Paulo: Brasiliense, 1994.

BENJAMIN, Walter. **Obras escolhidas v. II: Rua de mão única.** 5ª ed. São Paulo: Brasiliense, 1995.

BERNARDINO-COSTA, Joaze & GROSFOGUEL, Ramón. "Decolonialidade e perspectiva negra". **Sociedade e Estado**, v. 31, n. 1, pp. 15-24, jan.-abr. 2016.

BERNARDINO-COSTA, Joaze. A prece de Frantz Fanon: Oh, meu corpo, faça sempre de mim um homem que questiona! **Civitas** (Porto Alegre), v. 16, n. 3, pp. 504-521, jul.-set. 2016.

BERND, Zilá. **Introdução à literatura negra.** São Paulo: Editora Brasiliense, 1988.

BERND, Zilá. **Da voz à letra: itinerários da literatura afro-brasileira.** Revista Via Atlântica, n. 18, 2010.

BHABHA, Homi. **Nation and Narration**. London, Routledge, 1990.

BHABHA, Homi. **O local da cultura.** Belo Horizonte: UFMG, 1998.

BIRMAN, Joel. Arquivo e Mal de arquivo: uma leitura de Derrida sobre Freud. **Natureza Humana**, v. 10, n. 1, pp. 105-128, 2008.

BOSI, Alfredo. "O nacional e suas faces". In: *Memória de Eurípides Simões de Paula*. São Paulo: FFLCH-USP, 1983. p. 37.

BOTELHO, Joaquim Maria Guimarães. **Ruth Guimarães, da Palavra Franca**. Dossiê Ruth Guimarães. BOTELHO, J. M. G. (Org.). Publicações Fatea, 2014. Disponível em: <*http://publicacoes.fatea.br/index.php/angulo/issue/view/102/showToc.*>

BRAH, Avtar. "Diferença, Diversidade, Diferenciação". **Cadernos Pagu**, n. 26, pp. 329-376, 2006.

BRITO, Mário da Silva. **Diário intemporal**. Rio de Janeiro: Civilização Brasileira, 1970.

BROOKSHAW, David. **Raça e cor na literatura brasileira.** Tradução de Marta Kirst. Porto Alegre: Mercado Aberto, 1983. (Série Novas Perspectivas, 7).

BUTLER, Judith. "Vida precária". **Revista Semestral do Departamento e do Programa de Pós-Graduação em Sociologia da UFSCar**, v. 1, n. 1, p. 13, 2011. Disponível em: http://www.contemporanea.ufscar.br/contemporanea/index.php/contemporanea/article/view/18, acesso em 24/04/2018.

CAMARGO, Oswaldo de. **O negro escrito – apontamentos sobre a presença do negro na Literatura Brasileira**. São Paulo: Secretaria do Estado da Cultura/ IMESP, 1987.

CANDIDO, Antônio. "Dialética da malandragem". **Revista do Instituto de Estudos Brasileiros**, n. 8, p. 67-89, 1970.

CANDIDO, Antônio. **Formação da Literatura Brasileira**. 10ªed. Rio de Janeiro: Ouro sobre Azul, 2006.

CANDIDO, Antônio. **O romantismo no Brasil.** São Paulo, Humanitas, 2002.

CARNEIRO, Aparecida Sueli. **A Construção do Outro como Não-Ser como fundamento do Ser.** (Tese de doutorado). São Paulo: USP/Faculdade de Educação, 2005.

CHALHOUB, S. **Visões da liberdade: uma História das últimas décadas da escravidão na Corte.** São Paulo, Companhia das Letras, 1990.

CHIAPPINI, Lígia. "Do beco ao belo: dez teses sobre o regionalismo na literatura". **Revista Estudos Históricos**, v. 8, n. 15, p. 153-160, 1995.

COELHO, Nelly Novaes. **Dicionário crítico de escritoras brasileiras.** São Paulo: Escrituras, 2002.

COLLINS, Patricia Hill. "Aprendendo com a *outsider within*: a significação sociológica do pensamento feminista negro". Disponível em: http://www.scielo.br/pdf/se/v31n1/0102-6992-se-31-01-00099.pdf , acesso em 14/08/2017.

CONRAD, Robert. **Os últimos anos da escravidão no Brasil.** Rio de Janeiro: Civilização Brasileira, 1978.

CORRÊA, Mariza. "Sobre a invenção da mulata". **Cadernos Pagu**, n. 6-7, p. 35-50, jan. 2010. Disponível em: https://periodicos.sbu.unicamp.br/ojs/index.php/cadpagu/article/view/1860 , Acesso em: 10/02/2018.

COSTA, Emília Viotti da. **A abolição.** 8ª ed. revista e ampliada. São Paulo: Editora UNESP, 2008.

COSTA, Sergio. **Dois Atlânticos: teoria social, anti-racismo e cosmopolitismo.** Belo Horizonte: Editora UFMG, 2006.

CRENSHAW, Kimberle. "Mapping the Margins: Intersectionality, Identity Politics, and Violence against Women of Color". **Stanford Law Review**, v. 43, n. 6, pp. 1241-1299, 1991.

CRUZ, Aldécio de Sousa. "Ruth Guimarães". In: DUARTE, Eduardo de Assis. **Antologia Literatura e afrodescendência no Brasil**. Belo Horizonte, Ed UFMG: 2011, pp. 501-508.

CUNHA, Manuela Carneiro da. "Olhar Escravo, Ser Olhado". In: AZEVEDO, Paulo Cesar de; LISSOVSKY. Mauricio (orgs.). **Escravos brasileiros do século XIX na fotografia de Christiano Jr.** São Paulo, Ex Libris, 1988.

CUTI (Luiz Silva). **Literatura negro-brasileira**. São Paulo: Selo Negro, 2010.

DA SILVEIRA, Renato. "Os selvagens e a massa papel do racismo científico na montagem da hegemonia ocidental". **Afro-Ásia**, n. 23, pp. 87-144, 1999.

DALCASTAGNÈ, Regina. "Entre silêncios e estereótipos: relações raciais na literatura brasileira contemporânea". **Estudos de Literatura Brasileira Contemporânea**, n. 31, pp. 87-110, jan.-jun. 2008a.

DALCASTAGNÈ, Regina. "Quando o preconceito se faz silêncio: relações raciais na literatura brasileira contemporânea". **Gragoatá**, v. 13, n. 24, pp. 203-219, jun. 2008b.

DALCASTAGNÈ, Regina. **Literatura brasileira contemporânea, um território contestado**. Vinhedo: Editora Horizonte, 2012.

DAVIS, Angela. **Mulheres, raça e classe**. São Paulo: Boitempo, 2016.

DERRIDA, Jacques. **Mal de arquivo: uma impressão freudiana**. Tradução de Cláudia de Moraes Rego. Rio de Janeiro: Relume Dumará, 2001.

DIOGO, Luciana Martins. **Da sujeição à subjetivação: a literatura como espaço de construção da subjetividade, os casos das obras** *Úrsula* **e** *A escrava*, **de Maria Firmina dos Reis.** (Dissertação de mestrado). São Paulo: USP/ Instituto de Estudos Brasileiros, 2016.

D'ONOFRIO, Silvio Cesar Tamaso. **O grupo da Baruel e a intelectualidade paulista nos anos 1940.** Tese de Doutorado. São Paulo: USP/Programa de Pós-graduação de História Social, 2017.

DUARTE, Eduardo de Assis. **Antologia Literatura e Afrodescendência no Brasil**. Belo Horizonte, Ed. UFMG: 2011.

DUARTE, Eduardo de Assis. **Machado de Assis afrodescendente: escritos de caramujo** 2. ed. revista e ampliada. Rio de Janeiro: Pallas; Belo Horizonte: Crisálida, 2007.

DUSSEL, Enrique. **1492: El encubrimiento del otro: hacia el origen del mito de la modernidad**. La Paz (Bolivia): Universidad Mayor de San Andrés/Plural Editores, 1994.

EVARISTO, Conceição. "África: âncora dos navios de nossa memória". **Via Atlântica**, n. 22, pp.159-165, 2012. Disponível em: http://www.revistas.usp.br/viaatlantica/article/viewFile/51689/55754, acesso: 18/11/2018.

EVARISTO, Conceição. "Da grafia-desenho de minha mãe, um dos lugares de nascimento de minha escrita". ALEXANDRE, Marcos Antônio (org). **Representações performáticas brasileiras**: teorias, práticas e suas interfaces. Belo Horizonte: Mazza, 2007.

EVARISTO, Conceição. **Poemas da recordação e outros movimentos**. 3ª ed. Rio de Janeiro: Editora Malê, 2017.

EVARISTO, Conceição. "Nossa fala estilhaça a máscara do silêncio". Entrevista a **Carta Capital**, 13/05/2017. Disponível em https://www.cartacapital.com.br/sociedade/conceicao-evaristo-201cnossa-fala-estilhaca-a-mascara-do-silencio201d/, acesso em 14/03/2018.

FANON, Frantz. **Os condenados da terra**. Juiz de fora: Ed. da UFJF, 2005.

FANON, Frantz. **Pele Negra, Máscaras Brancas**, Salvador: EDUFBA, 2008.

FELINTO, Marilene. "Pequena notável". Entrevista a **Caros Amigos,** Ano IV, n. 47, p. 30-36, fev. 2001.

FELINTO, Marilene. **Mulheres negras – carta aberta a um dia amiga Márcia.** Série Pandemia. São Paulo: N-1 edições, 2016.

FERREIRA, Gabriela Nunes; FERNANDES, Maria Fernanda Lombardi; REIS, Rossana Rocha. "O Brasil em 1889: um país para consumo externo". **Lua Nova,** n. 81, pp. 75 – 113, 2010.

FERREIRA, Ligia Fonseca. **Luiz Gama: um abolicionista leitor de Renan.** In: *Estudos Avançados,* 21, 2007.

FERRETTI, Danilo José Zioni. "A publicação de *A cabana do Pai Tomás* no Brasil escravista. O 'momento europeu' da edição Rey e Belhatte (1853)". **Varia História** (Belo Horizonte), v. 33, n. 61, pp. 189-223, jan-abr, 2017.

FERRETI, Sérgio. **Querebentã de Zomadônu: etnografia da Casa das Minas.** 2ª ed. São Luís, EDUFMA: 1996.

FIGUEIREDO, Ângela; GROSFOGUEL, Ramón. "Por que não Guerreiro Ramos? Novos desafios a serem enfrentados pelas universidades públicas brasileiras". **Ciência e Cultura,** v. 59, n. 2, pp. 36-41, 2007.

FONSECA, Maria Nazareth Soares. "Literatura negra, os sentidos e as ramificações". In: DUARTE, Eduardo de Assis; FONSECA, Maria Nazareth Soares (orgs.) **Literatura e Afrodescendência no Brasil: Antologia crítica.** v. 4, história, teoria, polêmica. Belo Horizonte: Ed. UFMG, 2014.

FRANCO, Moretti (Org.). **A cultura do romance.** Tradução Denise Bottmann. São Paulo, Cosac e Naify, 2009.

FRANKENBERG, R. "A miragem de uma Branquitude não marcada". In: WARE, V. **Branquitude, identidade branca e multiculturalismo.** Tradução de V. Ribeiro. Rio de Janeiro: Garamond, 2004. pp. 307-338.

FREYRE, Gilberto. **Casa-grande & Senzala, formação da família brasileira sob o regime da economia patriarcal**. 49ª ed. São Paulo: Editora Global, 2004.

GAGNEBIN, Jeanne Marie. "Walter Benjamin ou a história aberta" (Prefácio). BENJAMIN, Walter. **Obras escolhidas, v. I: magia e técnica, arte e política**. 7ª ed. São Paulo: Brasiliense, 1994.

GAMA, Luiz. **Carta a Lúcio de Mendonça: São Paulo, 25 de julho de 1880**. In: FERREIRA, Ligia Fonseca. **Com a palavra Luiz Gama: Poemas, artigos, cartas, máximas.** São Paulo: Imprensa Oficial do Estado. 2011, pp. 199-204.

GIL, Fernando C. "A presença do romance na Formação da literatura brasileira". **O Eixo e a Roda,** v. 20, n. 1, pp. 51-68, jun. 2011.

GILBERT, Sandra & GUBAR, Susan. **The Madwoman in the Attic: the Woman Writer in the Nineteenth Century Literary Imagination.** London: Yale UP, 1979.

GILROY, Paul. **O Atlântico negro: modernidade e dupla consciência**. Editora 34, 2001.

GOMES, Janaina Damasceno. **Os segredos de Virginia: estudos de relações raciais em São Paulo. (1945-1955).** (Tese de doutorado). São Paulo: USP/ Programa de Pós-graduação de Antropologia, 2013.

GONÇALVES, Ana Maria. **Uma ficção à procura de suas metáforas.** Suplemento Pernambuco, nº 132, fevereiro, 2017.

GONZALEZ, Lélia. **Primaveras para as rosas negras, Lélia Gonzalez em primeira pessoa**. São Paulo: UCPA, 2018.

GOODY, Jack. "Da oralidade à escrita – reflexões antropológicas sobre o ato de narrar". In: FRANCO, Moretti (Org.). **A cultura do romance**. Tradução Denise Bottmann. São Paulo, Cosac e Naify, 2009.

GORDON, Lewis R. **What Fanon Said: A Philosophical Introduction to His Life and Thought**. New York: Fordham University Press Publication, 2015.

GROSFOGUEL, Ramón. Para descolonizar os estudos de economia política e os estudos pós-coloniais: transmodernidade, pensamento de fronteira e colonialidade global. **Revista crítica de ciências sociais**, n. 80, pp. 115-147, 2008.

GUERREIRO RAMOS, Alberto. "Patologia social do banco brasileiro". **Introdução crítica à sociologia brasileira**. Rio de Janeiro: Editora UFRJ, 1957.

GUIMARÃES, Antônio Sérgio Alfredo. "O Projeto UNESCO na Bahia". In: PEREIRA, Cláudio Luiz e SANSONE, Lívio (Orgs.). **Projeto UNESCO no Brasil: textos críticos**. Salvador: EDUFBA, 2007.

GUIMARÃES, Hélio Seixas. **Os leitores de Machado de Assis: o romance machadiano e o público de literatura do século 19**. São Paulo: Edusp, 2004.

GUIMARÃES, Manoel Luís Salgado. "Nação e civilização nos trópicos: o Instituto Histórico e Geográfico Brasileiro e o projeto de uma história nacional". **Estudos Históricos** (Rio de Janeiro), v. 1, pp. 5-27, 1988.

HALL, Stuart. **A identidade cultural na pós-modernidade**. Tradução de Tomaz Tadeu da Silva e Guacira Lopes Louro. 8ª ed. Rio de Janeiro: DP&A, 2003.

HALL, Stuart. **Da diáspora: Identidades e mediações culturais**. Tradução de Adelaine La Guardia Resende [et al]. Belo Horizonte: UFMG, 2006.

HARRISON, Marguerite I. "Through the eyes of Brazil's African daughters – vision and memory in the artwork of Rosana Paulino and in the short fiction of Marilene Felinto". **Lusotopie**, v. 12, n 1, pp. 125-136, 2005. Disponível em https://journals.openedition.org/lusotopie/1200#entries, acesso em 21/07/2018.

HOBSBAWM, Eric J. "Etnia e Nacionalismo na Europa de Hoje". In: BALAKRISHNAN, Gopal (org.). **Um mapa da questão nacional**. Rio de Janeiro: Contraponto, 2000.

HOLANDA, Sérgio Buarque de. **Raízes do Brasil**. Rio de Janeiro: José Olympio, 1978.

HOOKS, Bell. **From Margin to Center**. Boston: South End Press, 1984.

HOOKS, Bell. Vivendo de amor. In: WERNECK, J. (Org.). **O livro de saúde das mulheres negras: nossos passos vem de longe**. 2ª ed. Rio de Janeiro: Pallas/Criola, 2002.

IANNI, O. "Literatura e consciência". **Revista do Instituto de Estudos Brasileiros**, n. 28, p. 91-99, 1 jun. 1988.

JAMESON, Fredric. **Pós-modernismo: lógica cultural do capitalismo tardio**. São Paulo: Ática, 1996.

JOB, Sandra Maria. **Em texto e no contexto social: mulher e literatura afro-brasileiras**. (Tese de doutorado). Florianópolis: UFSC, Programa de Pós-Graduação em Literatura, Florianópolis, 2011.

JORDÃO, Paula. Fr**om diaspora to nomadic identity in the work of Lispector and Felinto.** Utrecht, Netherlands: University of UtrechtComparative/Literature and Culture, 2009.

KILOMBA, Grada. "Descolonizando o conhecimento". Palestra-performance. São Paulo: Centro Cultural São Paulo, 2016. Disponível em http://www.goethe.de/mmo/priv/15259710-STANDARD.pdf, acesso 19/09/2018.

KILOMBA, Grada. **Plantation Memories: Episodes of Everyday Racism.** Münster: Unrast, 2008.

L. MOORE, Henrietta. Fantasias de poder e fantasias de identidade: gênero, raça e violência. **Cadernos Pagu**, n. 14, p. 13-44, jun. 2015.

LANDER, Edgardo. "Ciências sociais: saberes coloniais eurocêntricos". In: LANDER, Edgardo (org). **A colonialidade do saber: eurocentrismo e ciências sociais. Perspectivas latinoamericanas** (Colección Sur Sur). Buenos Aires: CLACSO, 2005.

LIMA, Dulcilei da Conceição. **Desvendando Luíza Mahin: um mito libertário no cerne do feminismo negro.** (Dissertação de mestrado). São Paulo: Universidade Presbiteriana Mackenzie/ Programa de Pós-graduação em Letras, 2011.

LOBO, Luiza. **Guia de escritoras da literatura brasileira**. Rio de Janeiro: EdUERJ, 2006.

LOBO, Luiza. "Maria Firmina dos Reis". In: DUARTE, Eduardo de Assis (Org.). **Literatura e afrodescendência no Brasil: uma antologia crítica**. v. 1: Precursores. Belo Horizonte: Editora UFMG, 2014. pp. 111-119.

LOBO, Luiza. **Crítica sem juízo**. Rio de Janeiro, Francisco Alves, 1993.

LORDE, Audre. **The Transformation of Silence into Language and Action.** Berkeley: Crossing Press, 2007.

LUCAS, Fábio. **Cartas a Mário de Andrade: homenagem ao centenário de nascimento de Mário de Andrade**. Rio de Janeiro: Nova Fronteira, 1993.

LUGARINHO, M.C. "Masculinidade e colonialismo: em direção ao "homem novo" (subsídios para os estudos de gênero e para os estudos pós-coloniais no contexto de língua portuguesa)". **Abril**, v.5, n.10, pp. 15-38, 2013.

LUGARINHO, Mário César. "Cânone e silenciamento: para o exercício contemporâneo da Literatura Comparada". In: ABDALA JUNIOR, Benjamin; PINTO, Aroldo José Abreu; SILVA, Agnaldo Rodrigues da. (orgs.). **Esse entre-lugar da literatura: concepção, estética e fronteiras.** São Paulo: Arte e Ciência, 2013. p. 53-82.

LUGONES, María. "Rumo a um feminismo decolonial". **Estudos Feministas**, v. 22, n. 3, pp-03-20, set-dez, 2014.

LUKÁCS, Georg. **A teoria do romance, um ensaio teórico filosófico sobre as formas da grande épica.** São Paulo: Duas Cidades: Ed. 34, 2000.

MACHADO, Maria Helena Pereira Toledo. **Crime e escravidão: trabalho, luta e resistência nas lavouras paulistas, 1830 – 1888.** São Paulo: Brasiliense, 1987.

MACHADO, Maria Helena Pereira Toledo. **O plano e o pânico: os movimentos sociais na década da Abolição.** São Paulo: EDUSP, Rio de Janeiro UFRJ, 1994.

MAGRIS, Claudio. "O romance é concebível sem o mundo moderno?" In: MORETTI, Franco (Org.). **A cultura do romance**. São Paulo: Cosac e Naify, 2009.

MAIO, Marcos Chor. "O Brasil no concerto das nações: a luta contra o racismo nos primórdios da Unesco". **História, Ciências, Saúde — Manguinhos**, (Rio de Janeiro, Fiocruz), v. 5, n. 2, pp. 375-413, 1998.

MARTINS, José Endoença. **Enquanto isso em Dom Casmurro**. 2ª ed. Blumenau: Edifurb, 2009.

MARTINS, Leda Maria. "Arabescos do Corpo Feminino. Gênero e Representação na Literatura Brasileira". DUARTE, Constância Lima, DUARTE, Eduardo de Assis, BEZERRA, Kátia da Costa (orgs.). **Mulher e Literatura**, v. 2. Belo Horizonte, Faculdade de Letras da UFMG, 2002.

MATTOS, Hebe de Castro. "Remanescentes das comunidades dos quilombos: memórias do cativeiro e políticas de reparação no Brasil". **Revista USP**, n. 68, pp. 104-111, dez. 2005/fev. 2006.

MBEMBE, Achille. "Afropolitanismo". Tradução de Cleber Daniel Lambert da Silva. **Áskesis,** v. 4, n. 2, 2015. Disponível em http://www.revistaaskesis.ufscar.br/index.php/askesis/article/view/74/pdf_1, acesso em 16/11/2017.

MBEMBE, Achille. **Crítica da Razão Negra**. Lisboa: Editora Antígona, 2014.

McCLINTOCK, Anne. **Couro imperial. Raça, gênero e sexualidade no embate colonial**. Campinas: Ed. Unicamp, 2010.

MEIHY, J. C. Sebe Bom & LEVINE, Robert (Orgs.). **Cinderela Negra: A Saga de Carolina de Jesus.** Rio de Janeiro: UFRJ, 1994.

MEMMI, Albert. **Retrato do colonizado precedido pelo retrato do colonizador**. 3ª ed. Tradução de Roland Corbisier e Marisa Pinto Coelho. Rio de Janeiro: Paz e Terra, 1989.

MENDES, Algemira de Macêdo. **A escrita de Maria Firmina dos Reis na literatura afrodescendente: revisitando o cânone**. Lisboa: Chiado Editora, 2016.

MENDONÇA, Renato. **A influência africana no português do Brasil**. 2ª ed. São Paulo: Companhia Editora Nacional, 1935.

MICELI, Sérgio. **Intelectuais e classe dirigente no Brasil (1920-1945).** São Paulo: Difel, 1979.

MIGNOLO, Walter D. "A colonialidade de cabo a rabo: o hemisfério ocidental no horizonte conceitual da modernidade". In: **A colonialidade do saber: eurocentrismo e ciências sociais. Perspectivas latino-americanas**. Buenos Aires: CLACSO, 2005. p. 71-103

MIGNOLO, Walter D. **Histórias locais-projetos globais: colonialidade, saberes subalternos e pensamento liminar**. Belo Horizonte: Ed. UFMG, 2003.

MIGNOLO, Walter. "Desafios decoloniais hoje". **Epistemologias do Sul**, v. 1, n. 1, p. 12-32, 2017.

MISKOLCI, Richard. **O Desejo da Nação: masculinidade e branquitude no Brasil de fins do XIX.** São Paulo: Annablume, 2013.

MOORE, Henrietta L. "Fantasias de poder e fantasias de identidade: gênero, raça e violência". **Cadernos Pagu** (14) 2000.

MORAIS FILHO, José Nascimento. **Maria Firmina dos Reis, fragmentos de uma vida.** São Luís: Governo do Estado do Maranhão, 1975.

MOREL, Marco. **As transformações dos espaços públicos; imprensa, atores políticos e sociabilidades na Cidade Imperial (1820-1840).** São Paulo: Hucitec; 2005.

MOTT, Luiz. **Rosa Egipcíaca: uma santa africana no Brasil.** Rio de Janeiro: Bertrand Brasil, 1993.

MOTT, Maria Lúcia de Barros. **Escritoras negras resgatando a nossa história.** (Papéis Avulsos, 13). Rio de Janeiro: UFRJ-CIEC, 1989.

MOTT, Maria Lúcia de Barros. **Submissão e resistência: a mulher na luta contra a escravidão.** São Paulo: Contexto, 1988.

MOURA, Clovis. "Escravismo, colonialismo, imperialismo e racismo". **Afro-Ásia**, n. 14, pp.124-137, 1983. Disponível em: https://portalseer.ufba.br/index.php/afroasia/article/view/20824/13425 .

MUZART, Zahidé. "Artimanhas nas entrelinhas: leitura do paratexto de escritoras do século XIX". In: FUNCK, Susana Bornéo (Org.). **Trocando ideias sobre a mulher e a literatura.** Florianópolis: Ed. da UFSC, 1994.

NASCIMENTO, Abdias do. **Quilombismo**. Petrópolis: Vozes, 1980.

NASCIMENTO, Beatriz. **Quilombola e intelectual, possibilidade nos dias da destruição.** São Paulo: UCPA/Filhos da África, 2018.

NUNES, Maria Luísa. "Images of the Woman of Color in Brazilian Literature: *O cortiço, Clara dos Anjos, Gabriela, cravo e canela* and *O quinze*". In: STEADY, Filomina Chioma (ed.). **The black woman cross-culturally**. Rochester, Vermont: Schenkman books, 1985.

NUNES, Zita. **Cannibal Democracy: Race and Representation in the Literature of the Americas**. Minneapolis: University of Minnesota Press, 2008.

OLIVEIRA, Ana Paula Cianni Marques de. **Um mergulho em** *Água funda* **e suas distintas vertentes**. Dissertação de Mestrado. Novo Hamburgo: Universidade Feevale/Programa de Pós-graduação em Processos e Manifestações Culturais, 2011.

OLIVEIRA, Eduardo. "Prefácio". In: CAETANO, Anajá. **Negra Efigênia, paixão do senhor branco.** São Paulo: Edicel, 1966.

OLIVEIRA, Luiz Henrique Silva de; RODRIGUES, Fabiane Cristine. "Panorama editorial da literatura afro-brasileira através dos gêneros romance e conto". **Em Tese**, v. 22, n. 3, p. 90-107, out. 2017. Disponível em: http://www.periodicos.letras.ufmg.br/index.php/emtese/article/view/11269, acesso em: 14/05/2018.

ORIONE, Eduino José de Macedo. "*Água funda*: memória versus esquecimento". **Ângulo**, Lorena (SP), n.65, p.22-23, abr-mai.1996.

PARRON, Tâmis (Org.) **José de Alencar: Cartas a favor da escravidão**. São Paulo: Hedra, 2008.

PEREIRA, Gabriela Leandro. **Corpo, discurso e território: a cidade em disputa nas dobras da narrativa de Carolina Maria de Jesus**. (Tese de doutorado). Salvador: UFBA/ Programa de Pós-graduação em Arquitetura, 2015.

PERPÉTUA, Elzira Divina. **Traços de Carolina Maria de Jesus: gênese, tradução e recepção de Quarto de Despejo.** (Tese de doutorado). Belo Horizonte: UFMG, Programa de Pós-graduação em Literatura Comparada, 2000.

PIERRE-LOUIS, Barbara Gina. **Re-configuring Paternal Legacies through ritualistic Art: Daughters and Fathers in Contemporary Fiction by Women of African Descendant**. (Dissertação de mestrado). Minneapolis: University Minnesota, 2012.

PINTO, Ana Flávia Magalhães: **Fortes Laços em Linhas Rotas: Literatos Negros, Racismo e Cidadania na Segunda Metade do Século XIX**. (Tese de doutorado). Campinas: UNICAMP/ Programa de Pós-graduação em Teoria e História Literária, 2014.

PINTO, Cristina Ferreira. **O** *bildungsroman* **feminino: quatro exemplos brasileiros**. São Paulo: Perspectiva, 1990.

PIZA, E. "Branco no Brasil? Ninguém sabe, ninguém viu". In: GUIMARÃES, A.S.A. & HUNTLEY, L. (orgs.) **Tirando a máscara: ensaios sobre racismo no Brasil**. São Paulo: Paz e Terra, 2000. pp. 97-126.

PIZA, E. "Porta de vidro: uma entrada para branquitude". In: CARONE, I. & BENTO, M. A. (orgs.) P**sicologia social do racismo: estudos sobre branquitude e branqueamento no Brasil**, Petrópolis: Vozes, 2002. pp. 91-120.

PROENÇA FILHO, Domício. "A trajetória do negro na literatura brasileira". **Estudos avançados** (São Paulo), v. 18, n. 50, p. 161-193, abr. 2004.

QUEIROZ Júnior, Teófilo de. **Preconceito de cor e a mulata na Literatura Brasileira.** São Paulo: Ática, 1975.

QUIJANO, Aníbal. "Colonialidad del poder y clasificación social". **Journal of World-systems Research**, v. 6, n. 2, pp. 342-386, 2000. Disponível em http://jwsr.pitt.edu/ojs/index.php/jwsr/article/viewFile/228/240, acesso em 12/03/2017.

QUERINO, Manuel Raimundo. "O colono preto como fator da civilização brasileira". **Afro-Ásia**, n 13, 1980.

QUIJANO, Anibal. "Colonialidad, modernidad/racialidad". **Perú Indígena**, v. 13, n. 29, p. 11-29, 1991.

QUIJANO, Aníbal. **Colonialidad del poder, eurocentrismo y América Latina**. Buenos Aires: CLACSO, 2005.

RABASSA, Gregory. **O negro na ficção brasileira: meio século de história literári**a. Rio de Janeiro: Editora Tempo Brasileiro, 1965.

RAMOSE, Mogobe. "Sobre a legitimidade e o estudo da filosofia africana". Tradução Dirce Eleonora Nigro Solis, Rafael Medina Lopes, Roberta Ribeiro Cassiano. **Ensaios Filosóficos**, v.4, pp. 06-25, 2011. Disponível em http://www.ensaiosfilosoficos.com.br/Artigos/Artigo4/RAMOSE_MB.pdf, acesso em 12/03/2017.

REBELO, Marina Farias. **Sobre ruídos, resistência e identidade: autorrepresentação feminina negra em Marilene Felinto e Nega Gizza**. (Dissertação de mestrado). Brasília: UnB, Programa de Pós-Graduação em Literatura, 2010.

REIS, João José & SILVA, Eduardo. **Negociação e conflito: a resistência negra no Brasil escravista**. São Paulo, Companhia das Letras, 1989.

REIS, João José. **Rebelião escrava no Brasil: a história do levante dos Malês, 1835.** São Paulo: Brasiliense, 1986.

REIS, Roberto. **A permanência do círculo. Hierarquia no romance brasileiro**. Niterói, EdUFF, 1987.

RODRIGUES, Ironides. "Entrevista de Luiza Lobo". **Estudos Afro-asiáticos** (Rio de Janeiro), n. 14, pp. 118-119, 1987.

SAID, Edward. **Orientalismo, o oriente como invenção do ocidente**. Tradução Rosaura Eichenberg. São Paulo: Companhia das Letras, 2007.

SANDER, Lúcia. "O caráter confessional da literatura de mulheres". In: SCHMIDT, Rita Terezinha (Org.). **A mulher e a literatura**. Porto Alegre, UFRGS/Organon, 1989.

SANTIAGO, Silviano. "Oswald de Andrade ou o elogio da tolerância racial". **Revista Crítica de Ciências Sociais**, nº 35, pp. 165-175. Jun-1992.

SANTIAGO, Silviano. **Nas Malhas da letra, ensaios.** Rio de Janeiro, Rocco, 2002.

SANTIAGO, Silviano. **Vale quanto pesa**. Rio de Janeiro, Paz e Terra, 1982.

SANTINI, Juliana. Realidade e representação no romance regionalista brasileiro: tradição e atualidade. **O Eixo e a Roda**, v. 23, n. 1, p. 115-131, jul. 2014. Disponível em: http://www.periodicos.letras.ufmg.br/index.php/o_eixo_ea_roda/article/view/5908, acesso em: 03/04/2016.

SANTOS, Carla Sampaio dos. **A escritora Maria Firmina dos Reis: história e memória de uma professora no Maranhão do século XIX**. (Dissertação de mestrado), Campinas: Unicamp/ Programa de Pós-graduação de Educação, 2016.

SANTOS, Maria E.; TORRÃO, Maria Manuel F; SOARES, Maria J. (Orgs). **História concisa de Cabo Verde**. Lisboa: Instituto de Investiga-ção Científica Tropical, Praia: Instituto da Investigação e do Património Cultural, 2007.

SAYERS, Raymond. **O negro na literatura brasileira**. Edições O Cruzeiro, 1958.

SCHNEIDER, Liane. "Muslim: Woman, de Marilene Felinto, e os conceitos de gênero e raça no mundo globalizado". **Graphos**, v.14, n. 2, p. 145-152, 2012.

SCHUCMAN, Lia Vainer. **Entre o encardido, o branco e o branquíssimo: raça, hierarquia e poder na construção da branquitude paulistana**. Tese de Doutorado. São Paulo: Programa de Pós-graduação de Psicologia Social, 2012.

SCHWARCZ, Lilia Moritz. **O espetáculo das raças. Cientistas, instituições e a questão racial no Brasil (1870-1930)**. São Paulo: Cia das Letras, 2005.

SCHWARZ, Roberto. **Ao vencedor, as batatas: forma literária e processo social nos inícios do romance brasileiro**. São Paulo: Duas Cidades, 1976.

SELASI, Taiye. Bye-bye babar. **The Lip Magazine**, march, 2005. Disponível em http://thelip.robertsharp.co.uk/?p=76, acesso em 09/11/2018.

SHOHAT, Ella e STAM, Robert. Crítica da imagem eurocêntrica – Multiculturalismo e representação. Tradução: Marcos Soares. São Paulo: Cosac Naify, 2006.

SHOWALTER, Elaine. "A crítica feminista no território selvagem". In: HOLLANDA, Heloisa Buarque de. (Org.). **Tendências e impasses: o feminismo como crítica da cultura**. Rio de Janeiro: Rocco, 1994.

SILVA, Alexsandra M. F. (Re) construção étnica n'As Mulheres de Tijucopapo. In: STEVENS, Cristina Maria T. (org.). **A mulher escrita: a escrita-mulher?** (Livro eletrônico) Brasília/: UnB - Departamento de Teoria Literária e Literaturas, 2009.

SILVA, Alexsandra M. F. **Gênero, classe e etnia em As Mulheres de Tijucopapo**. Dissertação de mestrado, UnB, Programa de Pós-Graduação em Literatura, 2007.

SILVA, Ana Maria Vieira. *Um defeito de cor*: **escritas da memória, marcas da história** (Tese de doutorado). Niterói: UFF, Programa de Pós-graduação de Estudos de Literatura, 2014.

SILVA, Denise Ferreira da. "À brasileira: racialidade e a escrita de um desejo destrutivo". **Estudos Feministas,** Florianópolis, v. 14, n. 1, p. 61, jan. 2006. Disponível em: https://periodicos.ufsc.br/index.php/ref/article/view/S0104026X2006000100005/7603 , acesso em: 17 abr. 2018.

SILVA, Fernanda Felisberto da. **Escrevivências na diáspora: escritoras negras, produção editorial e suas escolhas afetivas, uma leitura de Carolina Maria de Jesus, Conceição Evaristo, Maya Angelou e Zora Neale Hurston.** (Tese de Doutorado). Rio de Janeiro: UERJ/Programa de Pós-graduação em Letras, 2011.

SILVA, José Carlos Gomes. "História de vida, produção literária e trajetórias urbanas da escritora negra Carolina Maria de Jesus". (Relatório de estágio de pós-doutorado, 2006-2007). Campinas: Unicamp, 2007. Disponivel em http://www2.unifesp.br/proex/novo/santoamaro/docs/

cultura_afro_brasileira/carolina_maria_de_jesus_biografia.pdf, acesso em 26/04/2016.

SILVA, Mario Augusto Medeiros da. **A descoberta do insólito: Literatura Negra e Literatura Periférica no Brasil (1960-2000)**. Rio de Janeiro: Aeroplano, 2013.

SILVEIRA, Homero. Mulheres romancistas. In: **Aspectos do romance brasileiro contemporâneo**. São Paulo: Convívio; Brasília: INL, 1977.

SOVIK, Liv. "Aqui ninguém é branco: hegemonia branca e *media* no Brasil". In: WARE, Vron (Org.). **Branquidade**: **identidade branca e multiculturalismo**. São Paulo: Garamond, 2004, p. 371.

SOUZA, Antonia Pereira de. **A prosa de ficção nos jornais do Maranhão Oitocentista**. Tese (Doutorado) - UFPB/ CCHL, João Pessoa, 2017.

SPIVAK, G. **Pode o subalterno falar?** Belo Horizonte: UFMG, 2010.

SPIVAK, Gayatri. "Explanation and Culture: Marginalia". In: _____. **The Spivak Reade**r. New York: Routhedge, 1996.

STOLKE, Verena. "O enigma das interseções: classe, "raça", sexo, sexualidade. A formação dos impérios a formação dos impérios transatlânticos do século XVI ao XIX". **Revista Estudos Feministas**, vol. 14, n. 1, janeiro-abril, 2006.

TELLES, Norma. "Escritoras, escritas, escrituras". In: PRIORE, Mary Del (Org.). História das mulheres no Brasil. São Paulo: Contexto, 1997.

TEZZA, Cristóvão. "A construção das vozes no romance". In: BRAIT, Beth (Org.). **Bakhtin, dialogismo e construção do sentido**. Campinas: Editora da UNICAMP, 2005.

TODOROV, T. **Mikhail Bakhtine, le principe dialogique, suivi de Ecrits du cercle de Bakhtine**. Paris: Seuil, 1981.

TOLOMEI, Cristiane Navarrete e BENFATI, Flávia Andrea Rodrigues. **Gênero, raça e sexualidade na literatura**. São Luís: EDFUMA, 2018.

TREECE, David. "Caramuru, o mito: conquista e conciliação". Tradução de Marcos Cesar de Paula Soares. **Teresa**, 12-13, p. 307-344, 2013.

TRUTH, Sojourner. "E eu não sou uma mulher?". In: PEDROSA, Adriano; CARNEIRO, Amanda, MESQUITA, André. (orgs.). **Antologia Histórias afro-atlânticas**, v. 2. São Paulo: MASP, 2018.

VAINFAS, Ronaldo. "Moralidades Brasílicas: deleites sexuais e linguagem erótica na sociedade escravista". In: SOUZA, Laura de Mello e; NOVAIS, Fernando A. (org.). **História da vida privada no Brasil**. v.1: cotidiano e vida privada na América portuguesa. São Paulo: Companhia das Letras, 2004.

VASCONCELOS, Sandra Guardini Teixeira. "Linguagem, formas de representação e o romance inglês". **Floema** — ano VII, n. 9, p. 305-321, jan.-jun. 2011. Disponível em: http://periodicos.uesb.br/index.php/floema/article/viewFile/793/793, acesso, 27/08/2018.

VASCONCELOS, Sandra Guardini Teixeira. "O romance como gênero planetário: a cultura do romance". **Novos estudos - CEBRAP**, n. 86, p. 187-195, Mar. 2010. Disponível em http://www.scielo.br/scielo.php?script=sci_arttext&pid=S0101-33002010000100011&lng=en&nrm=iso, acesso em 11/02/2017.

VENTURA, Roberto. "Sexo na Senzala – Casa grande & senzala entre o ensaio e a autobiografia". **Revista USP,** n. 6, 2002. Disponível em http://www.revistas.usp.br/ls/article/view/25385/27130, acesso em 06/08/2015.

VEYNE, Paul. **Acreditavam os deuses em seus mitos? Ensaio sobre a imaginação constituinte.** São Paulo: Brasiliense, 1984.

WANDERLEY, Márcia Cavendish. Controvérsias sobre mestiçagem no Brasil em Marilene Felinto. **Terceira Margem**, v. 13, n. 20, p. 112-127, jun. 2017.

WILLIANS, Raymond. **O campo e a cidade: na História e na Literatura.** Tradução de Paulo Henriques Britto. São Paulo: Companhia das Letras, 1989.

WOOLF, Virginia. **Um teto todo seu**. Tradução de Vera Ribeiro. Rio de Janeiro: Nova Fronteira, 1985.

ZILBERMAN, Regina. "Cânone literário e História da Literatura**. Organon**, v. 15, n. 30-31, pp. 33-38, 2001.

APÊNDICE

Mapeamento Cronológico Preliminar de Romances Brasileiros de Autoria Negra

AUTOR/A	TÍTULO	ANO
Antônio Gonçalves Teixeira de Sousa	O filho do pescador	1843
Antônio Gonçalves Teixeira de Sousa	A Providência	1854
Antônio Gonçalves Teixeira de Sousa	As Fatalidades de Dois Jovens: Recordação dos Tempos Coloniais	1856
Antônio Gonçalves Teixeira de Sousa	Maria ou A Menina Roubada	1859
Maria Firmina dos Reis	Úrsula	1859
Machado de Assis	Ressurreição	1872
Machado de Assis	A mão e a luva	1874
Machado de Assis	Helena	1876
José do Patrocínio	Mota Coqueiro ou A pena de Morte	1877

Machado de Assis	*Iaiá Garcia*	1878
José do Patrocínio	*Os retirantes*	1879
Machado de Assis	*Memórias Póstumas de Brás Cubas*	1881
José do Patrocínio	*Pedro Espanhol*	1884
Machado de Assis	*Quincas Borba*	1891
Machado de Assis	*Dom Casmurro*	1899
Machado de Assis	*Esaú Jacó*	1904
Machado de Assis	*Memorial de Aires*	1908
Lima Barreto	*Recordações do escrivão Isaías Caminha*	1909
Lima Barreto	*Triste fim de Policarpo Quaresma*	1915
Lima Barreto	*Numa e Ninfa*	1915
Nascimento Moraes	*Vencidos e degenerados*	1915
Arlindo Veiga dos Santos	*As filhas da cabana (ou No fundo dos portões)*	1921
Lima Barreto	*Os bruzundungas*	1922
Arlindo Veiga dos Santos	*As filhas da cabana (ou No fundo dos portões) parte II*	1923

Raimundo de Souza Dantas	*Sete palmos de terra*	1944
Ruth Guimarães	*Água funda*	1946
Lima Barreto	*Clara dos Anjos*	1948
Raimundo de Souza Dantas	*Solidão nos campos*	1949
Romeu Crusoé	*A maldição de Canaan*	1951
Carolina Maria de Jesus	*Pedaços de fome*	1963
Anajá Caetano	*Negra Efigênia, paixão do senhor branco*	1966
Aline França	*Negão Dony*	1978
Aline França	*A mulher de Aleduma*	1981
Marilene Felinto	*As mulheres de Tijucopapo*	1982
Carolina Maria De Jesus	*Diário de Bitita*	1986
Márcio Barbosa	*Paixões crioulas*	1987
Marilene Felinto	*O lago encantando de Grongonzo*	1987
Joel Rufino dos Santos	*Crônicas de indomáveis delírios*	1991
Muniz Sodré	*O bicho que chegou à feira*	1991

Ramatis Jacinto	*O justiceiro*	1992
José Endoença Martins	*Enquanto isso em Dom Casmurro*	1993
Muniz Sodré	*Bola da vez*	1994
Fausto Antônio	*Exumos*	1995
Paulo Lins	*Cidade de Deus*	1997
Luís Fulano de Tal	*A noite dos cristais*	1999
Martinho da Vila	*Joana e Joanes, um romance fluminense*	1999
Francisco Maciel	*O primeiro dia do ano da peste*	2001
Ana Paula Maia	*O habitante das falhas subterrâneas*	2003
Conceição Evaristo	*Ponciá Vicêncio*	2003
Ademiro Alves (Sacolinha)	*Graduado em marginalidade*	2005
Ana Maria Gonçalves	*Um defeito de cor*	2006
Conceição Evaristo	*Becos da memória*	2006
Martinho da Vila	*Os lusófonos*	2006
Ana Paula Maia	*A Guerra dos Bastardos*	2007

Ana Paula Maia	*Entre rinhas de porcos e cachorros abatidos*	2009
Ana Paula Maia	*O trabalho sujo dos outros*	2009
Martinho da Vila	*Serra do Rola Moça*	2009
Nei Lopes	*Mandingas da mulata velha na cidade nova*	2009
Ademiro Alves (Sacolinha)	*Estação Terminal*	2010
Joel Rufino Dos Santos	*Bichos da terra tão pequenos*	2010
Nei Lopes	*Oiobomé*	2010
Ana Paula Maia	*Carvão Animal*	2011
Oswaldo Faustino	*A legião negra*	2011
Joel Rufino dos Santos	*Claros sussurros de celestes ventos*	2012
José Endoença Martins	*Legbas, Exus e jararacumbah blues*	2012
Nei Lopes	*Esta árvore dourada que supomos*	2012
Nei Lopes	*A lua triste descamba*	2012
Paulo Lins	*Desde que o samba é samba*	2012
Vanessa da Mata	*A filha das flores*	2013

Ana Paula Maia	*De Gados e Homens*	2013
Jeferson Tenório	*O Beijo na parede*	2013
Elisa Lucinda	*Fernando Pessoa: o cavaleiro de nada*	2014
Fábio Kabral	*Ritos de passagem*	2014
Eustáquio José Rodrigues	*Além das águas de cor*	2014
Miriam Alves	*Bará, na trilha do vento*	2015
Nei Lopes	*Rio Negro, 50*	2015
Oswaldo Faustino	*A luz de Luiz: por uma terra sem reis e sem escravos*	2015
José Endoença Martins	*O dom de Casmurro*	2016
Eliana Alves Cruz	*Água de Barrela*	2016
Ana Paula Maia	*Assim na terra como embaixo da terra*	2017
Lu Ain-Zaila	*(In)Verdades – Ela está predestinada a mudar tudo*	2017
Lu Ain-Zaila	*(R)Evolução – Eu e a verdade somos ponto final*	2017
Fábio Kabral	*O caçador cibernético da rua treze*	2017
Ana Paula Maia	*Enterre Seus Mortos*	2018

Eliana Alves Cruz	*O crime do cais do Valongo*	2018
Jeferson Tenório	*Estela sem Deus*	2018
Nei Lopes	*O preto que falava lídiche*	2018
Conceição Evaristo	*Histórias para adormecer menino grande*	2019
Elisa Lucinda	*O livro do avesso, o pensamento de Edite*	2019
Fábio Cabral	*A cientista guerreira da facão furioso*	2019

Esta obra foi composta em Arno pro light 12, impressa em papel pólen soft 80 na gráfica Trio, em janeiro de 2025 para a Editora Malê.